图说餐饮管理系列

餐饮企业成本控制与会计核算全案

朱新展　编著

化学工业出版社

·北京·

《餐饮企业成本控制与会计核算全案》一书详细阐述和讲解了餐饮企业成本控制概述、成本费用核算、全过程成本控制、费用控制、会计核算、会计报表编制等多方面内容。

《餐饮企业成本控制与会计核算全案》一书内容涵盖面广，实用性强，图表为主。可供餐饮企业经营管理者及相关财务人员参考，也可供相关院校师生及培训机构教学使用。

图书在版编目（CIP）数据

餐饮企业成本控制与会计核算全案/朱新展编著．—北京：化学工业出版社，2018.5（2022.8重印）

（图说餐饮管理系列）

ISBN 978-7-122-31765-0

Ⅰ.①餐… Ⅱ.①朱… Ⅲ.①饮食业-成本控制-图解②饮食业-会计方法-图解 Ⅳ.①F719.3-64

中国版本图书馆CIP数据核字（2018）第052405号

责任编辑：陈 蕾　　　　　　　　　　　装帧设计：尹琳琳
责任校对：吴 静

出版发行：化学工业出版社（北京市东城区青年湖南街13号　邮政编码100011）
印　　装：北京建宏印刷有限公司
787mm×1092mm　1/16　印张16　字数370千字　2022年8月北京第1版第4次印刷

购书咨询：010-64518888　　　　　　　　售后服务：010-64518899
网　　址：http://www.cip.com.cn
凡购买本书，如有缺损质量问题，本社销售中心负责调换。

定　　价：68.00元　　　　　　　　　　　　　　　　　　版权所有　违者必究

前 言

"民以食为天"。长期以来，餐饮业作为第三产业中的主要行业之一，对推动经济增长发挥了重要作用，在扩大内需、安置就业、繁荣市场以及提高人民生活水平质量等方面，都做出了积极贡献。

但是，近几年来，我们可以看到，由于受国内外经济不确定因素增多的影响，餐饮业营业收入增幅也相应降低，与前几年的高速增长相比，已出现明显放缓迹象。

目前的餐饮行业在发展的同时，面临着食品原材料成本上升、劳动力成本提升、管理人才匮乏、成本控制难等多方面问题，行业竞争愈演愈烈。而且，餐饮业务构成复杂，既包括对外销售，也包括内部管理；既要考虑根据餐饮企业的内部条件和外部的市场变化，选择正确的经营目标、方针和策略，又要合理组织内部的人、财、物，提高质量，降低消耗。另外，从人员构成和工作性质来看，餐饮业有技术工种，又有服务工种；既有操作技术，又有烹调、服务艺术，是技术和艺术的结合。这必然给餐饮管理增加一定的难度。

餐饮企业要突破目前的困局，做大做强，必须调整好整个企业内部的人力、物力、财力，加强内部的管理，尽可能地降低成本，同时，要掌握好市场的动向，做好市场营销推广，为客户提供更优质的服务来吸引广大消费者，从而促使企业健康地成长下去。

基于此，我们组织了餐饮行业的一线管理人员、相关的咨询培训顾问和职业院校酒店餐饮专业的老师，共同编写了"图说餐饮管理系列"丛书第一辑四本。具体为：

◇《餐饮企业成本控制与会计核算全案》

◇《餐饮企业财务·税务·内审一本通》

◇《餐饮企业岗位·制度·流程·表格一本通》

◇《餐饮企业运营管理全程指南》

"图说餐饮管理系列"丛书板块设置精巧、图文并茂，以简洁精确的文字对餐饮企业各项工作的要点进行了非常生动、全面的讲解，方便读者理解、掌握。同时，本系列图书非常注重实际操作，使读者能够边学边用，迅速提高自身管理水平。本书完全可以作为餐饮服务行业的经营者、管理人员、服务人员、财务人员参照使用，也可供餐饮业咨询师、职业院校相关专业的教师和专家学者做实务类参考指南。

《餐饮企业成本控制与会计核算全案》详细阐述和讲解了餐饮企业成本控制概述、餐饮企业成本费用核算、餐饮企业全过程成本控制、餐饮企业费用控制、餐饮企业会计核算、餐饮企业会计报表编制等多个方面的内容。

本书由朱新展主编，蔡佩莹、杨雅蓉、陈波、谷祥圣、郭梅、陈晟、樊春元、安建伟、王丹、王红、王振彪、杨文梅、齐小娟、陈超、李相田、马晓娟、刘艳玲、冯永华、李景安、吴日荣、吴少佳、陈海川、马会玲、卢硕果、谭双可、丁海芳、文敏参与了本书的资料收集和编写工作，滕宝红、匡仲潇、侯其锋对全书相关内容进行了认真细致的审核。

由于水平和时间所限，书中不妥之处敬请专家读者指正。

编著者

目 录

第一章 餐饮企业成本控制概述

餐饮成本是指餐饮企业一个生产和销售周期的各种耗费或支出的总和。它包括采购、保管、加工和出售各环节产生的直接成本和间接成本两部分。餐饮成本控制是以目标成本为基础，对管理中发生的各项成本进行计量、检查、监督和指导，使成本开支在满足业务活动需要的前提下，不超过事先规定的标准或预算。

第一节 餐饮企业成本组成与分类 2
  一、什么是成本 2
  二、餐饮企业成本的组成 2
  三、餐饮企业成本的分类 2
第二节 餐饮企业成本控制的特征与现状 3
  一、餐饮成本控制的特征 4
  二、餐饮成本控制存在的现状 6
第三节 餐饮企业成本控制对策 7
  一、建立健全成本控制制度 7
  二、控制餐饮企业的主要成本费用 9
  三、增强成本观念，实行全员成本管理 9

第二章 餐饮企业成本费用核算

餐饮总成本是由原料成本和经营费用两大类构成的。餐饮企业必须加强日常成本核算，及时检查和监督实际成本有否偏离目标成本，如果偏离目标成本，要及时查出偏离的原因，并采取相应措施。

第一节 餐饮原料成本核算 12
  一、餐饮原料成本的组成要素 12

  二、与餐饮原料相关的概念 ··· 12
  三、一料一档成本核算 ··· 13
  四、一料多档成本核算 ··· 14
  五、半成品成本核算 ··· 15
  六、调味成本核算 ··· 16
  七、常用成本核算公式 ··· 16
 第二节 餐饮产品成本核算 ··· 18
  一、餐饮产品成本核算方法 ··· 18
  二、宴席成本核算 ··· 19
  三、火锅成本核算 ··· 21
  四、餐饮企业常用成本报表 ··· 23
 第三节 餐饮成本费用的会计处理 ··· 24
  一、原材料的核算 ··· 24
   相关链接 发出原料及主要材料的计价 ································· 27
   相关链接 清选后净料单价的计算 ··· 30
  二、燃料的核算 ··· 32
  三、物料用品的核算 ··· 33
  四、包装物的核算 ··· 35
  五、低值易耗品的核算 ··· 36
  六、餐饮企业职工薪酬的核算 ··· 40
  七、销售费用的核算 ··· 43
  八、管理费用的核算 ··· 44
  九、财务费用的核算 ··· 45

第三章 餐饮企业全过程成本控制

  餐饮企业在进行资金的再投入和地盘上扩张的同时，要苦练内功，加强企业经营各环节（采购、验收、仓库储存、初加工、配份、烹调、销售、收款）的成本控制，通过强化内部管理、控制成本达到降本增效的目的。

 第一节 采购环节成本控制 ··· 48
  一、灵活运用采购方式降低成本 ··· 48
  二、加强原料采购质量控制 ··· 51
  三、鲜活类原料采购要控制好数量 ··· 55
  四、干货及可冷冻储存原料采购数量控制 ····································· 56

  五、防止采购人员吃回扣 ……………………………………………… 58
第二节 验收环节成本控制 ………………………………………………… 59
  一、配备合格的验收人员 ……………………………………………… 59
    【范本】××餐饮企业验收人员岗位职责 …………………… 60
  二、提供适宜的验收场地 ……………………………………………… 60
  三、备好验收设备及工具 ……………………………………………… 60
  四、明确餐饮原料验收程序 …………………………………………… 61
  五、食品不符合标准的情况 …………………………………………… 63
  六、生鲜食品验收标准 ………………………………………………… 63
  七、肉类验收标准 ……………………………………………………… 64
    相关链接 肉类检验检疫票据验收 ………………………… 65
  八、验收时需做好防盗工作 …………………………………………… 65
第三节 库存环节成本控制 ………………………………………………… 65
  一、做好物品出入库记录 ……………………………………………… 65
  二、明确原料储藏区域要求 …………………………………………… 66
  三、必须科学存放 ……………………………………………………… 66
  四、餐饮原料干藏管理 ………………………………………………… 67
  五、餐饮原料冷藏管理 ………………………………………………… 67
  六、餐饮原料冻藏管理 ………………………………………………… 68
    【范本】冷冻库管理规定 ……………………………………… 69
  七、酒水的保管与储藏 ………………………………………………… 70
  八、仓库必须定期盘存 ………………………………………………… 71
  九、实行定时发放 ……………………………………………………… 73
  十、内部原料调拨记录 ………………………………………………… 74
第四节 粗加工环节成本控制 ……………………………………………… 74
  一、粗加工环节对成本的影响 ………………………………………… 75
  二、蔬菜的粗加工 ……………………………………………………… 76
  三、畜肉类的粗加工 …………………………………………………… 77
  四、活禽的粗加工 ……………………………………………………… 77
  五、淡水鱼的粗加工 …………………………………………………… 79
  六、海产品的粗加工 …………………………………………………… 80
  七、干货原料的粗加工 ………………………………………………… 81
  八、做好收台工作 ……………………………………………………… 82
第五节 配份环节成本控制 ………………………………………………… 82
  一、配菜师的重要性 …………………………………………………… 83

二、切配师的常用刀法·····83
　　三、制定统一配份标准·····86

第六节　烹调环节成本控制·····88
　　一、统一制汁节省成本·····88
　　二、热菜主要调味汁规格·····89
　　三、冷菜主要调味汁规格·····90
　　四、浆、糊调制规格·····91
　　五、掌握过油技巧·····91
　　六、加强对厨师的监控·····92

第七节　利用标准菜谱控制成本·····93
　　一、标准菜谱的作用·····93
　　二、标准菜谱的设计内容·····93
　　三、标准菜谱的设计过程·····94
　　四、编制标准菜谱的程序·····94
　　五、标准菜谱的制作要求·····96
　　　　【范本】××餐饮企业标准菜谱（一）·····96
　　　　【范本】××餐饮企业标准菜谱（二）·····97

第八节　完美服务减少浪费·····97
　　一、避免出现服务不当·····97
　　二、菜单填写必须准确·····97
　　　　相关链接　点菜前须做好的准备·····99
　　三、防止员工偷吃菜品·····99
　　四、尽量减少传菜差错·····100

第九节　收款环节成本控制·····102
　　一、尽量避免出现跑账现象·····102
　　二、结账时确认客人房间号·····103
　　三、实行单据控制以控制现金收入·····103
　　四、有效监管收银人员·····104
　　五、制定收银标准制度·····105

第十节　通过菜品创新降低成本·····106
　　一、菜品创新要点·····106
　　二、菜品创新的"四性"标准·····107
　　　　【范本】××餐饮企业开发的菜根菜叶菜品·····107
　　三、菜品创新的"四化"标准·····108
　　四、菜品开发创新的基本原则·····108

五、新菜品开发步骤……………………………………………………………109
　　六、建立创新机制………………………………………………………………110

第四章　餐饮企业费用控制

　　餐饮企业的支出费用是其成本的重要组成项目，常见的支出费用包括人工成本费用，水、电、燃气费，餐具损耗费用，低值易耗品费用，广告宣传费用，外包业务费用以及其他支出费用。通过节省各项费用，餐饮企业可以提高利润。

第一节　人工成本费用控制……………………………………………………112
　　一、餐饮企业人工费的构成……………………………………………………112
　　二、影响人工费用的因素………………………………………………………113
　　三、人员配备与工资测算………………………………………………………114
　　四、人工成本控制方法…………………………………………………………119
　　　　相关链接　怎样合理安排餐厅动线…………………………………………119
　　　　相关链接　培训费用由谁承担…………………………………………………122
　　　　相关链接　招聘环节把好关，降低员工流失率………………………………123

第二节　水、电、燃气费控制……………………………………………………124
　　一、水费的有效控制……………………………………………………………124
　　二、电费的有效控制……………………………………………………………125
　　三、燃气费用控制………………………………………………………………128
　　四、节能减排管理………………………………………………………………129
　　五、使用能源控制表单…………………………………………………………129
　　六、编制节能降耗方案…………………………………………………………131
　　　　【范本】××餐饮企业节能降耗方案……………………………………131

第三节　餐具损耗费用控制………………………………………………………132
　　一、关于餐具破损………………………………………………………………132
　　二、关于餐具流失………………………………………………………………133
　　三、不同部门餐具管理职责……………………………………………………135
　　四、客人损坏餐具的处理………………………………………………………136
　　五、员工餐具管理………………………………………………………………138
　　六、做好餐具损耗及盘点记录…………………………………………………138

第四节　低值易耗品控制…………………………………………………………140
　　一、一次性使用产品控制………………………………………………………140

二、可重复使用产品控制 ……………………………………………………… 140
　　三、办公用品消耗控制 ……………………………………………………… 141
第五节　广告宣传费用控制 ……………………………………………………… 141
　　一、餐饮企业广告预算 ……………………………………………………… 141
　　二、影响广告预算的因素 …………………………………………………… 144
　　三、广告预算分配 …………………………………………………………… 145
　　四、广告预算控制管理 ……………………………………………………… 146
　　五、制作广告预算书 ………………………………………………………… 146
第六节　外包业务费用控制 ……………………………………………………… 148
　　一、员工招聘外包 …………………………………………………………… 148
　　　【范本】××餐饮企业委托招聘函 …………………………………… 148
　　二、餐具清洁外包 …………………………………………………………… 150
　　　【范本】××餐饮企业餐具清洁外包合同 …………………………… 150
第七节　其他支出费用控制 ……………………………………………………… 152
　　一、最大程度利用租金 ……………………………………………………… 152
　　二、刷卡手续费和微信（支付宝）提现手续费 …………………………… 154
　　三、折旧费 …………………………………………………………………… 154
　　四、有效控制停车费 ………………………………………………………… 155
　　　相关链接　停车场常见问题处理 ……………………………………… 156
　　　【范本】××餐饮企业停车场租用合同 ……………………………… 156
　　五、减少修缮费 ……………………………………………………………… 157

第五章　餐饮企业会计核算

　　会计核算也称会计反映，以货币为主要计量尺度，对会计主体的资金运动进行的反映。餐饮企业的会计核算主要是指对餐饮企业已经发生或已经完成的经济活动进行的事后核算，也就是会计工作中记账、算账、报账的总称。

第一节　货币资金核算 ……………………………………………………………… 159
　　一、现金核算 ………………………………………………………………… 159
　　二、银行存款核算 …………………………………………………………… 162
　　三、其他货币资金核算 ……………………………………………………… 164
第二节　应收款项核算 …………………………………………………………… 166
　　一、应收账款的核算 ………………………………………………………… 166

二、预付账款的核算 ··170
　　三、其他应收款的核算 ··171
　　四、应收票据的核算 ··174
　　五、坏账准备与坏账损失的核算 ··177
第三节　固定资产核算 ···181
　　一、固定资产账户的设置 ··181
　　二、固定资产取得的账务处理 ··182
　　三、固定资产的折旧 ··183
　　四、固定资产的清理 ··186
第四节　无形资产及其他核算 ··188
　　一、无形资产核算 ··188
　　二、其他资产业务核算 ··190
第五节　收入的核算 ··191
　　一、餐饮企业营业收入的内容 ··191
　　二、餐饮企业的销售收款方式 ··192
　　三、餐饮企业营业收入的核算 ··193
　　四、宴会销售收入的核算 ··194
第六节　税金的核算 ··196
　　一、增值税 ··196
　　二、城市维护建设税 ··201
　　三、教育费附加和地方教育附加 ···201
　　四、印花税 ··202
　　五、企业所得税 ··202
　　六、个人所得税 ··205
　　七、双定户的纳税 ··208
第七节　所有者权益核算 ··209
　　一、实收资本核算 ··210
　　二、资本公积的核算 ··212
　　三、盈余公积核算 ··215
　　四、未分配利润核算 ··216
第八节　利润核算 ··218
　　一、本年利润核算 ··218
　　二、利润分配核算 ··224

第六章 餐饮企业会计报表编制

会计报表是餐饮企业根据日常会计核算资料归集、加工、汇总而形成的结果，是会计核算的最终产品。会计报表总括地反映企业财务状况、经营成果和现金流量情况，以便使用者据此进行管理和决策。

第一节 资产负债表 ... 227
一、资产负债表的格式 ... 227
二、资产负债表的内容填制 ... 228

第二节 利润表 ... 234
一、利润表的内容 ... 234
二、利润表的格式 ... 234
三、利润的计算 ... 235
四、编制利润表 ... 235

第三节 现金流量表 ... 238
一、现金流量的分类 ... 238
二、现金流量表的编制方法 ... 239
三、现金流量表的具体编制 ... 240

第一章
餐饮企业成本控制概述

导读

餐饮成本是指餐饮企业一个生产和销售周期的各种耗费或支出的总和。它包括采购、保管、加工和出售各环节产生的直接成本和间接成本两部分。餐饮成本控制是以目标成本为基础，对管理中发生的各项成本进行计量、检查、监督和指导，使成本开支在满足业务活动需要的前提下，不超过事先规定的标准或预算。

第一节 餐饮企业成本组成与分类

一、什么是成本

（一）广义的成本

广义的餐饮企业成本包括原材料费用、工资费用、其他费用（包括水、电、煤气费，购买餐具、厨具费用，餐具损耗费用，清洁、洗涤费用，办公用品费，银行利息，租金，电话费，差旅费等），可用如下公式计算：

$$成本 = 直接材料费用 + 直接人工费用 + 其他费用$$

（二）狭义的成本

狭义的成本仅指餐饮企业各营业部门为正常营业所需而购进的各种原材料费用。通常餐饮企业的成本核算仅指狭义的成本核算。

二、餐饮企业成本的组成

餐饮企业成本一般包括直接成本、出库成本、毁损成本（盘点净损失）三个部分，即：

$$餐饮企业成本 = 直接成本 + 出库成本 + 盘点净损失$$

直接成本是指餐饮成品中具体的材料费用，包括食物成本和饮料成本，也是餐饮企业中最主要的支出。间接成本是指操作过程中所引发的其他费用，如人员费用和一些固定的开销（又称为经常费用）。人员费用包括员工的薪资、奖金、食宿、培训和福利等；经常费用则是指租金、水电费、设备装潢的折旧、利息、税金、保险和其他杂费。

盘点净损失是指通过实地盘点，盘点实数与账存数之间的差异。餐饮企业在营运期间由于各种原因，可能会出现账实不符的情况，如出品后因未及时开单而没收到钱、酒吧员不小心打破酒水、服务员打破餐具、失窃等。

三、餐饮企业成本的分类

根据不同的标准，可以将餐饮企业的成本分成不同的种类，具体内容如图1-1所示。

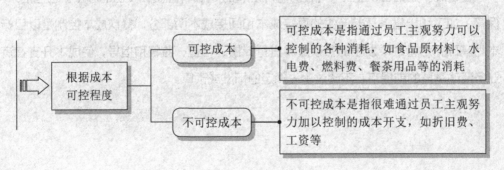

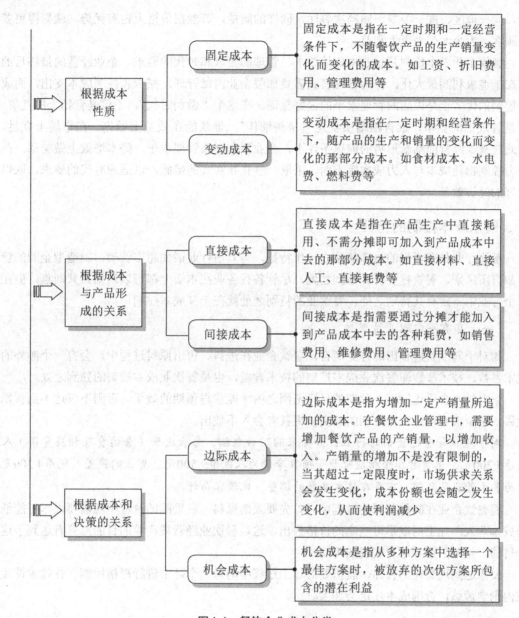

图1-1 餐饮企业成本分类

从经营决策来看，当边际成本和边际收入相等时，利润最大。因此，边际成本是确定餐饮产品产销量的重要决策依据。

第二节 餐饮企业成本控制的特征与现状

餐饮企业成本控制是提高餐饮业竞争力的要求。要想在市场竞争中生存和发展，就必须不断提升身身实力，从企业内部挖掘潜力，让消费者花同样的钱可以得到更多的实惠和满足，同一地区、同一类型、同档次餐厅，同样的质量，若能在价格上占有优势，就赢得更多的顾客，为企业带来更大利益。

餐饮企业成本控制是企业本质的要求、管理的要求和时代的要求。企业经营的最终目的就在于追求利润最大化，作为管理者就需要加强企业内部管理，减少和控制成本支出，而成本控制的优劣正是饭店的管理水平的最好见证。在这个"微利时代"，不仅是营销上的竞争，更是管理上的竞争，谁肯踏踏实实地"精耕细作"，谁就能在效益上领先，在市场上立足。因此在餐饮经营面临新形势的前提条件下，企业要在提高管理水平、降本增效上做文章，在全力控制物耗成本与人力成本等方面，采取一些扎扎实实的措施，以适应时代的要求，取得更好的经济效益。

一、餐饮成本控制的特征

餐饮行业具有极强的特殊的独立操作特征，与其他行业诸如超市管理、制造型企业的管理都有所区别，餐饮行业有其独到之处。尽管各行各业在本质上都可以发掘其共同点，但在每个行业中一定有其特别之处，餐饮业的特别之处就在于其成本控制。

（一）具有一定职业技术性

相对于其他整进整出的行业而言，餐饮企业在进料、售出原料过程中，会有一个额外的技术参数，技术参数即餐饮业成本控制的技术含量，也是餐饮业成本控制的独到之处。

只有技术含量达标，在预期的目标范围之内才能获得预期的效果，否则不仅达不到预期效果，甚至很有可能丧失控制的意义，更甚者会入不敷出。

对于超市等整进整出的行业，如要采购72台电脑，每台进价（含运费及相应费用）人民币5 200元，出售时扣除相应税费等项目净价为人民币9 500元，那么购销差人民币4 300元即为其主营业务利润，不存在技术参数的调整，比较容易计算。

而餐饮企业在制作菜肴的过程中，首先要采购原料，在采购的过程中就需要以尽可能低的成本购入，加工后以尽可能高的价格售出，这是餐饮业经营最简单的目的，只有达到了这个目的，预期的盈利才有实现的可能。

要想达到理想化的目标，就需要对加工过程中的每一个环节进行严格控制，在技术性领域内勤学苦练，否则成本注定会加大。

（二）具有相对准确性

成本控制只存在相对准确性，而没有绝对的准确性。

有些人将餐饮业管理的准确性理解为简单的"砌砖头"，可以精密计算，如对于一面墙使用多少块砖可以建成，优秀的精算师估量的结果一般与实际不相上下。但餐饮行业有其独特性，成本不可能精确计算，因为影响成本计算的因素多种多样，如图1-2所示。

1. 受市场影响

例如干烧鱼这道菜，烹饪干烧鱼时通常选用草鱼作为原料，草鱼的市价每天都在变化，今天可能是11元/千克，明天也许就是15元/千克，后天可能又降到10元/千克。

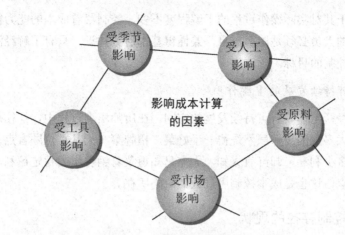

图 1-2　影响成本计算的因素

2. 受原料影响

例如通脊肉，质量好的通脊薄而少弯头，相反质量差的通脊往往在其下方带有一块弯头，弯头肯定会影响出成率，也许今天采购的通脊质量好，明天采购的稍差，后天采购的质量又非常好，因此核算的结果也只能是相对的。

3. 受人工影响

没有任何一种烹饪原料可以直接拿来单独制作菜肴，必须要经过不同加工环节才能够最终上盘。在加工过程当中，又受到厨师手艺的影响、加工工具的影响、原料质量上的影响等，因此制作出的菜肴费料程度又不尽相同。

同样是剔鱼工序，对于手艺精湛的厨师，1千克的鱼可以有50%的出成率，也就是说1千克重的草鱼，经过去鳞、鳃、内脏后的细加工过程后可以剔出500克纯肉；但手艺稍差的厨师出成率也许只有40%，甚或更低。

4. 受季节影响

在特殊季节，如夏季是草鱼产卵的季节，不能够大批上市，鱼肚内的鱼卵会吸收母鱼体内的营养成分，此时无论手艺多么高超的厨师，剔鱼的出成率也只能达到40%左右。

5. 受工具影响

除了人工技术含量外，成本还会受到工具的影响，刀是否锋利？砧板是否平整？原料的质量是否够好？种种因素都会影响成本控制，因此，一年四季核算所得的数据不可能完全相同。

因此餐饮业的成本控制没有绝对的准确性，只能计算相对准确性，影响因素即加工的技术含量，包括加工的工艺、水准等。

（三）是管理餐厅经济运行的有效工具

成本控制整个科目运行操作、核算的过程，是管理科目内部的一部分，是一项工具型学科，而并非手艺型学科。

因此，研究此学科的人员首先要有极强的职业技术性。会计师、高级经济师等尽管专业知识强,但是由于其对实际操作过程的了解程度不多,控制菜肴成本的能力往往很弱。由此可见,进行控制的人员必须是厨房出身,兼懂得基本财务知识,只有了解经济运行的操作手段,才可能实现控制的目标。

(四)具有可持续发展的重要作用

成本控制使经营主体具有可持续发展的空间。在厨师培训过程中,往往缺少了成本控制的环节,因此绝大多数的厨师虽然烧得一手好菜,招牌菜一天几百位顾客点,但究竟在实现销售以后能实现多少利润,却鲜有人知,大家只知道菜肴销售出去肯定盈利,但盈利多少完全要依靠月底盘点,这也是成本控制中最大的缺陷所在。

二、餐饮成本控制存在的现状

(一)成本标准执行不规范

有很多餐饮企业都没有制定菜品的标准成本,没有规范厨师在菜品生产作业中的成本使用,通常是口头说了算。如某餐饮公司,以小炒"荷塘小炒"为例,标准分量是:百合100克、木耳50克、西芹100克、荷兰豆50克、马蹄肉片50克。但很多时候厨师很随意,凭感觉、眼睛看或手感来确定重量,不是用秤来称斤两。又如快餐18元一份的"猪扒饭或牛扒饭",通常是一份饭一块猪扒或牛扒,但有些员工不按规定操作,有朋友或熟的客人来了就多加一两块在里面,可实际上收银还是按原来的收取金额。以上例子都说明成本必然增加,菜品质量难保证。

(二)原材料采购缺乏管理

采购是控制材料成本的第一道关口,直接影响餐饮企业的经营业绩,实际的采购环节容易出现问题。

如以某餐饮企业为例,没有设立采购监督员或小组,原材料采购回来后没有专职验收验货人,原材料会直接被厨房使用,这样会出现短斤少两,开高单价,或把没有的材料也开在送货单里的情况。采购员和财务员为同一人,这样往往会导致在监管上出现很大问题,如以次充好,与供货商联合起来,中间吃回扣,容易中饱私囊、损公肥私。

(三)从业人员流动性大,容易导致人工开支增加

餐饮服务业是劳动密集型行业,人们对服务的要求是永无止境的,为此,需要大量人员来从事这项工作。

人力成本,指企业拥有和使用人力资源时发生的用价值表示的各项支出与耗费,包括人力资源投资成本与人力资源使用费用。人力资源投资成本指企业拥有人力资源以便取得未来经济效益而发生的各项支出,包括人力资源的取得成本、形成成本、开发成本、保护成本、重置成本五个部分。而人力资源使用费用主要指员工的工资和福利。餐饮业中员工的稳定性并不高,不论是管理员工还是一线员工(服务员),流动性都很大。餐厅越来越面临人员的更新问题,要聘到称职人员比较难,经常是新员工刚来经过简单培训后就要上岗,然而,现在的顾客越来越挑剔,一线员工肩负着提供优质服务的重任。但是,一线员工的实际素质往

往不太高，餐饮业受到"低素质员工综合征"的困扰。因此，餐厅在招聘、培训新员工方面都会付出相当的费用与成本，当员工在实际工作中仍然不能胜任工作时，造成的损失和浪费也会加在成本中，甚至带来无法挽回的损失。要控制好这方面的成本投放，餐饮企业在人员管理方面还需下很大的工夫。

第三节 餐饮企业成本控制对策

一、建立健全成本控制制度

（一）要建立一套工序成本控制的信息系统

工序成本控制是一种全新的办法，没有资料积累，无经验借鉴，所以，餐饮企业必须做好各类资料的收集、分类整理，包括各种责任成本的运行结果。通过分析整理，找出成本发生的规律性的东西，以制定科学合理的责任指标体系。

（二）制定标准成本

成本控制应以标准成本的制定为起点。标准成本的制定就意味着为进行餐饮成本控制提供了可靠的依据，这才有可能控制成本，甚至降低成本。制定出标准成本后，就需要根据标准成本在实际工作与管理中进行成本控制。

餐饮企业为了控制餐饮成本的支出，可以通过实行标准成本控制法对食品（菜肴、饮料）的成本支出实行定额管理，为此，可以通过标准分量和标准菜谱来控制成本。标准分量，即将制作的食品菜肴出售给顾客时每一份的分量应是标准化的，是标准菜谱（即标准投料）。这是制作食品菜肴的标准配方，上面标明每一种食品菜肴所需的各种原料、配料、调料的确切数量，及制作成本、烹饪方法、售价等，以此作为控制成本的依据。标准菜谱的制定，有助于确定标准食品成本、合理确定售价、保证制作高质量食品的一致性。为了保证食品菜肴用料的准确性，不少厨房都设有专职配菜员，其任务是按照菜单配上主料和辅料，然后由厨师进行制作；如果没有配菜员，则由厨师自己配菜。无论哪种情况，都必须按定额数量配备。确定了标准成本后，企业应将它与实际成本进行比较，发现差异后，要进一步分析形成差异的原因，提出改进措施，而提高成本控制水平。

（三）实施全过程成本控制

在市场经济环境下，餐饮企业应树立成本系统控制观念，力求从产品概念的产生到产品最终退出市场实施全过程控制。为了增强产品的市场竞争力，成本控制不能仅局限于对产品制造过程的控制，而应延伸到产品设计、市场销售及售后服务等各个环节和领域中，形成全过程的成本控制机制。另外，企业要充分发挥计算机网络技术对企业资源的管理功能，把市场预测、物资采购、产品设计、生产、销售、财务等各个管理环节一体化，使成本控制更加可靠、全面、快速、准确。

餐饮企业的成本控制包括十个不同的环节，具体如图1-3所示。

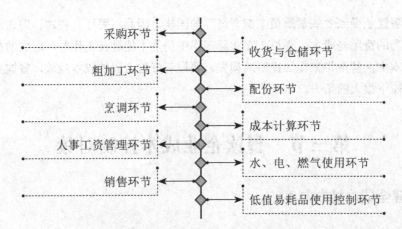

图1-3 餐饮企业的成本控制环节

1. 采购环节

采购环节是指原料从市场转移到餐厅加工间的过程,这个过程之所以被放在首位严格控制,是因为从此环节很可能会流失20%左右的利润,原料的质量、送货时间、数量是否充足,这些问题都是采购环节中可能出现成本增加的隐患。

2. 收货与仓储环节

收货与仓储过程也相当重要,在此过程中的首要问题是原料是否会变质,原料变质会造成经济浪费,例如鱼翅在采购、检验以及验收的时候没有问题,但入库后在库存过程中受潮长毛,无法再食用,500克鱼翅售价1 800元,如果因仓储不慎损失1千克鱼翅的话,那么需要多少炒菜才能弥补其成本呢?可见收货与仓储环节的重要性。

3. 粗加工环节

粗加工在烹饪中也被称为初步加工,例如活鸡活鸭的宰杀、鱼的宰杀、菜的挑选、洗涤等都属于粗加工环节的工作。

4. 配份环节

粗加工后接下来就需要进行精加工,配份环节也就是细加工过程。例如杭椒牛柳这道菜,四两牛柳配三两辣椒,这个配制过程即配份环节。

5. 烹调环节

在制作菜肴的烹调环节中,"烹"即加热,"调"即调味,一边加热一边调味即为烹调过程,烹调过程也可能造成利润流失。

6. 成本计算环节

成本计算环节包括上缴的各种税金、各种促销活动产生的打折赠送费用、抹零等行为造成的利润损失,以及为正常运营而发生的宴请等形成的支出全部归纳为成本计算环节。

7. 人事工资管理环节

餐厅的正常运营需要如何编制、安排人员?每个人员的工资标准应如何计算?厨房工资占何种比例?餐饮、服务人员占何种比例?高层管理人员、中层管理人员占何种比例?编外人员如何安排?这些都是人事工资管理的内容,管理的好坏直接影响成本的高低。

8.水、电、燃气使用环节

餐厅在正常运营过程中不可避免地会使用到各种能源，例如燃气是做菜的必需能源，水是清洁的必需能源，电是营业的必需能源，在餐厅运营成本中，水、电、燃气的费用在总支出中占很大的一部分比例。

9.销售环节

销售环节的行为有打折、让利、抹零、赠送以及特殊服务，还包括广告费、各种宣传费支出，都归纳为销售环节核算。

10.低值易耗品使用控制环节

低值易耗品包括一次性筷子、餐巾纸、餐巾布等，虽然每件物品成本低廉，但一个月盘点下来也是一笔可观的费用。

这十个环节是整个控制餐厅成本的十个关键，将这十个关键点控制好了，就能很好地控制成本流失，从而达到管理者所预期的目标。

二、控制餐饮企业的主要成本费用

（一）控制人工成本

由于餐饮企业属于劳动力密集型企业，员工数量众多，人工成本在企业成本中占有比例较大，加强人工成本的控制则尤显重要。这就需要企业在今后的生产经营过程中，结合人工成本的弹性控制体系，采取相应措施，进一步减少人工成本消耗，以利于餐饮企业的生存和发展。

（二）控制维护装修费用

维护费用与餐具的折旧费用等是餐饮企业的主要成本部分，为此，企业需要加强维护费用等支出。为了吸引更多的消费者前来就餐，餐饮企业有必要保持店面的不同风格与色彩等，营造一个卫生、健康、舒适的就餐环境，这不仅能招引更多的顾客增加营业收入，还可以直接引起广告效应，创造与维护餐饮业的招牌。然而，餐饮企业在维护、装饰店面过程中会花费大量资金，产生巨大的成本费用，因此控制餐饮企业的维护成本十分重要。

（三）控制原材料采购成本

适当的存货是维持企业正常生产经营的必要保障，为有效地控制餐饮企业的成本，要加强原材料采购环节的管理。餐饮企业要货一般不超过一天的用量，每天交换需求信息，以销定产，保证质量，而厨房中心必须建立各单据的核算流程，从订货、投料到产量严加控制。

三、增强成本观念，实行全员成本管理

成本控制是从洽谈销售产品开始到产品生产、销售、资金全部回收的全过程，发生的所有费用和产品成本形成中所进行的组织、计划、控制、执行、核算、分析等一系列的管理工作。其目的就是追求经济活动中的利润最大化，并在激烈的市场竞争中，以成本优势获取竞争优势。成本具有全员性、全过程、整体综合性、预防性、科学性等特点。因此，成本控制不仅是财务部门的工作，它也是一项全过程、全方位、全员参与的系统复杂的综合性经济管

理工作。

要增强餐饮企业员工的成本意识，就要让餐饮企业的所有员工在自己的工作岗位上、工作过程当中对成本具有一定的认识、了解，使之对成本产生重视。

（一）定期举办有关成本知识的讲座

定期举办成本知识的讲座，可以提高员工对成本的认知度，令员工对成本产生一定程度的了解，明白节约能源、节省成本的重要性以及必要性。

（二）定期召开成本会议

定期召开成本会议，总结上阶段营业对成本方面的遗漏问题，这与定期举办成本知识讲座都是餐饮行业运营中必需的工作。

有些餐饮企业对成本控制比较重视，可能一周召开一次成本会议，总结上一周中成本方面所存在的问题。

（三）不定期抽样

不定期地进行抽样，使每位员工都有一定的成本认知。作为管理人员，只是下达管理任务是远远不够的，还要进行督促、督导、抽样，不仅仅是传达目标，更重要的是关注员工的实施情况。

（四）做好成本分析和考核工作

餐饮企业应建立成本分析制度，以财务部门为主，组织企业相关部门定期进行成本分析，对于成本分析中发现的问题，要有整改措施，并实行跟踪检查。同时建立有效的考核制度。考核制度是成本控制系统发挥作用的重要因素。建立考核制度要根据责任会计系统里面每个人的职责来进行考核，有效的考核制度能够提升职工的工作积极性，引导职工自觉地将自己的行为纳入到与企业总目标相一致的轨道中去，并争取更好的工作业绩。

第二章
餐饮企业成本费用核算

> **导读**
>
> 餐饮总成本是由原料成本和经营费用两大类构成的。餐饮企业必须加强日常成本核算，及时检查和监督实际成本有否偏离目标成本，如果偏离目标成本，要及时查出偏离的原因，并采取相应措施。

第一节　餐饮原料成本核算

一、餐饮原料成本的组成要素

原料成本由主料、配料、调料三类要素构成，如图2-1所示。

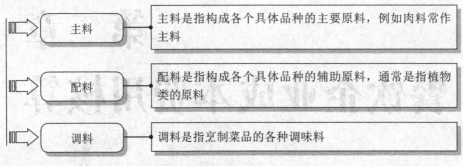

图2-1　餐饮原料成本的组成

> **特别提示**
>
> 主配料的区别是餐饮行业约定俗成的，不一定是量上的区别。由于食品原料的选择范围非常大，各种原料的来源不同，其特点、味性也不同，因此，要认识每一种原料的特点和味性不是件容易的事。

二、与餐饮原料相关的概念

（一）毛料

毛料是指未经加工处理过的食品原料。有些原料本身是半成品，但餐饮企业却可能会视其为毛料，因为这些原料半成品还需要经过加工才能参与配菜，一旦经过加工后，其原料成本便会发生变化（尽管有时这种变化不是很大）。

（二）净料

净料是指经过加工后，可用来搭配和烹制食品的半成品。所有的原料在采购回来后都必须经过加工，如清洗、刀工处理、热处理等，就算是一些本身已经是半成品的原料，也要经过相应的处理，如鲮鱼罐头，开罐倒出后也存在着一个成本变化的问题。

（三）净料成本

净料成本是指毛料经加工处理后成为净料的成本变化，又称为起货成本。

> **特别提示**
>
> 进货价格和进货质量是影响净料成本的两大因素,原料采购价格的高低直接决定了净料成本的高低,进货质量的好坏也会影响净料成本的高低。

(四)净料率

净料率是指食品原材料经初步加工后的可用部分的重量占加工前原材料总重量的比率,它是表明原材料利用程度的指标,其计算公式为:

$$净料率 = \frac{加工后可用原材料重量}{加工前原材料总重量} \times 100\%$$

在原材料品质与其加工方法和技术水平一定的条件下,食品原材料在加工前后的重量变化是有一定规律可循的。因此,净料率对成本的核算、食品原材料利用状况的分析及其采购、库存数量等方面,都有着很大的实际作用。

实例 ▶▶▶

某餐饮企业购入带骨猪肉16千克,经初步加工处理后剔出骨头4千克,求猪肉的净料率。

$$\begin{aligned}猪肉的净料率 &= \frac{加工后可用原材料重量}{加工前原材料总重量} \times 100\% \\ &= [(16-4) \div 16] \times 100\% \\ &= 75\%\end{aligned}$$

实例 ▶▶▶

某餐饮企业购入海带3千克,经涨发后得水发海带8.5千克,但从涨发后的海带中拣洗出不合格的海带和污物0.2千克,求海带的净料率。

$$\begin{aligned}海带的净料率 &= \frac{加工后可用原材料重量}{加工前原材料总重量} \times 100\% \\ &= [(8.5-0.2) \div 3] \times 100\% \\ &= 276.67\%\end{aligned}$$

三、一料一档成本核算

一料一档是指一种原材料经过加工处理后只有一种净料,下脚料已无法利用。其成本核算是以毛料价值为基础,直接核算净料成本,计算公式为:

$$净料成本 = \frac{毛料进价总值}{净料总重量}$$

 **实例** ▶▶▶

某餐饮企业购入原料甲15千克，进价为5.7元/千克。经初步加工处理后得净料11.25千克，下脚料没有任何利用价值，求原料甲的净料成本。

根据净料成本的计算公式，原料甲的净料成本为：

$$原料甲的净料成本 = \frac{毛料进价总值}{净料总重量}$$
$$= 15 \times 5.7 \div 11.25$$
$$= 7.6（元/千克）$$

如果毛料经初步加工处理后，除得到净料外，尚有可以利用的下脚料，则在计算净料成本时，应先在毛料总值中减去下脚料的价值，其计算公式为：

$$净料成本 = \frac{毛料进价总值 - 下脚料价值}{净料总重量}$$

 **实例** ▶▶▶

某餐饮企业购入原料乙10千克，进价6.8元/千克。经初步加工处理后得净料7.5千克；下脚料1千克，单价为2元/千克；废料1.5千克，没有任何利用价值。求原料乙的净料成本。

根据净料成本的计算公式，原料乙的净料成本为：

$$原料乙的净料成本 = \frac{毛料进价总值 - 下脚料价值}{净料总重量}$$
$$= (10 \times 6.8 - 1 \times 2) \div 7.5$$
$$= 8.8（元/千克）$$

四、一料多档成本核算

一料多档是指一种原材料经加工处理后可以得到两种以上的净料或半成品。食品原材料经加工处理形成不同的档次后，各档原料的价值是不相同的。这时，要分别核算不同档次的原料成本。为此，要分别确定不同档次的原材料的价值比率，然后才能核算不同档次的原料成本。其核算公式为：

$$各档原料单位成本 = \frac{毛料价格 \times 毛料质量 \times 各档原料价值比率}{各档净料重量}$$

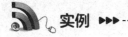 **实例**

某餐饮企业购入鲢鱼60千克,进价为9.6元/千克,根据菜肴烹制需要进行宰杀、剖洗后,得净鱼52.5千克,其中鱼头17.5千克,鱼中段22.5千克,鱼尾12.5千克,鱼鳞、内脏等废料7.5千克(没有利用价值)。根据各档净料的质量及烹调用途,该餐饮企业确定鱼头总值应占毛料总值的35%,鱼中段占45%,鱼尾占20%,求鱼头、鱼中段、鱼尾的净料成本。

鲢鱼进价总值 = 60×9.6 = 576(元)

鱼头的净料成本 = 鲢鱼进价总值×鱼头的价值比率÷鱼头净料总重量

= 576×35%÷17.5

= 201.6÷17.5

= 11.52(元/千克)

鱼中段的净料成本 = 鲢鱼进价总值×鱼中段的价值比率÷鱼中段净料总重量

= 576×45%÷22.5

= 259.2÷22.5

= 11.52(元/千克)

鱼尾的净料成本 = 鲢鱼进价总值×鱼尾的价值比率÷鱼尾净料总重量

= 576×20%÷12.5

= 115.2÷12.5

≈ 9.22(元/千克)

五、半成品成本核算

半成品是指经过制馅处理或热处理后的半成品,如虾胶、鱼胶等。半成品成本核算的公式是:

$$半成品成本 = \frac{毛料总值 - 副料总值 + 调味成本}{净料率}$$

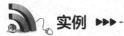 **实例**

每500克鱼肉的进货价格是8元,制作鱼胶的调味料成本是1元,由鱼肉制作成鱼胶的净料率是95%,无副料值,求鱼胶的净料成本。

鱼胶净料成本 = (8+1)÷95% ≈ 9.47(元)

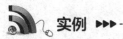 **实例**

已知干鱼白每500克的进价是100元,经过涨发后的净料率是450%,其中耗油约300克,每500克食用油的价格是8元,求涨发后的鱼白的净料成本。

耗油成本＝（300÷500）×8＝4.8（元）
鱼白净料成本＝（100+4.8）÷450%≈23.3（元）
每500克鱼白净料成本是23.3（元）

在计算半成品净料成本时，关键是净料率的确定，净料率最好进行实际的测定。

六、调味成本核算

调味成本核算方法有两种：一种是计量法，属传统做法；另一种是估算法，属现代较流行的做法。

计量法就是根据使用多少数量的调味料，按照每500克的进价来计算实际的调味成本。这种计算方法比较烦琐，较少使用。

最常使用的是估算法，即根据餐饮企业本身的实际情况，计算出每种销售规格的平均调味成本。

特别提示

估算法只适用于一般品种的成本核算。如果是一些比较高档的品种，应该使用计量法，这样才能准确算出调味成本。

七、常用成本核算公式

在餐饮企业中，掌握成本核算的基本公式，有利于实现控制成本的目的。

（一）出成率

出成率也称净料率、拆卸率、出品率，指的是食品原材料经过拣、洗、宰杀、拆卸、涨发、初熟后的净重或半成品重量同原料重量的比率。出成率计算公式为：

$$出成率＝\frac{加工后原材料重量}{加工前原材料重量}×100\%$$

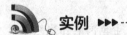

某餐饮企业采购回5千克雪梨，经去皮去核后剩4.5千克净料，则该雪梨的出成率即为：
雪梨的出成率＝（4.5÷5）×100%＝90%

（二）原材料成本

原材料成本计算公式为：

$$原材料成本＝毛料单价÷出成率×净料重量$$

实例

番茄采购单价为8元/千克，其出成率为90%，某道菜需番茄200克，那么这道菜中番茄的原材料成本即为：

番茄的原材料成本＝8÷90%×0.2＝1.78（元）

（三）售价

售价为成本与毛利的总和，售价的计算公式为：

$$售价 = 成本 + 毛利$$

在餐饮企业刚营业时，计算售价会面临一个问题，即成本不确定，因此又衍生出另一个计算公式。

1. 成本确定

在计算成本前，应与厨师一起确定每道菜的原料组成。

实例

以宫保鸡丁为例，鸡丁应放多少？花生是用大花生米还是小花生米（大花生米成本10.6元/千克；小花生米9.6元/千克）？花生米应放多少？葱用多少？上述这些问题只有与厨师沟通，才能确定。在了解菜品的成本组成后，才能量化其成本。

2. 销售毛利率的确定

计算出成本后，应与负责人沟通确定毛利率，基于以上两个数字，即可计算出每道菜的售价：

$$售价 = \frac{原料成本}{1-销售毛利率}$$

实例

原料成本为7.5元，销售毛利率为58%，那么计算售价即为：

售价＝7.5÷（1–58%）≈18（元）

（四）销售毛利率

销售毛利率对于制定成本卡以及计算成本来说必不可少，是控制成本的主要依据，销售毛利率的计算公式为：

$$销售毛利率 = \frac{毛利额}{售价} \times 100\%$$

（五）加工前原料质量

计算加工前原料质量是从进料转化为毛料的过程。刚才计算从毛料转换成净料的过程，所得的是出成率。现在计算过程正好相反，即已知净料质量，倒推毛料质量，计算公式为：

$$加工前原料质量 = \frac{加工后原料质量}{出成率}$$

上面这个公式经常会在对食材进行盘点时用到。

（六）月平均销售毛利

计算月平均销售毛利需要用到的公式有：

本月原料成本＝上月盘点总额＋本月领用额－月末盘点总额

月平均销售毛利＝总营业额－本月原料成本

月平均销售毛利率＝月平均销售毛利÷总营业额

第二节　餐饮产品成本核算

一、餐饮产品成本核算方法

餐饮产品成本核算方法主要包括先分后总法和先总后分法两种。其中，先分后总法适用于单件产品的成本核算；先总后分法适用于成批产品的成本核算。

（一）单件产品成本核算方法

单件产品成本核算采用先分后总法。具体方法为先随机选择产品，测定单件产品的实际成本消耗，然后根据测定结果，计算成本误差，最后填写抽样成本核算报表，分析原因，并提出改进措施。

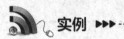
实例 ▶▶▶

"碧绿鲜带子"中的鲜带子每500克的进价是25元，净料率是95%，用量是150克，西兰花每500克的进价是3元，净料率是65%，用量是200克，调味料成本是1元，求该菜品的成本。

鲜带子净成本＝（25÷95%）×（150÷500）≈7.89（元）

西兰花净成本＝（3÷65%）×（200÷500）≈1.8（元）

原料总成本＝7.89＋1.80＋1＝10.69（元）

"碧绿鲜带子"的原料总成本为10.69元。

（二）批量产品成本核算方法

批量产品成本核算是根据一批产品的生产数量和各种原料的实际消耗进行的。批量产品成本核算采用先总后分法，其计算公式为：

$$单位产品成本 = \frac{本批产品所耗用的原料总成本}{产品数量}$$

其成本核算方法包括如下三个步骤。
（1）根据实际生产耗用情况，核算本批产品的各种原材料成本和单位产品成本。
（2）比较单位产品的实际成本和标准成本，计算成本误差。
（3）填写生产成本记录表。若成本误差较大，则应分析原因，再采取相应的控制措施。

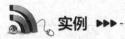 实例 ▶▶▶

现有猪肉包子60个，用料：面粉1千克，进价为4元/千克；猪肉500克，单价为30元/千克；酱油150克，单价为5元/千克；味精3克，葱末50克，姜末5克，共计1元，求猪肉包子的单位成本。

每个猪肉包子成本＝（4×1+30×0.5+5×0.15+1）÷60≈0.35（元）

二、宴席成本核算

（一）分析"团队用餐通知单"，明确成本核算前提条件

"团队用餐通知单"（表2-1）是根据客人的预订要求制定的。其内容包括用餐人数、餐费标准、起止时间、餐费安排、酒水标准和客人禁忌或特殊要求等。它既是团队成本核算的客观依据，也是其成本核算的前提条件。

因此，在正式进行成本核算前，管理人员要先掌握和分析"团队用餐通知单"的相关内容和数据。

表2-1　团队用餐通知单

记录人：

用餐人数		餐费标准	
开始时间		结束时间	
餐费安排			
酒水标准			
客人禁忌			
特殊要求			
其他			

(二)计算团队用餐的餐费标准,确定可容成本

团队用餐的费用可根据用餐人数和天数来确定。但在实际工作中,团队用餐又是按早、中、晚三餐安排的。

此外,还要考虑到团队用餐的毛利率,确定可容成本(客人的餐费标准除去毛利以后的食品原材料成本)。

(三)根据宴会实际成本计算宴会成本

在掌握单一产品成本计算方法以后,计算宴会产品实际成本的方法是:将组成宴会的各种原料成本相加,其总值即为该宴会产品的成本,用公式可表示为:

宴会成本=宴会产品(1)成本+宴会产品(2)成本+宴会产品(N)成本

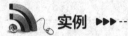

某宴会由四类产品组成,其中A组产品,用主料成本240元,辅料成本80元;B组产品,用面粉5 000克,(每千克成本2.4元),黄油800克(每千克成本28元),其他辅料成本为40元,C组产品,用熟苹果馅3 000克(已知苹果进价每千克5元),熟品率为60%,其他原料成本共计85元;D组产品成本为200元,试求此宴会的产品成本。

解:

(1)分别计算各组产品成本

A组产品成本=240+80=320(元)

B组产品成本=2.4×5+28×0.8+40=22+40=74.4(元)

C组产品成本=5×3/60%+85=110(元)

D组产品成本=200(元)

(2)求宴会产品总成本

宴会产品总成本=320+74.4+110+200=704(元)

答:此宴会产品的总成本704.4元。

(四)根据客人预定标准计算宴会成本

根据客人预定标准计算宴会成本的计算公式为:

宴会成本=宴会标准×宴会成本率

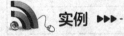

某公司预定100人自助餐,标准为每人120元,按规定此自助餐的成本率为40%,试计算自助餐的总成本

解:自助餐总成本=120×100×40%=4 800(元)

答:该自助餐的总成本为4 800元。

三、火锅成本核算

火锅的成本由汤锅底子、小碗酱料、涮菜三部分组成。因此在进行成本核算时，必须制作三个不同的表格。

（一）汤锅底子

在进行汤锅底子成本核算时，可以利用表2-2所示的汤锅底子成本核算表。

表2-2　汤锅底子成本核算表

锅底名称：

用料名称	毛料重量	净料重量	毛料单价	成本	出成率
主要用料					
辅料					
调料					

按照表2-2，就可计算出每种锅底的总成本。

$$总成本＝主料成本＋辅料成本＋调料成本$$

一般汤锅主料为鸡、鸭、鱼、骨头等肉类食材，辅料为油、蔬菜等，调料则包括辣椒、大蒜、酱、醋等。

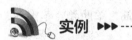　**实例**

计算乌江鱼火锅的汤锅底子成本的过程如下。

用料：鲢鱼，净重量为500克，单价为20元/千克，出成率为85%，成本＝$0.5 \times 20 \div 85\% \approx 11.76$（元）。

鱼的主要烹饪调料的净重量为250克，单价为10元/千克，出成率为100%，成本＝$0.25 \times 10 \div 100\% = 2.5$（元）。

辅料有红油和丝瓜两种。

红油的用量为150克，单价为12元/千克，出成率为100%，成本＝$0.15 \times 12 \div 100\% = 1.8$（元）。

丝瓜重量为375克，净料重量为250克，单价为6元/千克，出成率为70%，成本＝$0.25 \times 6 \div 0.7 \approx 2.14$（元）。

调料5元，燃气2元。油、盐、酱、醋等调料的分量很轻，只能粗略估计。

乌江鱼料的总成本是：11.76+2.5+1.8+2.14+5+2＝25.20（元）。

乌江鱼火锅的售价是50元，则其毛利为：50–25.20＝24.80（元）。乌江鱼火锅的毛利率为：$24.80 \div 50 \times 100\% = 49.60\%$。

（二）小碗酱料

小碗酱料种类众多，有纯香油、香辣汁、麻辣汁、蒜蓉汁、麻酱汁等。在此，以蒜蓉汁为例，进行成本核算。

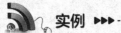 实例 ▶▶▶

蒜蓉汁制作比较简单，只需要大蒜、香油、味精、盐即可。现在以一桶（100份小碟）蒜蓉汁为例说明。

大蒜：单价为10元/千克，净料重量为2千克，出成率为100%，成本为20元。

香油：单价为20元/千克，净重量为2千克，出成率为100%，成本为40元。

味精：单价为10元/千克，净重量为0.5千克，出成率为100%，成本为5元。

盐：单价为4元/千克，净重量为1千克，出成率为100%，成本4元。

原材料成本合计为69元。一桶蒜蓉汁可分为100份，每份为4元，总售价是400元。

毛利＝400–69＝321（元）。

销售毛利率＝321÷400≈80.25%

每份的利润＝321÷100≈3.21（元）。

（三）涮菜

火锅原料非常多，茶树菇、仙草菇、竹笋、兰竹片、毛肚、牛蹄筋、羊肋卷、羊肉卷、鸭血等都是经常使用的原料。其中羊肉卷最为常见。

有的餐饮企业在一天中，使用到的羊肉卷可能占到火锅原料总重量的40%。现在的羊肉卷售价大概在50元/千克左右，每盘净料的重量是250克，羊肉卷的出成率是80%，质量高的，可以达到95%。

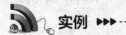 实例 ▶▶▶

要计算羊肉卷的成本，可用毛料单价除以出成率，再乘以净料重量。如毛料的单价是50元，出成率是0.8，净料重量为0.5，就得出成本。

成本＝50÷0.8×0.5＝31.25元，毛利＝50–31.25＝18.75（元）

销售毛利率＝18.75÷50×100%＝37.5%。

毛利率有低有高，毛利平均在35%就有一定利润空间了，当然也需要考虑房租等因素。

综上所述，火锅成本的计算公式为：

火锅成本＝汤锅锅底成本＋小碗酱料成本＋涮菜成本

> **特别提示**
>
> 如果使用了80种原料,因为各个原料的销售毛利率有高有低,如果要计算平均毛利率,就要把80种原料的毛利率加起来再除以80。

四、餐饮企业常用成本报表

(一)餐饮食品成本日报表

餐饮食品成本日报表如表2-3所示。

表2-3　餐饮食品成本日报表

_____年___月___日至_____年___月___日

餐厅名称	本日数	本月累计数	原材料类别	本日		本月累计	
				成本	¥	成本	¥
			乳品				
			水产				
			肉类				
			粮油				
			珍品				
			干果蜜饯				
			调味				
			家禽				
			其他				
			合计				

成本核算员:

(二)餐饮食品成本月报表

通常需要为餐饮部门设一个专职核算员,每天营业结束后或第二天早晨对当天或前一天的营业收入、各种原料进货和领料的原始记录及时进行盘存清点,做到日清月结,计算出当月食品成本。表2-4为餐饮食品成本月报表,供读者参考。

表2-4　餐饮食品成本月报表

收入项	金额(元)	支出项	金额(元)
菜品		人工	
酒水		水电气费	
香烟		折旧费	
其他		其他	
总计		总计	
利润			

第三节 餐饮成本费用的会计处理

餐饮业的成本结构可分为直接成本和间接成本两大类。直接成本是指餐饮成品中具体的材料费,包括食物成本和饮料成本,也是餐饮业务中最主要的支出。间接成本是指操作过程中所引发的其他费用,如人力资源费用和一些固定的开销(又称为经常费)。人力资源费用包括员工的薪资、奖金、食宿、培训和福利等;经常费则指租金、水电费、设备的折旧、利息、税金、保险和其他杂费。

一、原材料的核算

原料及主要材料指经过加工后构成产品实体的各种原材料和材料,如餐饮企业使用的大米、面粉、肉类、蔬菜、水产品和豆制品等。

(一)原材料的计价

餐饮企业外购的原材料应以在采购过程中发生的实际成本为依据,其实际成本应由含税价格和采购费用两部分组成。原材料的计价组成如图2-2所示。

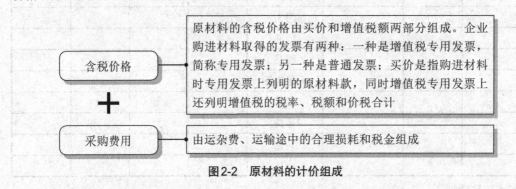

图2-2 原材料的计价组成

(二)原料及主要材料的核算

1. 原料及主要材料购进的核算

(1)以生产部门(厨房、生产加工车间)提出的"原材料请购单"为依据,采购员应提供多家供应商的报价并报经同意后办理采购手续,购进后,将原材料直接交给生产部门,由其验收签字后,办理出入库手续后连同发票交财会部门入账。

(2)仓库保管员以定额管理要求提出的"原材料请购单"为依据,采购员采购后交仓库验收,经填写"入库单"后交财会部门入账。

企业支付原材料价款和采购费用时,其会计分录如下。

借:在途物资
　　贷:银行存款

原材料运到验收入库时,其会计分录如下。

借:原材料
　　贷:在途物资

实例

××餐饮企业向某农产品公司采购冬菇1 000千克,每千克30元,货款30 000元,增值税5 100元,运杂费为150元,采用托收承付结算。

(1)银行转来某农产品公司托收凭证,并附来专用发票联及运杂费凭证,经审核无误后,当即承付,应做如下会计分录。

  借:在途物资——冬菇   35 250
    贷:银行存款   35 250

(2)上述材料运到,由库管员验收入库,根据仓库送来的入库单,经审核无误后,应做如下会计分录。

  借:原材料——原料及主要材料——干货类(冬菇)   35 250
    贷:在途物资——冬菇   35 250

"在途物资"是资产类账户,用以核算企业采购但尚未到达和虽已到达但尚未验收入库的在途材料。

所需的原材料主要在同城采购,往往是钱货两清,为简化核算手续,大多可以直接在"原材料"账户核算。

餐饮企业采购原材料取得的主要是普通发票,普通发票上列示的单价和金额是含税单价和含税金额。

实例

某餐厅5月2日发生以下业务。

(1)某餐厅从××粮店购进面粉和大米取得普通发票,列明大米1 000千克,单价6元,金额6 000元;面粉500千克,单价3元,金额1 500元,货款尚未支付,货品已验收入库,另以现金垫付运费50元,应做如下会计分录。

  借:原材料——原料及主要材料——粮食类   7 500
    贷:应付账款——××粮店   7 450
      库存现金   50

(2)购进河虾取得普通发票,列明河虾20千克,单价40元,金额800元;桂花鱼15千克,每千克40元,金额600元,均以现金支付,已由厨房直接领用,应做如下会计分录。

  借:原材料——原料及主要材料——水产   1 400
    贷:库存现金   1 400
  借:主营业务成本   1 400
    贷:原材料——原料及主要材料——水产   1 400

"原材料"属资产类账户,用以核算企业库存各种原材料的实际成本,当购进原材料验收入库和原材料发生盘盈时,计入借方;当耗用原材料和原材料发生盘亏时,计入贷方;余额在借方,表示企业库存原材料的实际成本。"原材料"账户除按材料类别设置二级账户进行核算外,还应按品种设置明细账进行明细核算。

2. 原料及主要材料发出的核算

生产部门(厨房、生产车间)根据生产需要领用原料及主要材料时,应填制领料单据据以领料,如领料单数量较多,可由仓库定期编制填写"领料单汇总表"交财会部门,财会部门据以记账,应编制会计分录如下。

借:主营业务成本
　　贷:原材料

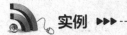

实例 ▶▶▶

5月1日,××餐饮企业厨房领用大米150千克,单价6元,金额900元,应做如下会计分录。

借:主营业务成本　　　　　　　　　　　　　　　　　　　　　900
　　贷:原材料——原料及主要材料——粮食类　　　　　　　　900

如发生原料及主要材料调拨业务,应以仓库保管员填写的"原材料调拨单"作为调出依据。

3. 原料及主要材料存储的核算

原料及主要材料存储的核算是指对购进原料及主要材料尚未投入生产加工之前仓储阶段进行的核算。

原料及主要材料发生盘盈、盘亏或毁损时,应由仓库保管员填写"原材料盘点短缺(溢余)报告单"或"原材料报损单"报有关部门,在查明原因前,财会部门据以将原料及主要材料的溢余或毁损金额记入"待处理财产损溢"账户,以做到账实相符。查明原因后,应区别不同情况,结转有关账户。

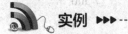

实例 ▶▶▶

2017年5月28日,某餐饮企业盘点库存原料及主要材料后,送交财会部门的原材料盘点短缺(溢余)报告单见下表。

原材料盘点短缺(溢余)报告单

品名	计量单位	单价(元)	账存数量	实存数量	短缺		溢余		原因
					数量	金额	数量	金额	
大米	千克	6	500	495	5	30			待查
面粉	千克	3	200	202			2	6	待查
合计						30		6	

（1）经财务部门审核无误后，据以调整原料及主要材料账面结存数额，应编制会计分录如下：

  借：待处理财产损溢——待处理流动资产损溢   30
    贷：原材料——原料及主要材料——粮食类   30
  借：原材料——原料及主要材料——粮食类   6
    贷：待处理财产损溢——待处理流动资产损溢   6

（2）经查明，盘亏的大米5千克是发料过程中的差错，经领导批准予以转账，编制会计分录如下。

  借：管理费用——存货盘亏及毁损   30
    贷：待处理财产损溢——待处理流动资产损溢   30

（3）经查明，盘盈的面粉2千克属自然溢余，经领导批准，予以转账，应编制如下会计分录。

  借：待处理财产损溢——待处理流动资产损溢   6
    贷：管理费用——存货盘亏及毁损   6

 相关链接

发出原料及主要材料的计价

  企业购进的原料及主要材料均按取得时的实际成本计价入账，但每一次新增原料及主要材料的单价往往有所不同，因此，在发出原料及主要材料时，可根据经营管理的需要和企业的具体情况，在个别计价法、加权平均法、先进先出法等方法中选择一种计价方法。计价方法一经确定，在同一会计年度内不得随意变更。这些方法也适用于同属于原材料的燃料和物料用品。

一、个别计价法

  个别计价法是以每一批原材料的实际进价作为该批原材料发出成本的一种方法，其成本计算公式如下：

  原材料发出成本＝原材料发出数量×该批次原材料购进单位成本

  采用个别计价法时，购进的原材料应分别存放，以一货一卡设置明细账或按品种及进货批次分户登记明细账。发出原材料时，应在发料单上注明进货批次，以便计算该批原材料的实际成本。

  采用个别计价法计算原材料耗用成本最为准确，但计算起来工作量很大，适用于单价较高、收发次数较少的原材料，其成本结转可分散在平时进行。

二、加权平均法

  加权平均法是在会计期末按原材料在计算期内的加权平均单价来计算原材料发出成本和期末结存成本的一种方法，也称全月一次加权平均法，其计算公式如下：

加权平均单价＝（期初原材料结存金额＋本期原材料收入金额－本期原材料盘亏金额）÷（期初原材料结存数量＋本期原材料收入数量－本期原材料盘亏数量）

本期原材料发出成本＝本期原材料发出数量×加权平均单价

在日常工作中，加权平均单价常常除不尽，计算的结果就会产生尾差。为保证期末库存原材料余额的准确性，通常采用倒挤成本的方法，将尾差轧在耗用成本中。原材料盘亏金额通常按期初结存单价计算。

某餐饮企业3月份有关"原材料——原料及主要材料——粮食类（面粉）"的收发业务情况如下。

期初结存数量500千克，单价2元。3月2日购进300千克，单价2.1元；3月15日购进400千克，单价2.05元；3月26日购进200千克，单价1.98元。3月1日、9日、17日、26日分别发出200千克、300千克、200千克、200千克。3月25日盘亏15千克。

按加权平均法计算本期发出材料、结存材料成本。

加权平均单价＝（500×2＋300×2.1＋400×2.05＋200×1.98－15×2）÷（500＋300＋400＋200－15）≈2.0332（元/千克）

期末原材料实际成本＝485×2.0332≈986.10（元）

本期发出原材料成本＝500×2＋300×2.1＋400×2.05＋200×1.98－15×2－986.10＝1829.90（元）

加权平均法计算原材料发出成本较为均衡，也较准确，但计算工作量大，适用于收发次数少、前后进货成本相差幅度较小的原材料，其成本结转集中在月末进行。

企业无论采用哪一种方法来计算原料及主要材料发出成本，都要根据计算结果编制结转发出原材料成本的会计分录，即借记"主营业务成本"科目，贷记"原材料——原料及主要材料"科目。

（三）食品原材料清选整理（初加工）的核算

餐饮企业购进的食品原材料尤其是鲜活原材料，如肉类、鱼虾、蔬菜、家禽等，易腐烂变质，新鲜程度变化快，毛料、净料差异较大，需要进行清选、分等、拣洗、宰杀、拆卸等加工；一些干货，如海参、蹄筋等也需经过泡发加工处理后才能使用。清选整理工作可在企业内部进行，也可委托外单位进行。

1.食品原材料清选整理的账务处理原则

食品原材料清选整理的账务处理原则如图2-3所示。

2.食品原材料清选整理的账务处理

餐饮企业可在"原材料——食品原材料"二级明细账下设"清选户"，核算需要清选整理的原材料。

原则一	因清选整理发生的损耗不做商品损耗处理，而计入清选整理后的净料成本中
原则二	在清选整理过程中，因自然灾害或责任事故使原材料发生的损失不得计入净料成本中
原则三	因清选整理而使原材料发生等级、规格、数量变化要重新入账，入账时，账面总金额不变，只调整其数量和单价
原则四	清选整理后的余料、残料、废料等应做下脚料处理，不得计入清选整理后的净料成本

图2-3 食品原材料清选整理的账务处理原则

（1）拨付原材料进行清选整理或购进后直接交付整理时，编制会计分录如下。

借：原材料——食品原材料（清选户）
　　贷：原材料——食品原材料
　　　　银行存款

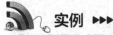 实例 ▶▶▶

××餐饮企业餐厅某日购进活鱼60条，质量75千克，单价20元，价款1 500元。购进后直接交付清选整理，财务部门根据有关凭证，应编制如下会计分录。

借：原材料——食品原材料（清选户）　　　　　　　　　1 500
　　贷：库存现金　　　　　　　　　　　　　　　　　　1 500

（2）清选整理后材料的单位成本核算。采用一定方法计算清选整理后材料的单位成本，并结合其他资料编制"食品原材料清选整理单"，财务部门根据转来的"食品原材料清选整理单"，应编制如下会计分录。

借：原材料——食品原材料（某净料）
　　贷：原材料——食品原材料（清选户）

实例 ▶▶▶

假定活鱼经过宰杀、清除脏物等成为净鱼60条，总质量为68千克，根据资料编制"食品原材料清选整理单"见下表。

食品原材料清选整理单

清选部门：　　　　　　　　　年　月　日　　　　　　　　编号：

清选整理前					清选整理后				
名称	数量	重量	单价	金额	名称	数量	重量	单价	金额
鱼	60	75千克	20	1 500	净鱼	60	60千克	22.06	1 500
合计				1 500	合计				1 500

财会部门根据上表编制会计分录如下。

借：原材料——食品原材料（净全鱼）　　　　　　　　　　1 500
　　贷：原材料——食品原材料（清选户）　　　　　　　　　1 500

相关链接

清选后净料单价的计算

原材料清选完毕后，应调整其数量和单价（即单位成本）。清选后净料单价的计算应区别不同的情况进行，清选后净料单价的计算见下表。

清选后净料单价的计算

情况	计算公式	备式
原材料清选整理后只有一种净料，无可作价的下脚料	净料单价＝清选整理原材料总成本÷清选整理后净料质量	—
原材料清选整理后有一种净料，还有可作价的下脚料	净料单价＝（清选整理前原材料成本－下脚料金额）÷清选整理后净料质量	—
原材料清选整理为若干种净料	在此情况下，如果其中只有一种净料的单价没有可供参考的成本资料，则其计算公式如下： 净料单价＝（清选整理前原材料成本－其他净料成本之和）÷该种净料重量	如果各种净料均有可供参考的成本资料，应本着"主要净料成本定得高些，次要净料成本定得低些"的原则确定；反之，如果各种净料均无可供参考的成本资料，则要分别计算其单位成本

在实际工作中，由于从事饮食制品的单位每日购进鲜活原材料的品种数量很多，清选整理后的净料逐一过秤计量工作量大，因此，通常采用"成本系数法"和"净料率法"计算净料的单位成本。

一、成本系数法

成本系数法是指某种原材料净料的单位成本与其毛料单位成本的比率，其计算公式为：

$$成本系数 = \frac{某种原材料净料单位成本}{某种原材料毛料单位成本}$$

成本系数确定后，购进鲜活原材料清选整理后净料的单位成本则可直接根据成本系数计算，其计算公式为：

某种原材料净料单位成本 = 该种原材料毛料单位成本 × 成本系数

某餐厅购进毛鸭50千克，单价8元，清选整理后为40千克，则毛鸭的净料单位成本为10（400÷40）元，成本系数为1.25（10÷8）。假定某日又购进该种毛鸭30千克，单价8.5元，则其净料单位成本为：8.5×1.25≈10.63（元）

但要注意的是成本系数不是一成不变的，餐饮企业应根据毛料价格的变动及毛料的等级等因素，做好适时合理的调整。

二、净料率法

净料率也称成货率，是指净料质量与毛料质量的比率，其计算公式为：

$$净料率 = \frac{净料质量}{毛料质量} \times 100\%$$

确定出净料率后，购进原材料加工整理后的净料质量可用以下公式求得：

净料质量 = 毛料质量 × 净料率

净料单位成本则用毛料购进总成本除以净料质量求得，其计算公式如下：

$$净料单位成本 = \frac{毛料购进总成本}{净料质量}$$

接上例，假定采用净料率法计算净料单位成本，则：

$$该种毛鸭净料率 = \frac{40}{50} \times 100\% = 80\%$$

某日购进30千克、单价8.5元的毛鸭，其净料单位成本计算如下：

净料质量 = 30 × 80% = 24（千克）

净料单位成本 = （30 × 8.5）÷ 24 ≈ 10.63（元）

对于泡发料，因经过泡发，数量必然发生变化，因此也需要重新计算其单位成本，计算公式为：

$$泡发料单位成本 = \frac{干货总成本}{泡发材料总量}$$

如泡发过程中加用其他材料，则用其成本与干货总成本之和除以泡发后材料总量，求得泡发料单位成本。

3. 原材料加工的核算

餐饮企业有时根据经营服务的需要,将某种原材料加工成另一种原材料或半成品。加工形式有自行加工和委托外单位加工两种。在此,就委托外单位原材料加工的核算进行分述。

为了核算委托外单位加工材料的成本,企业应在"原材料"账户下设"委托加工原材料"专户或者用"委托加工物资"核算。其借方登记拨付加工的原材料成本、支付的加工费用,以及为加工原材料支付的往返运杂费;贷记登记收回的加工原材料成本和剩余的原材料成本,借方余额反映尚在加工中的原材料成本。该账户应按加工原材料的类别进行明细核算。

(1)拨付加工原材料的核算。企业根据合同,将原材料拨付加工时,应填制"委托加工原材料发料单"一式数联,仓库据以发料后,将其中一联送财务部门记账,应编制如下会计分录。

借:委托加工物资(原材料——委托加工原材料)
　　贷:原材料——××类别

(2)支付运杂费、加工费、相关税金等的核算。委托加工原材料支付的运杂费和加工费均应计入委托加工材料的成本。支付时,应编制如下会计分录。

借:委托加工物资(原材料——委托加工原材料)
　　贷:"银行存款"或"库存现金"等

(3)收回加工成品和退回多余材料的核算。委托加工的原材料加工完成后,企业有关部门应及时进行质量和数量的验收,检查所使用原材料的耗用情况,审核无误、验收合格后,应填制"委托加工原材料收料单"一式数联,仓库据以验收后交财务部门一联记账。如有剩余未用完的原材料,应与加工成品一并收回。收回加工成品和剩余原材料时应编制如下会计分录。

借:原材料——某类加工成品
　　　　　——某类剩余材料
　　贷:委托加工物资(原材料——委托加工原材料)

二、燃料的核算

燃料指生产加工过程中用来燃烧发热以产生热能的各种物资,如煤炭、焦炭、汽油、柴油、天然气和煤气等。

餐饮企业购入的各种燃料,比照原材料的核算方法进行。耗用的燃料应区别不同的情况进行核算,餐饮企业生产中耗用燃料应列入"主营业务成本"账户。若是酒店的餐饮部门或者不独立核算的车队耗用燃料应列入"销售费用"账户,其他部门耗用的燃料则应列入"管理费用"账户。

燃料领用的核算方法如图2-4所示。

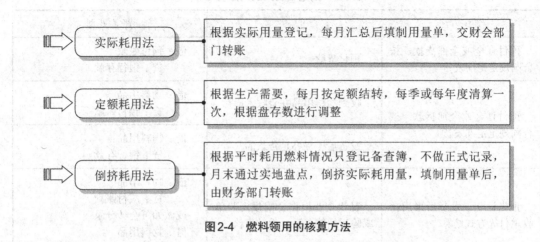

图 2-4 燃料领用的核算方法

燃料短缺溢余的核算与原料及主要材料相同。

燃料的核算一般采用实际耗用法，根据实际使用计量每月汇总后填制用量单，根据用量单编制如下会计分录。

借：主营业务成本
贷：库存现金
　　银行存款

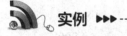 实例 ▶▶▶

某饮食企业月初结存煤气成本为 200 元，当月购进煤气成本为 2 000 元，月末盘点结存的 = 1 800（元）。

财会部门对本月耗用的燃料编制会计分录如下。

借：主营业务成本　　　　1 800
　　贷：燃料　　　　　　　　1 800

三、物料用品的核算

物料用品是指企业用于经营业务、日常维修、劳动保护方面的材料物资、零配件及日常用品、办公用品、包装物品等。

（一）物料用品购进的核算

餐饮企业所需物料用品数量较大，其采购的方法有两种：一种是直接采购，另一种是预先定制。从市场上直接采购物料用品的核算方法与原料及主要材料的核算方法相同，不再重述。餐饮企业对于有特殊要求的物料用品，如印有本企业名称的餐饮用具等，可采取预先订购的办法。预订物料用品的款项有两种结算办法，购进物料用品的账务处理见表 2-5。

表2-5 购进物料用品的账务处理

结算方法	业务	账务处理
预付订金或全部货款，按合同规定定期发货	预付货款	借：预付账款 　　贷：银行存款
预付订金或全部货款，按合同规定定期发货	收到物料用品并验收入库后	借：物料用品 　　贷：预付账款
	发货后还需补足货款的	借：物料用品 　　贷：银行存款
预先订货，发货后采用托收承付等方式结算	餐饮企业根据合同规定验单或验货相符以后，承付货款	借：物料用品 　　贷：应付账款 或做如下会计分录 借：物料用品 　　贷：银行存款

实例

某餐饮企业向××工艺厂订购作为纪念品的绸布折扇4 000只，每只3元，共计12 000元，合同规定先付40%订金，交货时再付其余60%的货款。

（1）支付订金时会计分录

借：预付账款——××工艺厂　　　　　　　　　　　　　　4 800
　　贷：银行存款　　　　　　　　　　　　　　　　　　　　4 800

（2）收到绸布折扇，并收到专用发票，货款共计12 000元（含税），当即签发转账支票支付其余60%的货款，绸布折扇已验收入库，其会计分录如下。

借：物料用品——绸布折扇　　　　　　　　　　　　　　　12 000
　　贷：预付账款——××工艺厂　　　　　　　　　　　　　4 800
　　　　银行存款　　　　　　　　　　　　　　　　　　　　7 200

（二）物料用品领用的核算

餐饮企业有关部门或人员在领用物料用品时应填制领料单，办理领料手续，保管人员应将领料单定期汇总编制"耗用物料用品汇总表"送交财会部门据以入账，财务部门根据物料用品的不同用途编制如下会计分录。

借：销售费用
　　贷：物料用品

或者编制如下会计分录。

借：管理费用
　　贷：物料用品

耗用物料用品汇总表见表2-6。

表2-6　耗用物料用品汇总表

_____年___月___日起至_____年___月___日止　　　　　　　领料部门：

名称及规格	单位	单价	月 日		……		月 日		合计	
			数量	金额	数量	金额	数量	金额	数量	金额

复核签章：　　　　　　　　　　　　　　　　　　制表人签章：

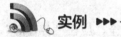 实例 ▶▶▶

某餐厅楼面领用花瓶20只，单价10元；烟缸30个，单价3.5元；桌布30条，单价20元，共计905元，办公室领用信笺10刀，单价5元；信封100个，单价0.2元；圆珠笔30支，单价1元，共计100元，其会计分录如下。

借：销售费用——物料消耗　　　　　　　　　　　　　　905
　　管理费用——办公费　　　　　　　　　　　　　　　100
　　贷：物料用品　　　　　　　　　　　　　　　　　1 005

特别提示

餐厅发出的物料用品可采用"个别计价法""加权平均法""先进先出法"等计价方法计算成本。

四、包装物的核算

餐饮企业的包装物主要指的是为顾客打包用的饭盒或袋子。

（一）包装物购进的核算

餐饮企业单独购进包装物时，应按购进的实际成本和增值税金额编制如下会计分录。

借：周转材料
　　贷：银行存款（应付票据或应付账款）

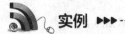**实例**

某餐饮企业从商场购进包装用塑料盒一批共计3 000元,支付增值税510元,运费20元,包装物已验收,价款签发转账支票付讫,根据业务部门报来的有关凭证,应编制如下会计分录。

借:周转材料——包装物　　　　　　　　　　　　　　3 530
　　贷:银行存款　　　　　　　　　　　　　　　　　　　3 530

特别提示

随货购进不单独计价是指包装物的价格不在供货单位的发票单上单独列出,而将其包括在商品价格中,企业收到随货购进不单独计价的包装物时无须单独核算。

(二)包装物回收的核算

回收已随商品出售的包装物,如纸箱、酒瓶等,为保护包装物的安全,应在"备查簿"中登记。企业代其他单位垫付的回收包装物款项在"其他应收款"账户核算;将回收的包装物交给托收单位时,要将回收包装物所垫付的款项收回,并收取一定的手续费。

(三)包装物领用的核算

(1)顾客用于饭菜打包的不单独计价的包装物可按期结转其成本,其会计分录如下。

借:销售费用
　　贷:周转材料——包装物

(2)随同饭菜、食品一同出售单独计价的包装物,在收到款项时,其会计分录如下。

借:银行存款
　　贷:其他业务收入

结转该部分包装物成本时,其会计分录如下。

借:其他业务成本
　　贷:周转材料——包装物

五、低值易耗品的核算

餐饮企业的低值易耗品主要是指一些餐具、厨具、桌椅等。

(一)低值易耗品购进的核算

餐饮企业购进低值易耗品应以低值易耗品的买价加上可以直接认定的运输费、装卸搬运费作为其成本,如购进多种低值易耗品而发生的运输费、装卸搬运费不易按品种划分时,也可以直接列入"销售费用"账户下的"运输费""包装费"二级明细账户。

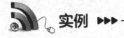 实例 ▶▶▶

某餐饮企业下属一分店2月15日购进桌凳50套，单价560元，金额共计28 000元，以支票付讫，同时以现金380元支付运杂费，桌凳已验收入库，应编制如下会计分录。

借：低值易耗品——在库低值易耗品　　　　　　　　　　　　28 380
　　贷：银行存款　　　　　　　　　　　　　　　　　　　　28 000
　　　　库存现金　　　　　　　　　　　　　　　　　　　　　　380

餐饮企业也可设置"周转材料——低值易耗品"账户进行核算。

（二）低值易耗品领用和摊销的核算

1. 领用

餐饮企业有关部门在领用低值易耗品时，应填制"领用单"办理领用手续，交财务部门据以入账。低值易耗品领用后，在使用过程中不断磨损，其价值也随之逐渐减少，这部分减少的价值作为企业的费用入账。低值易耗品领用单见表2-7。

表2-7　低值易耗品领用单

领用部门：　　　　　　　　　　　　　　　　　____年___月___日

品名	规格型号	数量	单价	金额	用途	备注

领用部门经理：　　　　批准人：　　　　领用人：　　　　库管员：

填写说明：

1. 本单一式三联，一联仓库存根，一联报财务部门核算，一联领用部门存查。
2. 此单为通用单，适用于领用除原材料以外的物品。

营业部门领用的低值易耗品应列入"销售费用"账户，管理部门领用的则应列入"管理费用"账户。

2. 摊销

低值易耗品摊销的方法有一次摊销法、分次摊销法等，企业可根据低值易耗品的各种特点及管理的要求选用。

（1）一次摊销法。一次摊销法是指低值易耗品在领用时将其全部价值一次摊入当期费用的方法。采用这种方法在领用时，将低值易耗品的全部价值一次摊销，编制如下会计分录。

借：销售费用——低值易耗品摊销
　　贷：低值易耗品

或者编制如下会计分录。

借：管理费用——低值易耗品摊销
贷：低值易耗品

特别提示

低值易耗品核算可否都用一次摊销法？采用一次摊销法核算手续简便，但餐饮企业费用负担不均衡。低值易耗品一经领用就注销了其账面价值，形成账面无价资产，而不利于实物管理。这种方法适用于价值低、使用期限短、一次领用不多的低值易耗品。

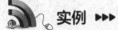 **实例** ▶▶▶

某餐饮企业××门店领用桌布一批共计3 200元，根据领料单应编制如下会计分录。

借：销售费用——低值易耗品摊销——××门店　　　　　　　3 200
　　贷：低值易耗品——库存低值易耗品　　　　　　　　　　　3 200

（2）分次摊销法。分次摊销法是指领用低值易耗品时摊销其价值的单次平均摊销额。采用这种方法需在低值易耗品账户下设置"库存低值易耗品""在用低值易耗品"和"低值易耗品摊销"三个明细账户。

 实例 ▶▶▶

××餐饮企业购进餐车4部，每部450元。

（1）餐车已验收入库，价款以转账支票付讫，应编制如下会计分录。

借：低值易耗品——库存低值易耗品　　　　　　　　　　　1 800
　　贷：银行存款　　　　　　　　　　　　　　　　　　　　1 800

（2）楼面领用餐车4部，采用分次摊销法分两次摊销，予以入账，应编制如下会计分录。

借：低值易耗品——在用低值易耗品　　　　　　　　　　　1 800
　　贷：低值易耗品——库存低值易耗品　　　　　　　　　　1 800

领用时摊销其价值的50%，应编制如下会计分录。

借：销售费用——低值易耗品摊销——楼面　　　　　　　　900
　　贷：低值易耗品——在用低值易耗品　　　　　　　　　　900

（3）餐车使用10个月后不能用作报废处理时，再摊销50%，应编制如下会计分录。

借：销售费用——低值易耗品摊销——楼面　　　　　　　　900
　　贷：低值易耗品——在用低值易耗品　　　　　　　　　　900

> **特别提示**
>
> 餐饮企业无论采用哪种方法进行摊销，在购进低值易耗品时，都应全额记入"低值易耗品"或"周转材料——低值易耗品"账户，领用时再按选定的方法进行摊销，以全面反映餐饮企业购置低值易耗品的总额。在用低值易耗品和使用部门退回仓库的低值易耗品应加强实物管理，并在备查簿上进行登记。

（三）低值易耗品修理和废弃的核算

1. 低值易耗品修理

为充分发挥低值易耗品的使用效能，延长其使用期限，节约费用开支，企业对使用中的低值易耗品应进行经常性的维修和保养。修理低值易耗品耗用的材料和支付的费用应列入"管理费用——修理费"账户，编制如下会计分录。

借：管理费用——修理费
　　贷：物料用品（库存现金）

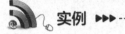 实例 ▶▶▶

××餐饮企业修理冰柜两台，以库存现金支付上门修理费60元、维修材料费140元，应编制如下会计分录。

借：管理费用——修理费　　　　　　　　　　　　　　　200
　　贷：库存现金　　　　　　　　　　　　　　　　　　　200

2. 低值易耗品报废

企业的低值易耗品在使用过程中由于磨损而丧失使用效能时，应按规定手续报请批准废弃。低值易耗品废弃时，应将残料估价入库或出售。由于摊销的方法不同，低值易耗品废弃时的处理也不同。低值易耗品废弃时的账务处理见表2-8。

表2-8　低值易耗品废弃时的账务处理

序号	业务	账务处理
1	废弃的低值易耗品已无账面余额	应将其残值冲减有关费用，即 借：材料物资/库存现金/银行存款 　　贷：销售费用/管理费用
2	若废弃的低值易耗品是采用五五摊销法摊销时	应将摊余价值与残值的差额记入"销售费用"或"管理费用"账户，同时转销有关账户的账面价值

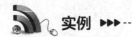 **实例**

××餐饮企业3套桌椅不能使用,经批准报废,每套实际成本600元,已摊销50%,假定无残值,根据有关凭证,应编制如下会计分录。

借:销售费用——低值易耗品摊销　　　　　900
　　贷:低值易耗品　　在用低值易耗品　　　　900

六、餐饮企业职工薪酬的核算

(一) 概述

职工薪酬是指企业为获得职工提供服务而给予各种形式的报酬以及其他相关支出。

职工薪酬包含的内容有以下几方面。

(1) 职工工资、奖金、津贴和补贴。

(2) 职工福利费。

(3) 医疗保险费、养老保险费、失业保险费、工伤保险费和生育保险费等社会保险费。

(4) 住房公积金。

(5) 工会经费和职工教育经费。

(6) 非货币性福利。

(7) 因解除与职工的劳动关系给予的补偿。

(8) 其他与获得职工提供的服务相关的支出。

(二) 职工工资、奖金、津贴和补贴的核算

餐饮企业主要采用计时工资。企业在按月计算职工应发工资时,应根据劳动部门、人力资源部门或工资部门等转来的考勤记录及其他有关资料,按职工出、缺勤情况计算职工应发工资。

在实际工作中,企业是通过编制工资结算单来结算工资的。财务部门根据工资结算单进行账务处理。工资结算单见表2-9。

表2-9　工资结算单

姓名	工资	缺勤应扣工资		应发工资	奖金	津贴和补贴		应发薪酬合计	代扣款项					合计	实发金额
		病假工资	事假工资			中夜班补贴	副食品补贴		住房公积金	养老保险费	医疗保险费	失业保险费	个人所得税		

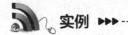 **实例**

某市某餐厅2016年9月支付的工资情况：所有人员的工资总额为60 500元，其中经营人员工资54 300元，管理人员工资6 200元，其中住房公积金4 235元，养老保险费4 840元，医疗保险费1 210元，失业保险费605元，应交个人所得税105元，实际用支票从银行取出现金，现金支付工资49 505元。

（1）15日，计提本月应付工资，做分录如下。

  借：应付职工薪酬——经营人员工资   54 300
         ——管理人员工资   6 200
    贷：库存现金   49 505
     其他应付款——住房公积金   4 235
         ——养老保险费   4 840
         ——医疗保险费   1 210
         ——失业保险费   605
     应交税费——应交个人所得税   105

（2）9月15日，按照工资结算单实发金额49 505元，签发现金支票提取现金，根据现金支票存根，做分录如下。

  借：库存现金   49 505
    贷：银行存款   49 505

（3）30日，将本月份发放的职工薪酬进行分配，做分录如下。

  借：销售费用——职工薪酬   54 300
     管理费用——职工薪酬   6 200
    贷：应付职工薪酬——经营人员工资   54 300
          ——管理人员工资   6 200

（三）职工福利费、工会经费和职工教育经费的核算

职工福利费是指用于职工医疗卫生、生活困难补助、集体福利设施等支出。根据规定，职工福利费按工资总额的一定比例提取。工资总额是指各企业在一定时期内直接支付给本企业全部职工的劳动报酬总额，包括职工工资、奖金、津贴和补贴。

工会经费是指工会组织的活动经费。根据规定，工会经费按工资总额的2%提取。

职工教育经费是指企业用于职工学习先进技术和科学文化的经费。根据规定，职工教育经费按工资总额的1.5%提取。

企业在提取职工福利费、工会经费和职工教育经费时，按营业人员工资总额提取的，列入"销售费用"账户；按企业行政管理人员和长期病假人员工资总额提取的，列入"管理费用"账户。

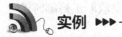 **实例**

接上例，该餐厅2016年9月份发放职工的工资总额为60 500元，其中业务经营人员

54 300元，管理人员6 200元，按本月工资总额的14%、2%和1.5%，分别计提职工福利费、工会经费和职工教育经费，金额计算公式如下。

职工福利费 = 60 500×14% = 8 470（元）

工会经费 = 60 500×2% = 1 210（元）

职工教育经费 = 60 500×1.5% = 907.50（元）

应编制如下会计分录。

借：销售费用——职工薪酬　　　　　　　　9 502.50（54 300×17.5%）
　　管理费用——职工薪酬　　　　　　　　1 085.00（6 200×17.5%）
　贷：应付职工薪酬——职工福利　　　　　8 470.00
　　　　　　　　　——工会经费　　　　　1 210.00
　　　　　　　　　——职工教育经费　　　907.50

企业在支付职工福利费、职工教育经费和支付工会组织经费时，应编制如下会计分录。

借：应付职工薪酬——职工福利
　贷：银行存款
　　　库存现金

（四）医疗保险费、养老保险费、失业保险费等社会保险费和住房公积金的核算

五险一金的缴纳额度每个地区的规定都不同，基数是工资总额。以下以某市的规定为例加以说明。

医疗保险费是指由企业负担的用于职工医疗保险的费用，企业缴费比例为10% + 大额互助1%，职工按工资总额的2% + 3元缴纳。

养老保险费是指由企业负担的用于职工退休后支付职工退休金的费用，企业按工资总额的20%缴纳，职工按工资总额的8%缴纳。

失业保险费是指由企业负担的用于职工失业的保险费用，企业按照工资总额的1%缴纳，职工按工资总额的0.2%缴纳。

住房公积金是指企业为其在职职工缴存的长期住房储金，企业按工资总额的12%缴纳，职工按工资总额的12%缴纳。企业负担的医疗保险费已包含在职工福利费内，因此在计提时只需在"应付职工薪酬"的二级明细账户内进行划转。企业负担的养老保险费、失业保险费等社会保险费和住房公积金在按月计提时，应根据不同的人员分别编制如下会计分录。

借：销售费用
　　管理费用
　　在建工程等
　贷：应付职工薪酬

职工负担的医疗保险费、养老保险费、失业保险费和住房公积金在发放职工薪酬时予以代扣，列入"其他应付款"账户。

企业按照规定将医疗保险费、养老保险费、失业保险费等社会保险费缴纳给社会保险事

业基金结算管理中心,将住房公积金缴纳给公积金管理中心时,应编制如下会计分录。

　　借:应付职工薪酬
　　　　其他应付款
　　　贷:银行存款

 **实例** ▶▶▶ --

接上例的资料对社会保险费和住房公积金进行计提和缴纳的核算。
(1)按工资总额的10%计提医疗保险费,其会计分录如下。

　　借:应付职工薪酬——职工福利　　　　　　　　　　　　　6 050
　　　贷:应付职工薪酬——社会保险费　　　　　　　　　　　　6 050

(2)按工资总额的20%、1%和12%分别计提养老保险费、失业保险费和住房公积金,其会计分录如下。

　　借:销售费用——职工薪酬(54 300×33%)　　　　　　　17 919
　　　　管理费用——职工薪酬(6 200×33%)　　　　　　　　2 046
　　　贷:应付职工薪酬——社会保险费(60 500×21%)　　　12 705
　　　　　应付职工薪酬——住房公积金(60 500×12%)　　　 7 260

(3)将本月应交的医疗保险费、养老保险费、失业保险和住房公积金(含为职工代扣的部分)分别缴纳给社会保险事业基金结算管理中心和公积金管理中心时,其会计分录如下。

　　借:应付职工薪酬——社会保险费　　　　　　　　　　　　18 755
　　　　应付职工薪酬——住房公积金　　　　　　　　　　　　 7 260
　　　　其他应付款——住房公积金(60 500×12%)　　　　　 7 260
　　　　　　　　　——养老保险费(60 500×8%)　　　　　　4 840
　　　　　　　　　——医疗保险费(60 500×2%+3)　　　　1 213
　　　　　　　　　——失业保险费(60 500×0.2%)　　　　　　121
　　　贷:银行存款　　　　　　　　　　　　　　　　　　　　39 449

　　"应付职工薪酬"是负债类账户,用以核算企业根据规定应付给职工的各种薪酬。企业发生职工各种薪酬时,记入贷方;支付职工各种薪酬时,记入借方;期末余额在贷方,表示企业尚未支付的职工薪酬。
　　"其他应付款"账户是负债类账户,用以核算企业除应付票据、应付账款、预收账款、应付职工薪酬、应付利息、应付股利、应交税费等以外的其他各项应付、暂收的款项。发生各种其他应付、暂收款项时,计入贷方;支付或归还时,计入借方;期末余额在贷方,表示尚未支付的其他应付款项。

七、销售费用的核算

　　餐饮企业的销售费用是指在经营中发生的各项费用,包括运输费、装卸费、包装费、保管费、保险费、燃料费、展览费、广告宣传费、邮电费、水电费、差旅费、洗涤费、物料消耗、折旧费、修理费、低值易耗品摊销、营业部门人员的工资、福利费、工作餐费、服装费和其他营业费用。发生上述费用时，应编制如下会计分录。

  借：销售费用
    贷：库存现金
      银行存款
      累计折旧
      应付职工薪酬

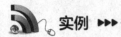 实例 ►►►

（1）为扩大知名度，某连锁餐饮企业在电视台黄金时段发布酬宾广告，为期一个月，费用为38 000元，费用通过银行支付，其会计分录如下。

  借：销售费用——广告费   38 000
    贷：银行存款   38 000

（2）某餐厅印刷一批食品打包盒，供外卖使用，共2 000元，并用现金支付，其会计分录如下。

  借：销售费用——包装费   2 000
    贷：库存现金   2 000

八、管理费用的核算

管理费用是指餐饮企业管理部门为组织和管理企业经营活动而发生的各种费用，包括企业行政管理部门在企业经营管理中发生的或者应由企业统一负担的公司经费（行政管理部门人员工资、福利费、工作餐费、服装费、办公费、差旅费、会议费、物料消耗、低值易耗品摊销、燃料费、水电费、折旧费、修理费及其他行政经费等）、工会经费、职工教育经费、劳动保险费、待业保险费、外事费、租赁费、咨询费、审计费、诉讼费、排污费、绿化费、土地使用费、土地损失补偿费、技术转让费、研究开发费、聘请注册会计师和律师费、应从成本中列支的房产税、车船使用税、土地使用税、印花税、燃料费、水电费、折旧费、修理费、无形资产摊销、低值易耗品摊销、开办费摊销、交际应酬费、坏账损失、存货盘亏和毁损、上级管理费以及其他管理费用等。

发生上述费用时，应编制如下会计分录。

  借：管理费用
    贷：库存现金
      银行存款
      应付职工薪酬
      应交税费
      无形资产
      坏账准备

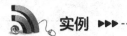 **实例**

某餐厅2017年8月共发生了下列费用：厨房设备折旧费1 300元，缴纳印花税150元，车辆维修费1 500元，其会计分录如下。

借：管理费用——折旧费　　　　　　　　　　　　　1 300
　　　　——印花税　　　　　　　　　　　　　　　150
　　　　——交通费　　　　　　　　　　　　　　1 500
　　贷：累计折旧　　　　　　　　　　　　　　　　1 300
　　　　库存现金　　　　　　　　　　　　　　　　1 650

九、财务费用的核算

财务费用是指企业为进行资金筹集等活动而发生的各项费用，包括利息支出（减利息收入）、汇兑损失（减汇兑收益）、金融机构手续费等。

财务费用主要包括利息净支出、汇兑净损失、金融机构手续费，以及企业发生的现金折扣或收到的现金折扣等。

（1）利息净支出包括短期借款利息、长期借款利息、应付票据利息、票据贴现利息、应付债券利息、长期应付融资租赁款利息、长期应付引进国外设备款利息等。企业银行存款获得的利息收入应冲减上述利息支出。

（2）汇兑损失是指企业存兑换外币时因市场汇价与实际兑换汇率不同而形成的损失或收益，因脱离汇率变动期末调整外币账户余额而形成的损失或收益。当发生收益时，应冲减损失。

（3）金融机构手续费包括开出汇票的银行手续费等。

（4）现金折扣包括企业向客户承诺的现金折扣和收到的现金折扣。

为购建固定资产而筹集资金所发生的费用，在固定资产尚未完工交付使用前发生的或者虽已投入使用但尚未办理竣工决算之前发生的，应计入固定资产价值内，不在本账户核算。

财务费用的账务处理见表2-10。

表2-10　财务费用的账务处理

序号	业务	账务处理
1	企业发生财务费用时	借：财务费用 　贷：预提费用 　　　银行存款 　　　长期借款 　　　应付利息
2	发生的应冲减财务费用的利息收入、汇兑收益	借：银行存款 　　长期借款 　贷：财务费用

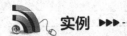 **实例**

(1) 某连锁餐饮企业2017年12月发生短期借款利息10 000元,收到银行转来的利息收入通知单,收到本月存款利息8 000元,通过转账支付银行的手续费500元,期末将"财务费用"科目的余额转入"本年利润"科目,甲公司的账务处理如下。

应付短期借款利息时,应编制如下会计分录。

借:财务费用　　　　　　　　　　　　　　　　　　　10 000
　贷:应付利息　　　　　　　　　　　　　　　　　　　10 000

收到利息收入时,应编制如下会计分录。

借:银行存款　　　　　　　　　　　　　　　　　　　 8 000
　贷:财务费用　　　　　　　　　　　　　　　　　　　 8 000

支付银行手续费时,应编制如下会计分录。

借:财务费用　　　　　　　　　　　　　　　　　　　　 500
　贷:银行存款　　　　　　　　　　　　　　　　　　　　 500

结转本年利润时,应编制如下会计分录。

结转本年利润 = 10 000 + 500 – 8 000 = 2 500(元)

借:本年利润　　　　　　　　　　　　　　　　　　　 2 500
　贷:财务费用　　　　　　　　　　　　　　　　　　　 2 500

(2) 某餐饮企业于2018年1月1日向银行借入经营用短期借款300 000元,期限6个月,年利率5%,该借款本金到期后一次归还,利息分月预提,按季支付,假定所有利息均不符合利息资本化条件。

每月末,预提当月应计利息的计算公式为:

300 000×5%÷12 = 1 250(元)

会计分录如下。

借:财务费用　　　　　　　　　　　　　　　　　　　 1 250
　贷:应付利息　　　　　　　　　　　　　　　　　　　 1 250

(3) 某餐饮企业于2018年1月1日向银行借入生产经营用短期借款300 000元,期限6个月,年利率5%,该借款本金到期后一次归还,利息分月预提,按季支付。假定1月份其中100 000元暂时作为闲置资金存入银行,并获得利息收入350元。假定所有利息均不符合利息资本化条件。

1月末,预提当月应计利息的计算公式为:

300 000×5%÷12 = 1 250(元)

应编制如下会计分录。

借:财务费用　　　　　　　　　　　　　　　　　　　 1 250
　贷:应付利息　　　　　　　　　　　　　　　　　　　 1 250

同时,当月取得的利息收入350元应作为冲减财务费用处理,应编制如下会计分录。

借:银行存款　　　　　　　　　　　　　　　　　　　　 350
　贷:财务费用　　　　　　　　　　　　　　　　　　　　 350

第三章
餐饮企业全过程成本控制

导读

餐饮企业在进行资金的再投入和地盘上扩张的同时，要苦练内功，加强企业经营各环节（采购、验收、仓库储存、初加工、配份、烹调、销售、收款）的成本控制，通过强化内部管理、控制成本达到降本增效的目的。

第一节 采购环节成本控制

采购进货是餐厅经营的起点和保证,也是菜品成本控制的第一个环节。

采购环节是指原料从市场转移到餐饮企业加工间的过程,这个过程的重要性被放在首位,因为此环节很可能会流失20%左右的利润。原料的质量、送货时间、数量是否充足等都是采购环节中应多加注意的地方。

一、灵活运用采购方式降低成本

餐饮企业的采购方式有多种,不同的方式适用于不同的企业,在选择采购方式时一定要以企业的实际情况为依据。

(一)大型连锁餐饮企业统一采购

在不超出价格弹性范围的情况下,所采购商品数量越大,压低价格的筹码也就越重,即所谓"多买贱卖,薄利多销"。目前,许多知名餐饮企业都采取统一采购。这种采购方式可以极大地提高规模效益,减少中间环节,有力地降低采购成本。

全聚德、便宜坊、真功夫、华天等餐饮企业,采取扩大分店及连锁门店集中采购范围的采购方式,并加强定向订单采购,取得了价格谈判优势,从而极大地降低了成本。

××火锅餐饮公司,从食材到用具都在厂家直接定做,如火锅专用电磁炉、锅、托盘、菜盘、饮料杯、筷子、餐巾纸等,甚至连牙签都由总部统一采购配送,确保高标准、高质量地完成采购工作,大批量的采购获得了价格上的优惠,从而降低了运营成本。

(二)集团统一采购与各区域分散采购相结合

国内很多大型餐饮集团,如内蒙古小肥羊餐饮连锁有限公司、山东净雅餐饮集团等,采取了统一采购与分散采购相结合的采购模式。

小肥羊集中采购和物流配送,降低门店运营成本

小肥羊餐饮经营食品的原料种类繁多,季节性强,品质差异大。为此,小肥羊成立了物流配送分公司,在内蒙古包头、内蒙古锡林浩特设立了一级分拨中心,在北京、上海、深圳等城市和山东、陕西、河南、河北、甘肃、新疆等地区设立了二级分拨中心,业务范围覆盖全国,为小肥羊餐饮经营的集中采购、配送、仓储提供了后勤保障。

小肥羊对食材进行集中采购和统一配送。各门店在系统中上报采购需求,集团进行汇总分析后制订统一的采购计划,通过统一供应商管理和价格管理平台进行集中采购和财务结算,有效降低物料采购成本,提高了小肥羊集团的整体竞争优势。

同时,集团总部将物流业务系统延伸到连锁店,根据下属企业的要货申请,在集团内进行库存物资的分配、平衡,下达统一的内部配送指令,使连锁店与物流公司业务形成闭环,从而集中资源优势解决连锁店的原材料供应问题,降低连锁店运营成本。

餐饮企业可以借鉴其他行业企业的成功经验，对价值高、关键性的物资实行统一计划、统一采购，以获得规模经济，降低采购成本；对批量小的低值易耗品以及需要每日采买的果蔬、肉蛋、调料等物资，实行区域分散采购。

（三）本地采购与外地采购相结合

在餐饮企业的日常经营中，大量的原材料一般都在本地就近购买，以便能够及时满足使用需求。但由于市场经济的作用，各地产品的价格都有所不同，尤其是干货、调料等，由于进货途径不同，各地的价格差异较大。这就需要餐饮企业采购部门深入地开展市场调查研究，掌握本地和外地各类产品的价格行情，从而有计划地去外地采购同等质量、低廉价格的食品原料。

麦当劳本土化采购

本土化采购对缩短采购周期和降低采购成本有极大的作用，而采购周期直接关系到保质期问题。麦当劳在中国的原材料采购额每年高达数十亿元人民币，最初部分原材料从国外进口，现在97%以上都在本地采购。

麦当劳所需原料有固定的供应商，有的已合作了40多年。麦当劳开到哪里，供应商就把厂建到哪里，双方形成了一种良好的合作伙伴关系。

作为必备产品，麦当劳的薯条受到严格的监控。1993年，麦当劳的主要薯条供应商辛普劳在北京成立合资公司，年产量1万吨以上。早在1982年决定进入中国之前，麦当劳便与辛普劳调查适合在中国加工的土豆品种，最后选定美国品种夏波蒂，然后从美国引进先进种植技术，对施肥、灌溉、行距、株距及试管育苗等都规定了统一标准。

美国可奈劳公司一直向麦当劳餐厅提供高质量的生菜。1997年麦当劳考虑采取本土化采购，于是可奈劳公司开始在广州建立分公司。厂房和实验室设备几乎全部从国外进口。

美国福喜公司与麦当劳有40多年的合作关系。1991年福喜在河北成立独资企业，为麦当劳提供肉类产品及分发配送服务。福喜有一套完整的产品质量保证体系，每个工序均有标准的操作程序。比如，生产过程采用统计工艺管理法，关键质量控制点采用现场控制图法，每种产品都有几十个质量控制指标，确保食品质量。

1995年麦当劳在北京建立生菜薯条生产厂，在昆明建立了汉堡包生产厂。面粉供应商是北京大晓坊面粉公司、新烟面粉公司、河北马力酵母公司，其自愿参加了美国烘焙协会的标准检查，以确保产品质量。

广州味可美公司由麦当劳美国供应商独家投资，1996年开始营运，专门为麦当劳提供西式调味料、酱料和雪糕顶料等。麦当劳两款特色食品——冷冻苹果派和菠萝派则由美国百麦公司和北京合资企业生产，95%的原料在中国采购，一小部分调味品从外国进口。

（四）餐饮企业联合招标采购

餐饮企业可以在地区内联合几家企业进行联合招标采购，扩大采购规模，形成规模优势，以降低采购成本和产品原料价格。

招标采购是指企业提出品种规格等要求，再由卖方报价和投标，并择期公开开标，通过公开比价以确保最低价者得标的一种买卖契约行为。招标采购提倡公平竞争，可以使购买者以合理价格购得理想货品，杜绝徇私，防止弊端，但是手续较烦琐、费时，不适用于紧急采购与特殊规格货品的采购。

（五）加大科技投入，实现电子采购

电子采购已成为采购业发展的一大趋势，因此餐饮企业应顺应潮流、及时行动，加大对电子商务的投入，逐步实现电子销售和电子采购一体化的在线供应链管理。一方面推行并不断改进"为订单而采购"的经营模式，最大限度地缩减销售物流与采购物流之间的中转环节——库存物流，按需求定供应，以信息换库存；另一方面再造销售模式和采购模式，逐步实现在线、实时的电子采购，并不断提高其份额。

2009年，中国首个餐饮业电子采购管理平台（www.cgy100.com）正式上线，该平台可提供值得信赖的供应商和具备大宗原料采购能力的餐饮企业的相关信息，原材料进出货价格、原产地等各种管理表格也可在线生成，还可让餐饮企业和供应商的业务与国标财务软件对接。该平台不但能节约采购原料的时间，而且在系统上留有交易记录，可以实现产品的安全追溯。

2010年5月，商务部发布了《关于推广餐饮企业电子商务采购平台的通知》，足以见证政府对餐饮企业电子采购的重视与支持。

（六）供应商长期合作采购

餐饮企业可以与供应商签订长期采购合作协议，实行成本定价，以此来达到降低成本的目的。

肯德基50亿签下鸡肉大单

2009年7月15日，百胜餐饮集团中国事业部与大成食品亚洲有限公司、福建圣农发展股份有限公司及山东新昌集团有限公司三家国内鸡肉生产龙头企业在北京分别签署重要策略联盟合作协议。根据此项协议，在未来三年时间内，百胜将以"成本定价"的全新合作模式向三大供应商提供总共28万吨鸡肉的采购订单，总金额超过50亿元人民币。

"三年长期承诺+成本定价"是百胜餐饮的采购新模式。"成本定价"是指以决定鸡肉产品成本的主要原材料的价格来确定鸡肉的价格。这种全新的合作模式是中国百胜首次实行。

通过这种新的合作方式，肯德基将不断获得安全、高质的鸡肉供应；供应商有了长期采购承诺，将可以放心地扩大生产规模、更新技术设备。

（七）同一菜系餐饮企业集中采购

同一菜系所用食材原料大多相同，如川菜中用到的花椒和麻椒、湘菜中用到的辣椒、粤菜中用到的蚝油等。因此，同一菜系餐饮企业可以联合起来进行集中采购，建立统一采购平台。

餐饮企业经营中最主要的问题是"两材":一个是食材,也就是原辅材料供应,如湘菜的原料大多需要从湖南购进,因此原辅材料的采购工作非常重要;另一个就是人才,餐饮企业靠味道来吸引顾客,更要靠人才来留住顾客。

(八)农餐对接——向农户直接采购

餐饮企业直接与生产源头进行对接,可缩减两个终端间的中间环节,确保农产品源头可追溯,质量也更加有保障,价格也相对稳定。

目前"农餐对接"中面临着很多问题,如生产规模不能满足市场需求、不能长期稳定地满足企业创新菜品所需原料需求等。餐饮企业可以建立"农餐对接"长效机制,进行基地考察,研究合作模式,确保主要农产品的安全、有效供给。

(九)餐饮企业自建原料基地

最近几年,餐饮企业原材料价格十分不稳定,部分出现大幅上涨。餐饮企业可以自己建立主要原料生产基地,以确保在原料供应和采购价格上的自主权。

著名餐饮企业原料基地

重庆著名餐饮连锁企业陶然居,其店面每年需要大量的田螺、老腊肉、板鸭、土鸡、干海椒、花椒等,这些菜品原料绝大部分都是在企业自建的生态养殖基地种养的。

无锡穆桂英美食广场则建立了安徽凤阳粮食、浙江北天目湖家禽、宁夏盐池牛羊肉、贵州黔西南州野生菌、云南昭通猪肉火腿、苏北高宝湖淡水产品、吉林糯米、无锡大浮蔬菜八个原料基地,专门为其供应原料。

小肥羊的肉材都来自锡林郭勒草原基地、巴彦淖尔草原基地和呼伦贝尔草原基地,它是国内生产规模最大、技术水平最高的羊肉加工企业,也是国内首家获得有机食品认证的羊肉加工企业。

此外,武汉艳阳天、小蓝鲸也分别建立了武昌鱼养殖基地、莲藕直供基地等,可以让餐饮企业尽量避免被市场价格变动所波及。

餐饮企业可以在农村直接建立自己的原料生产基地,减少中间转手销售环节,确保原料价格波动不超出企业承受范围。当然,餐饮企业要与农户签订收购协议,这样不但可以保证原料的数量和质量,也可保证价格的稳定,避免受到市场经销商、运输等其他因素的干扰。

二、加强原料采购质量控制

食品原料质量是指食品原料是否适用。食品原料质量是餐饮产品质量的保证,同时也是出成率高的保证。因此,要对原料质量进行控制,以此降低食材成本,为此,餐饮企业首先应制定食品原料的质量标准。具体做法是用采购规格书的形式,列出所需采购的食品原料目录,并规定对各种食品原料的质量要求。

（一）采购规格书

采购规格书是以书面的形式对餐饮部要采购的食品原料等规定具体的质量、规格等要求的采购书面标准。采购规格书应包括下列内容。

（1）食品原料名称（通用名称或常用名称）。
（2）法律、法规确定的等级或当地通用的等级。
（3）报价单位或容器的单位。
（4）基本容器的名称和大小。
（5）每单位容器所装的数量。
（6）重量范围。
（7）加工类型和包装。
（8）成熟程度。
（9）为防止误解而需要说明的其他信息。

采购规格书的内容和格式如表3-1所示。

表3-1　采购规格书

（1）原料名称：
（2）原料用途： （详细介绍原料的用途，如橄榄用来装饰饮料）
（3）原料概述： [列出原料的一般质量指标。如制作猪排必须选用完整无缺的里脊，且里脊外有脂肪层（厚度为2厘米），处于冰冻状态，无不良气味]
（4）原料详细说明： （列出有助于识别合格产品的因素，包括产地、规格、比重、品种、份额大小、容器、类型、商标名称、净料率、式样、稠密度、等级、包装物等）
（5）原料检验程序： （收货时对应该冷藏保管的原料可用温度计检测温度，通过计数或称重检验数量）
（6）特殊要求： （明确表明原料的质量要求所需的其他信息，如投标程序、包装要求、交货要求等）

采购规格书具有以下作用。
（1）有助于采购人员和管理人员明确食品原料质量标准。
（2）有助于为厨房食品生产提供合格的原料。
（3）有助于做好食品原料的验收和发放工作。

(4) 可防止采购人员与供应商之间产生误解。

(5) 将采购规格书发给供应商，便于供应商投标，也使餐饮企业有选择最优价格的机会。

(6) 便于采购工作的顺利进行。每次订货时，不用再口头向供应商重复说明对原料的质量要求。

(7) 可以防止采购部门与原料部门之间产生矛盾。

（二）编写质量标准需要考虑的因素

(1) 不同类型的餐饮企业对原料质量标准的要求也不一样。快餐店与普通餐馆、普通餐馆与豪华餐厅对原料质量的要求都不一样。

(2) 企业的设备、设施情况会影响需采购的食品原料的品种和数量。如果餐厅没有齐全的设备，就需要采购较多的经过加工后的产品，并要在采购书上详细地写明要求。

(3) 从市场上可购买到哪些食品原料、企业的需求和供应商之间的差距是影响质量标准制定的重要因素。如果市场上原材料种类繁多、标准统一，那么这对采购规格书的编写是有利的。此外，还要考虑交货时间和工具。

(4) 企业要采购哪些食品原料是由菜单决定的。企业应根据菜单上菜肴的制作要求，在采购书中写明对原料的采购要求。

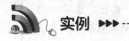

叶类蔬菜采购标准

一、常见品种

常见的叶类蔬菜主要有大白菜、小白菜、甘蓝、菠菜、菜心、生菜、苋菜、空心菜、芥蓝、油菜、芹菜、葱、韭菜、茴香、茼蒿、木耳菜、芫荽、花菜等。

二、基本要求

叶类蔬菜要色泽鲜亮，切口不变色；叶片挺而不枯黄，无腐叶；质地脆嫩、坚挺；球形叶菜结实、无老帮。

三、采购标准

叶类蔬菜的采购标准如下表所示。

叶类蔬菜采购标准

品名	优质形态	劣质形态
小白菜	梗白色、较嫩较短，叶子淡绿色，整棵菜水分充足，无根	有黄叶、虫蛀洞或小虫，腐烂、压伤，散水太多
大白菜	坚实、无虫、无病、不冻、无损伤，不崩裂、不浸水，不带老帮散叶，根长不超过5厘米	有老帮散叶、虫蛀洞或小虫，压伤，散水太多，根太长
青菜	梗白色或浅绿色、较嫩，叶子深绿色，整棵菜水分充足，无根	有黄叶、虫蛀洞或小虫，腐烂、压伤，散水太多

续表

品名	优质形态	劣质形态
菜秧	梗较细较嫩，叶子细长、淡绿色，棵小似鸡毛，水分充足	有黄叶、小虫，腐烂、压伤，散水太多
菠菜	鲜嫩、叶肥，无虫、无病、无黄叶、无泥土，不浸水，根长不超过半只	有黄叶、虫蛀洞或小虫，腐烂、压伤，散水多，根太长
油菜	梗短粗、呈淡绿色或白色，叶子厚、肥大，主茎无花蕾，水分充足	有黄叶、虫蛀洞或小虫、花蕾，腐烂、压伤，散水太多
韭菜	叶较宽、挺直、翠绿色、根部洁白，软嫩且有韭香味，根株均匀，长约20厘米	有泥土，黄叶或叶上有斑、枯萎、干尖，腐烂
韭黄	叶肥挺、稍弯曲、色泽淡黄，香味浓郁，长约20厘米	有泥土，叶黄色、干软，有断裂、腐烂
香芹	叶翠绿、无主茎、分支少，根细，茎挺直、脆，芹香味浓，水分充足，长约30厘米	有泥土，黄叶、烂叶、干叶，根粗、分支多，茎老帮、弯曲、空心，有锈斑、黄斑、断裂、腐烂
水芹	叶嫩绿或黄绿，茎、根部呈白色，茎细软、中间空、水分充足，有清香味，长约30厘米	有泥土、烂叶、黄叶、根茎变黄、有锈斑、黄斑、断裂、腐烂、杂草
西芹	叶茎宽厚，颜色深绿，新鲜肥嫩，爽口无渣	有黄叶、梗伤、水锈，腐烂、断裂、枯萎
牛皮菜	颜色鲜艳淡绿，叶子水分充足、脆嫩、可竖起，棵株挺直	叶子发黄、有褐色边或褐斑、干软，有烂根、脱叶
空心菜	叶薄小翠绿、有光泽，棵株挺立，梗细嫩脆、淡绿色、易折断，棵株约15厘米	叶子大，有黄叶、烂叶、叶斑、花蕾、虫洞、腐烂、棵株软，梗粗老，节上有白色的支头
西洋菜	颜色淡绿或深绿，茎细嫩脆、易折断，水分充足，棵株挺直	茎粗老、白色支头多，有黄叶、烂叶、杂草，棵株软且大
西洋菜	叶淡绿、肥厚、嫩脆，无主茎，叶株挺直、水分充足，根部的切面嫩绿色，稍有苦涩味	黄叶、烂叶，有叶斑，有主茎，干软
芥菜	叶大而薄、深绿色，柄嫩绿脆，无主茎，叶株挺直、水分充足	黄叶、黄叶边，有虫，干软
苋菜	主要有红、绿两种苋菜，叶为绿色或红色、有光泽，茎细短、光滑嫩脆，棵株挺直，水分充足	有黄叶、叶背有白点，有虫，枯萎，有籽，茎粗老
藤菜	颜色碧绿，叶厚实、有光泽，梗细短、光滑嫩绿，掐之易断	有叶斑或叶子过大，枯萎，有杂质，梗粗老

续表

品名	优质形态	劣质形态
菜心	颜色碧绿，梗脆嫩，掐之易断，棵株挺直、水分充足	有叶斑、虫洞，枯萎，梗粗老
芥蓝	颜色墨绿，叶短少、有白霜、挺直，梗皮有光泽、绿色、粗长，断面绿白色、湿润	叶枯萎、有花蕾、压伤、断面黄色、锈色、腐烂或干涩
小葱	叶翠绿、饱满、均匀细长，鳞茎洁白、挺直，香味浓郁，长15～30厘米	有黄叶、烂叶、干尖、叶斑，有毛根、泥土，枯萎，茎弯曲或浸水过多
花菜	花蕾颜色洁白或乳白、细密紧实不散、球形完整、表面湿润，花梗乳白或淡绿、紧凑，外叶绿色且少，主茎短、断面洁白	花蕾发黄、有黑斑及污点、粗而松，表面发干，有压伤、刀伤、虫害，主茎长
胡葱	叶翠绿、饱满、均匀细长，鳞茎洁白、挺直，香味浓郁，长15～30厘米	有黄叶、烂叶、干尖、叶斑，有毛根、泥土，枯萎，茎弯曲或浸水过多
西兰花	花蕾颜色深绿、细密紧实不散、球形完整、表面有白霜，花梗深绿、紧凑，外叶绿色且少，主茎短	花蕾有烂斑、污点、粗而松，表面发干，有压伤、刀伤、虫害，主茎长
青蒜	叶青翠、薄嫩、挺直，蒜茎洁白、水分充足，外表无水	有黄叶、干尖、烂梢，有根、泥土
香菜	翠嫩、挺直、根部无泥，香气重，水分充足	有黄叶、腐烂、泥土，发蔫

三、鲜活类原料采购要控制好数量

鲜活类原料必须遵循先消耗再进货的原则，因此，在确定某种原料的当次采购量之前，必须先掌握该原料的现有库存量。企业应根据营业预测，决定下一营业周期所需的原料数量，然后计算出应采购的数量。在实际操作中，企业可以选用以下几种方法计算出应采购的原料数量。

（一）日常采购法

日常采购法多用于采购日消耗量变化大、保质期较短、必须经常采购的鲜活原料。每次采购的数量用公式表示为：

$$应采购数量 = 需使用数量 - 现有数量$$

公式解析：

需使用数量是指在进货间隔期内对某种原料的需求量，它主要由厨房或餐饮部决定。在确定该数量时，需要综合考虑特殊餐饮活动、节假日客源变化、天气情况等因素。

现有数量是指某种原料的库存数量，可以通过实地盘存加以确定。

应采购数量是需使用数量与现存数量之差。由于鲜活类原料采购次数频繁，有的几乎每天进行，而且往往在当地采购，所以一般不必考虑保险储备量。

在日常采购原料时，企业可以用"采购订货单"（表3-2）加以记录。原料的名称可以事先打印好，其余几栏则要在每次订货时根据需使用数量和现有存量的实际情况填写。

表3-2 采购订货单

_____年___月___日

原料名称	需使用量	现有存量	需购量	市场参考价		
				甲	乙	丙
花菜						
芹菜						
番茄						
……						

（二）长期订货法

长期订货法多用于日消耗量变化不大、单位价值不高的鲜活原料的采购。采用长期订货法时，需注意以下几点内容。

（1）餐饮企业与某一供应商签订合约，由供应商以固定价格每天或每隔数天供应规定数量的某种或某几种原料，直到餐饮企业或供应商感到有必要改变已有供应合约时。

（2）要求供应商每天或每隔数天把餐饮企业的某种或某几种原料补充到一定数量。餐饮企业逐一确定原料的最高储备量。由餐饮企业或供应商盘点进货日现存量，以最高储备量减去现存量得出当日需购数量。

（3）可借用"采购定量卡"（表3-3）对相关内容进行记录。

表3-3 采购定量卡

原料名称	最高储存量	现存量	需购量
鸡蛋	5箱	3箱	2箱
鲜奶	80千克	20千克	60千克
……			

长期订货法也可用于某些消耗量较大且需要经常补充的物资，如餐巾纸。由于大量的餐巾纸会占用很大的仓库面积，因此，由供应商定期送货会更经济。

四、干货及可冷冻储存原料采购数量控制

干货属于不易变质的食品原料，包括粮食、香料、调味品等。可冷冻储存的原料包括各种肉类、水产品。许多餐饮企业为减少采购成本、获得供应商的折扣优惠，往往会以较大批量进货。但是这样可能会造成原料的积压和资金的占用，因此必须对采购数量严加控制。

（一）定期订货法

定期订货法是干货原料采购中最常用的一种方法。因为餐饮原料品种多，使用频繁，为减少进货次数，使采购员有更多的时间去处理鲜活类原料的采购，餐饮企业可以把同类原料或向同一供应商采购的原料，定期在同一天采购。把不同类别的原料或向不同供应商采购的原料，安排在不同日期，使验收员和仓管员的作业量得到平均分布。

某餐厅每月订购罐装梨一次，消耗量平均每天10罐，订购期为4天，即送货日在订货日后第4天。仓管员通过盘点，发现库存还有50罐罐装梨。

由以上信息可以确定采购数量。但是，对期末需存量的确定并不是理想的4×10，考虑到交通运输、天气或供应情况等方面的原因，很多餐饮企业都在期末需存量中加上一个保险储备量，以防不测。这个保险储备量一般为理论期末需存量的50%，这样，实际期末需存量为：

$$期末需存量 = （日平均消耗量 \times 订购期天数） \times 150\%$$

上述案例中的订货数量的计算过程为：

$$订货数量 = （30 \times 10） - 50 + （10 \times 4） \times 150\% = 310（罐）$$

在定期订货法中，订货周期固定不变，但每次订货的数量是任意的。每到某种原料的订货日，仓管员应对该原料的库存数量进行盘点，然后确定本次的订货数量。订货数量的具体的计算方法如下：

$$需订货数量 = 下期需用量 - 实际库存量 + 期末需存量$$

其中，下期需用量为订货周期内餐饮企业的预测耗用原料量，其计算公式为：

$$下期需用量 = 日平均消耗量 \times 订货周期天数$$

期末需存量是指在每一订货期末，餐饮企业必须预留的足以维持到下一个进货日的原料的储备量，其计算公式为：

$$期末需存量 = 日平均消耗量 \times 订货在途天数 \times 1.5$$

订货在途天数是指从发出订货通知至原料入库所需的天数。

（二）永续盘存卡订货法

永续盘存卡订货法也称订货点采购法或定量订货法，是通过查阅永续盘存卡（表3-4）上原料的结存量，对达到或接近订货点储量的原料进行采购的方法，一般被大型餐饮企业所采用。使用永续盘存卡订货法的前提是对每种原料都建立一份永续盘存卡，并确定每种原料的最高储备量和订货点量。

表3-4 食品原料永续盘存卡

编号：

品名：		最高储存量：		
规格：	单价：	订货点量：		
日期	订单号	进货量/听	发货量/听	结存量/听

1. 最高储备量

最高储备量是指某种原料在最近一次进货后可以达到但一般不应超过的储备量，一般根据原料的日均消耗量、计划采购间隔天数、仓库面积、库存金额、供应商最低送货订量规定等来确定。

2. 订货点量

订货点量是指某原料的最低储存量（定期订货法中的期末需存量）。当原料从库房中陆续发出，使库存减少到订货点量时，该原料就必须采购补充。这时，订货数量为：

$$订货数量 = 最高储备量 - 日均消耗量 \times 订货期天数$$

五、防止采购人员吃回扣

餐饮企业食品原料的采购成本几乎占据总成本的一半，因此，食品原料的采购工作对餐饮企业的资金周转、菜品质量优劣有重要的意义。在采购过程中，"吃回扣"现象无疑是餐饮企业在经营中最常遇到的重大问题之一。以下为有效防止采购"吃回扣"的方法。

（一）采购人员的选择

餐饮企业在选择采购人员时应注重其个人品质，应选择为人正直、受过良好教育的人。

丁先生投资60万元，租下了一家上下两层，共500平方米的门面房，准备开家火锅店。由于自己分身乏术，丁先生将火锅店的事务交给了表姐张女士负责，并请来从事餐饮管理工作多年的小刘辅助张女士。

为了将火锅店装修成巴渝竹楼风格，张女士找了一个装修队。小刘则画出草图，开出料单。之后两人一起去采购材料。在此期间，小刘只负责提建议，张女士负责结账。小刘算了一下，装修的花费应该在5万元左右，可张女士却当着小刘的面，将7万元的账单拿给了丁先生。

小刘是明白人，他不好多说什么，毕竟老板和张女士是亲戚。然而，在设备器具采购过后，张女士又拿回了5万多元的发票。熟悉行情的小刘一估算，丁先生起码又多支付了表姐6 000～7 000元的费用。

张女士这是在挖自家人墙脚，可她以后还要负责菜品的进货工作。倘若菜品成本高，那还怎么与同行竞争？因此，小刘不看好这家店的前景，并选择了离开。

半年不到，丁先生的火锅店便关门歇业了，投入的60万元资金打了水漂。

小刘认为，丁先生的问题出在过于相信表姐张女士上面。张女士没有正当工作，丁先生将火锅店交给她打理，也是想在经济方面支持一下表姐。然而，丁先生却并不知道表姐的为人。由此可见，在选择采购人员时，一定要慎重。

（二）供应商的选择

不要长期选择同一家供应商。选择不同的供应商有利于物料更好地流动，并且在一定程度上可以避免采购员与供应商建立"密切关系"。

（三）经常进行市场调查

企业应对市场进行定期或不定期的调查，掌握市场行情，了解货物的价格与质量、数量的关系，并与自己采购回来的物品进行对比，以便及时发现问题、解决问题。市场调查工作可以由专员负责，也可以由财务人员、行政人员，甚至是经理负责。

（四）库房人员、采购人员、厨房人员验收

库房人员、采购人员、厨房人员应独立进行验收工作，这对餐饮企业的管理非常有效，尤其在防止以次充好、偷工减料方面效果显著。一定要牢记，库房人员与厨房人员绝不可以受到采购人员的影响。

（五）有力度的财务监督

供应商、采购员报价后，财务部应进行询价、核价等工作，实行定价监控。餐饮企业可实行"双出纳"制度，两个出纳一个负责现金的支出，一个负责现金的收入，以便更好地控制现金的收支。财务部可以每周派人进行市场调查，并核实采购员的报价。

第二节　验收环节成本控制

一、配备合格的验收人员

为了保证验收工作的质量，餐饮企业必须配备合格的验收人员。有的餐饮企业配有专门的验收人员，有的则由仓管员兼任验收工作。无论是哪个职位的人员负责验收工作，都必须做好以下几项工作。

（1）由于餐饮企业的验收对象多为食品原料，因此验收人员必须具备丰富的餐饮食品知识。

（2）人力资源部门负责挑选应聘人员，审查应聘人员资历，然后会同财务部门和采购部门主管人员决定人员的录用。

（3）挑选验收员的最好方法是从仓库职工、食品和饮料成本控制人员、财务人员和厨工中寻找人才，而且验收员应具有验收工作和管理工作的经验。

（4）收货时，验收员应该对订货单进行数量盘点和质量检验。

（5）制订培训计划，对所有验收人员进行培训。

（6）验收员必须懂得，未经主管人员同意，任何人无权改变采购规格。

下面是一份某餐饮企业验收人员的岗位职责，供读者参考。

【范本】××餐饮企业验收人员岗位职责

××餐饮企业验收人员岗位职责

1.对采购员采购的商品、供应商送来的原料和餐具等验收核价，并开出验收单。不验收腐烂变质食物。

2.具有一定业务能力，对原料、食品的品质规格有鉴别能力，坚持原则，维护公司利益。

3.每月将验收存单交给会计核账。

4.每月、每季与供应商核定并执行新价，要求货比三家，购买价廉物美的商品和原料。

5.严格遵守工作规程，并随时听取餐厅、厨房对原料、食品、用具的意见，随时改进工作，保证一线部门的工作顺利进行。

6.对重大宴会、酒会的物品和食品要严格把关。

二、提供适宜的验收场地

验收场地的大小以及验收位置的好坏会直接影响货物交接验收工作的效率。

（1）理想的验收场地应当设在靠近仓库即货物进出较方便的地方，这样便于货物的搬运，缩短货物搬运的距离。

（2）验收场地要有足够大的面积，以免货物堆积在一起，影响验收工作。

（3）为了保存验收工作中的发票、账单和验收工具，需要设有验收办公室。

三、备好验收设备及工具

（一）验收设备

验收处应配置合适的设备，供验收人员使用。比如磅秤就是最主要的设备之一。磅秤的大小可根据餐饮企业正常进货的重量来定。验收设备既包括称大件物品的大磅秤，还包括称小件、贵重物品的台秤和天平，各种设备都应定期校准，以保证它们的精确度。

（二）验收工具

验收人员常用的工具有开启罐头的开刀，开纸板箱的尖刀、剪刀、榔头、铁皮切割刀、起货钩；搬运货物的推车，盛装物品的网篮和箩筐、木箱等。验收工具既要保持清洁，又要安全保险。

四、明确餐饮原料验收程序

餐饮原料验收程序的具体内容如表3-5所示。

表3-5 餐饮原料验收程序

序号	步骤	操作说明
1	检查进货	根据订购单、订购记录或请购单检查进货
2	检查价格、质量、数量	根据供货发票或送货清单检查货物的价格、质量和数量
3	办理验收手续	验收后，验收人员要在供货发票上签字，并填写验收单
4	分类处理物品	原料验收完毕后，需要入库进行保存的原料，要及时送仓库保存；一部分鲜活原料则直接放入厨房中
5	填写验收日报表和其他报表	作为进货的控制依据和计算每日经营成本的依据

下面重点对检查价格、质量、数量进行解析。

（1）凡可数的物品，必须逐件清点，记录正确的数量。

（2）以重量计算的物品，必须逐件过秤，记录正确的重量。

（3）对照采购规格书检查原料质量是否符合要求。

（4）抽样检查箱装、匣装、桶装原料，检查其重量是否标准，质量是否合格。

（5）发现原料重量不足或质量不合格，需要退货时，应填写原料退货单，将退货单随同发票副页退回供应商。

下面将餐饮原料验收人员在工作中常用到的表格予以介绍，供读者参考。

进货申购单（表3-6）主要用于大宗原料的采购，需要经由厨房、楼面、财务等相关部门核准。

表3-6 进货申购单

申报人：

部门		日期	
请提前三天填写好进货单			
品名	数量	规格	备注

原料订购单（表3-7）主要用于厨房所需各种原料的采购，一般由厨房在每日18:00前交付采购部。

表3-7 原料订购单

订货部门：   日期：

品名	规格	单位	数量	备注

提货人：   厨师长：   采购主管：

厨师长根据订购单验收原料，并在原料验收单（表3-8）上签字，然后由仓管员填写入库清单。

表3-8 原料验收单

日期	食品名称	编号	数量	规格	原料质量	厨师长签名

原料验收记录（表3-9）主要由餐饮企业验收人员填写，验收人员不得弄虚作假。

表3-9 原料验收记录

采购时间	品名	验收情况	验收员

餐饮企业验收人员在每日下班前填写好验收日报表（表3-10）后，交由相关部门负责人查阅。

表3-10 验收日报表

来源：	订货日期：		编号：		收货日期：		
物品名称	数量		规格厂牌	单位	价格金额	备注（有关质量）	验收员签字
	订货	实收					

五、食品不符合标准的情况

食品不符合标准的具体情况如下所述。

（1）罐头食品。凹凸罐、外壳生锈、有刮痕、有油渍等。

（2）腌制食品。包装破损，有汁液流出；有腐臭味；汁液浑浊或汁液太少；真空包装已漏气。

（3）调味品。罐盖不密封、有杂物掺入、包装破损潮湿、有油渍。

（4）食用油。漏油、包装生锈、油脂浑浊不清、有沉淀物或泡沫。

（5）饮料类。包装不完整，漏气；有凝聚物或其他沉淀物；有杂物、凹凸罐。

（6）糖果饼干。包装破损或不完整；内含物破碎、受潮、发霉。

（7）冲调饮品。包装不完整，有破损，凹凸罐；内含物因受潮成块状；真空包装漏气。

（8）米及面食。内含物混有杂物；内含物受潮、结块；内含物生虫；内含物发芽或发霉。

六、生鲜食品验收标准

生鲜食品的验收主要采用感官法，包括视觉检验法、味觉检验法、嗅觉检验法、触觉检验法等。

（1）视觉检验法主要用于评断商品的新鲜度、成熟度、清洁度。

（2）味觉检验法主要用于评断商品的口味是否优良。

（3）嗅觉检验法主要用于检验商品是否具备应有的香味、有无异味等。

（4）触觉检验法主要用于检验商品的硬度、弹性、膨松度等性能指标。

（一）冷冻冷藏品

（1）注意保质期。收货时要检查商品的保质期，如果超过保质期的三分之一，就要拒收并退回。

（2）注意质量。收货时要检查商品是否变质，如冷冻品是否有融化、变软的现象，包子、水饺、汤圆类是否有龟裂现象，乳品、果汁是否有膨胀、发酵现象。

（3）注意包装。在收货时要检查商品的外包装是否有腐化、破损的现象，若为真空包装，则不能有脱空现象。

（二）蔬果

蔬果要新鲜、清洁、无异味、无病虫损害、成熟度适中、无外伤。收货时要扣除包装物重量，但不能随意扣重。

对于果蔬类原料，验收人员每日必须索取检验报告单。所有果蔬类原料在验收时都必须倒袋换筐。

果蔬类原料的总体要求为无腐烂、过老现象，规格均匀，无冻伤、失水、严重机械伤、病虫害、过多黄叶，利用率高，气味正常，无泥沙和外来杂物等。

1. 蔬菜类

（1）根茎类。茎部不老化、个体均匀、未发芽、变色。

（2）叶菜类。色泽鲜亮，切口不变色，叶片坚挺而不干枯、发黄。质地脆嫩、坚挺，球形叶菜应结实、无老帮。

（3）花果类。允许果形有轻微缺点，但不得变形、过熟。

（4）菇菌类。外形饱满，不发霉、变黑。

2. 水果

对水果类总的感官要求为：果实结实、有弹性，汁多、肉甜、味足，手掂重量合理，未失水干缩。柄叶新鲜，果形完整、个体均匀，表皮颜色自然有光泽，无疤痕，无腐烂迹象。

七、肉类验收标准

（一）肉类验收标准

以猪肉为例，验收标准如下所述。

（1）肉色均匀，有光泽，脂肪洁白。外表微干或微湿润，不粘手。弹性良好，压后凹陷处会立即恢复。具有鲜猪肉的正常气味，无泥污、血污，肉边整齐，无碎肉、碎骨，按标准部位分割，精肉无多余脂肪。

（2）猪肉上是否有印有"检验检疫合格"公章。

（3）猪肉上是否有检验检疫刀口。

（二）运输工具要求

（1）运输肉类制品的送货车应为冷藏车，温度维持在2℃左右。

（2）肉类陈列工具要卫生干净。

（三）肉类验收原则

（1）优先原则。肉类验收工作要在其他食材验收工作之前进行。

（2）快速入库原则。验收一批，入库一批，不允许出现众多食材等待一起入库的现象。

（3）所有肉类商品从验收到入库所耗费的时间不得超过20分钟。

（4）在收货后，应迅速将肉类产品存入冷库，尽量缩短其暴露在常温下的时间。

相关链接

肉类检验检疫票据验收

1. 猪肉检疫票据

猪肉检疫票据主要包括动物产品检疫合格证明、肉品品质检验合格证（屠宰场肉品品质检验合格证）、动物及动物产品运载工具消毒证明、出境动物产品检疫合格证（非本市）、"瘦肉精"检测合格证明、非疫区证明（非本市）。

2. 其他肉类票据

其他肉类票据主要包括清真畜禽屠宰认证标志（牛羊肉）等。

八、验收时需做好防盗工作

在做好验收工作的同时，也要做好防盗工作，以防商品丢失。

（1）应指定专人负责验收工作，而不能是谁有空谁验收。

（2）验收工作和采购工作应分别由专人负责。

（3）如果验收员兼管其他工作，应尽可能将交货时间安排在验收员空闲时段。

（4）商品应运送到指定验收区域。

（5）验收之后，尽快将商品送入仓库，防止食品变质和被职工偷盗。

（6）不允许推销员、送货员进入仓库或食品生产区域。此外，验收、检查区域应靠近仓库入口。

（7）仓库入口处的大门应加锁，大门外应安装门铃。送货人到达之后，应先按门铃。

第三节　库存环节成本控制

库存是菜品成本控制的一个重要环节，如库存不当就会引起原料的变质或丢失等，从而造成菜品成本的增高和利润的下降。

一、做好物品出入库记录

（1）仓管员对按采购计划采购的食品、调味品等进行验收，合格后应做好入库记录，由采购员填写仓库入库单（表3-11），仓管员签收。

表3-11　仓库入库单

入库日期：

序号	名称	规格	数量	单价/元	供应商	生产日期	到期日期	备注
上述物品均已验收，质量符合要求，数量正确。									
采购员：						仓管员：			

（2）领料人在领料时，必须填写仓库领料单（表3-12），付货时，领料人和仓管员必须同时在场，并由仓管员做好出账记录。

表3-12 仓库领料单

出库日期：

序号	名称	规格	数量	供应商	生产日期	到期日期	备注

上述食品均已验收，无过期食品。
领料人： 　　　　　　　　　　　　　　　仓管员：

二、明确原料储藏区域要求

原料仓库主要用于存储原料。但是，不少餐饮企业却不太重视仓库的设计工作，如允许其他部门占用仓库面积，或各个食品仓库相隔较远，甚至分散在不同的楼面，从而影响了仓储控制工作。

（一）仓库位置

企业仓库应尽可能设于验收处与厨房之间，以便于将食品原料从验收处运入仓库及从仓库送至厨房。但在实际工作中，由于受到条件限制，企业往往很难做到这一点。如果一家餐饮企业有几个厨房，且位于不同楼层，则应将仓库安排在验收处附近，以便及时地将已验收的食品原料送至仓库，降低原料被"顺手牵羊"的可能性。

（二）仓库面积

企业在确定仓库面积时，应考虑到自身的类别、规模、菜单、销量、原料市场供应情况等因素。仓库面积一般应为餐饮企业总面积的10%。

（1）菜单经常变化的企业，仓库面积最好大些。

（2）如果某餐饮企业远离市场，进货周期较长，那么其仓库就要设计得大些。

（3）如果餐饮企业的采购人员喜欢一次性大批量进货，那么，企业就必须有较大面积的储藏场地。

三、必须科学存放

入库的物品要系上标签，注明入库时间、数量等，以便于领用、发放、盘存、清点，做到先进先出。

（一）分类存放

以食品原料为例，仓管员要根据食品原料的不同性质和储存时间要求，存入不同的库房。
（1）干货、罐头、米面、调味品等无需冷藏的食品应放入干藏库。
（2）果蔬、禽蛋、奶品等应存入冷藏间。
（3）活的海鲜水产则应放入海鲜池。

（二）科学摆放

仓库食品摆放可以采用的方法主要有三种，具体内容如表3-13所示。

表3-13　仓库食品摆放方法

序号	方法类别	具体说明
1	定位摆放	根据仓库布局，合理规划各类食品的摆放区域，实行分区定位摆放
2	编号对立	将食品按主要种类、性质、体积、重量等分别对应地摆放在不同的固定仓位上，然后进行统一编号，标出不同食品的库号、货架号、层号、位置号，并与账页上的编号一致
3	立牌立卡	对定位、编号的食品建立料牌与卡片，料牌上写明食品名称、编号、到货日期，并涂上不同颜色加以区分，卡片上填写记录食品进出数量和结存数量

四、餐饮原料干藏管理

干藏是指将原料的水分降低至足以使原料能在常温下长期保存而不会发生腐败变质的水平，并对原料进行保藏的过程。需要干藏的原料包括海带、干香菇等干货。下面是原料干藏管理的具体注意事项。
（1）原料应放置在货架上储存，货架至少离墙壁5厘米，离地面25厘米。
（2）原料要远离墙壁、自来水管道和蒸汽管道。
（3）使用频率高的原料，应存放在靠近入口的下层货架上。
（4）重的原料应放在下层货架上，轻物放在高架上。
（5）仓库中的原料应有次序地排列，分类放置。
（6）遵循先进先出的原则。
（7）不能放在货架上的原料，则应放在平台或车上。
（8）包装已打开的食品应储存在贴有标签的容器里。
（9）有毒的货物，如杀虫剂、去污剂等，不要存放在原料仓库中。

五、餐饮原料冷藏管理

（一）餐饮原料冷藏基本要求

（1）冷藏食品应经过初加工，并用保鲜纸包裹，以防止被污染和干耗，并用合适的盛器存放，盛器必须干净。

（2）热食品应放凉后冷藏，盛放容器需经消毒，并带有盖子，以避免熟食吸收冰箱气味。

（3）为使食品表面的冷空气自由流动，食品间的放置距离要适当，不可堆积过高，以免冷气透入困难。

（4）带有包装的食品在储存时不要碰到水，不可存放在地面上。

（5）要每天检查易腐的果蔬，发现腐烂时要及时处理。

（6）鱼虾类食品要与其他食品分开放置，奶品要与有强烈气味的食品分开存放。

（7）存、取食品时要减少开启门或盖的次数，以免库存温度产生波动，影响储存效果。

（8）定期关注冷藏环境的温度。

（9）定期进行冷藏间的清洁工作。

（二）不同原料的冷藏温、湿度要求

不同原料的冷藏温、湿度要求如表3-14所示。

表3-14 不同原料的冷藏温、湿度要求

食品原料	温度/℃	相对湿度/%
新鲜肉类、禽类	0～2	75～85
新鲜水产类	-1～1	75～85
蔬菜、水果类	2～7	85～95
奶制品类	3～8	75～85

六、餐饮原料冻藏管理

冻藏是指将冻结的食品置于一定温度与湿度的低温冷藏库中保存。

（一）餐饮原料冻藏管理的基本要求

（1）冰冻食品到货后，应及时置于-18℃以下的冷冻库中储藏，储藏时要连同包装箱一起放入，因为这些包装材料通常是防水的。

（2）所有新鲜食品中需冻藏的应先速冻，然后妥善包裹后再储存，以防止干耗和受污染。

（3）存放时要保持食品周围的空气自由流通。

（4）冷冻库的开启要有计划，所需要的原料要一次性拿出，以减少冷气的流失和温度的波动。

（5）需要除霜时应将食品移入另一冷冻库内，以利于彻底清洗冷冻库。

（6）取用时应实行先进先出的原则。

（7）任何时候都要保持货架整齐清洁。

（8）定期检查冷冻库的温度，并填写冷冻库温度检查表（表3-15），做好记录。

表3-15　冷冻库温度检查表

月份：

日期＼时间＼温度	07:00	09:00	11:30	14:00	17:00	20:00	22:00	检查人员
1								
2								
3								
4								
…								
31								

（二）冻藏原料库存时间

餐饮企业中的牛肉、羊肉等冻藏原料库存时间的具体内容如表3-16所示。

表3-16　冻藏原料库存时间

原料名称	库存时间
牛肉	9个月
小牛肉	6个月
羊肉	6个月
猪肉	4个月
家禽	6个月
鱼	3个月
虾仁鲜贝	6个月
速冻水果和蔬菜	3个月

以下是一份某餐饮企业冷冻库管理规定，供读者参考。

【范本】冷冻库管理规定 ▶▶▶

冷冻库管理规定

1.冷冻库只存放厨房备用食品、原料，不得存放其他杂物。员工私人物品一律不得存入其内。

2.冻藏食品及原料必须在处于冰冻状态时存入冷冻库中，避免将已经解冻的食品及原料送入冷冻库。

3. 大块原料需单独存放，零碎的原料需置入盘中或筐中；所有食品必须放在货架上，并至少离地面25厘米，离墙壁5厘米。

4. 加强对冻藏品的取用管理，坚持"先存放，先取用"的原则。

5. 定期对冷冻库进行清洁整理，定期检查食品及原料质量。

6. 控制可以进入冷冻库的人员的数量，减少库门开启次数；由专人每周定期盘点库存情况，并及时向厨师长报告。

7. 保证冷冻库达到规定温度，如发现温度偏差，应及时报告厨师长并联系工程部，不得自行修理。

七、酒水的保管与储藏

（一）葡萄酒

（1）酒瓶必须斜放、横放或倒立放置，以使酒水与软木塞接触，保持软木塞的湿润。

（2）理想的储酒温度在10～16℃，湿度约在60%～80%，但当湿度超过75%时，酒标容易发霉。

（3）恒温比低温更重要，要远离热源如厨房、热水器、暖炉等。

（4）避免将酒水与有异味的物品，如汽油、油漆、药材等放置在一起。

（二）白酒

白酒的保存是很讲究的，保存得好的话，酒就会越放越香。在白酒保存的过程中，要讲究温度、湿度和密封度，还要注意装酒的容器，容器的封口要严密，防止漏酒和"跑度"。此外，环境温度不得超过30℃。

（三）啤酒

储藏啤酒的仓库应清洁、干燥、通风良好，严防日光直射，仓库内不得堆放杂物，储藏温度宜在5～20℃。

（四）果酒

果酒在保藏时，桶装和坛装最容易出现干耗和渗漏现象，还容易遭到细菌的破坏，因此要经常检查封口是否牢固。温度应保持在8～25℃，相对湿度应当保持在75%～80%。果酒不能与有异味的物品放在一起。酒瓶不能被阳光直射。

（五）黄酒

（1）黄酒的最佳存放温度一般在20℃以下，存放环境的湿度在60%～70%；黄酒的储存温度并不是越低越好，如低于-5℃，黄酒就会受冻、变质，甚至结冻破坛。

（2）黄酒堆放应平稳，酒坛、酒箱的堆放高度一般不得超过4层，应在每年夏天倒一次坛。

（3）黄酒不宜与其他有异味的物品或酒水同库储存。

（4）不可用金属器皿储存黄酒。

八、仓库必须定期盘存

（一）定期做好仓库盘存

定期做好仓库的盘存，一般需每半个月进行一次。通过盘存，可以明确需重点控制哪些品种，采用何种控制方法，如暂停进货、调拨使用、尽快出库使用等，从而减少库存资金的占用，加快资金周转，节省开支。

餐饮企业要想以最低的资金量保证营业的正常进行，就必须严格控制采购物资的库存量。每天对库存物品进行检查（特别是冰箱和冰库内的库存物品），对于不够的物品应及时补充，对于滞销的物品，则减少或停止供应，以避免原材料变质。

（二）保质期管理

餐饮企业的食品原料都有一定的保质期，而且有些原料的保质期较短。对于过期食品，要建立餐饮企业仓库过期食品处置单（表3-17），做好记录。

表3-17　餐饮企业仓库过期食品处置单

过期食品处理申请（名称、数量、过期原因）：		
	仓管员：	日期：
仓库主管意见：		
	仓管员：	日期：
采购经理意见：		
	采购经理：	日期：
处理结果：		
销毁人：	见证人：	日期：

（三）建立严格的报损制度

有时原料会发生变质、损坏、丢失等现象，因此，餐饮企业应制定严格的报损制度，例如，针对餐具，企业应制定合理的报损率，超过损耗率的部门必须分析情况并说明原因。

（四）月底盘点要点

盘点是一项细致的工作，是各项分析数据的基础。盘点的准确与否，也影响着成本的准确度。餐饮企业仓库盘点如表3-18所示，物品库存月报表如表3-19所示。

表3-18 餐饮企业仓库盘点表

类别	品名	单位	规格	单价	上月结存		本月购入		备注
					数量	金额	数量	金额	
蔬果类	小青菜								
	苹果								
	……								
肉类	猪肉								
	牛肉								
	……								
干货类	海带								
	木耳								
	……								
酒水类	啤酒								
	白酒								
	……								
调味品类	酱油								
	醋								
	……								
化学品	消毒水								
	洗涤剂								
	……								
一次性用品	一次性手套								
	一次性口罩								
	……								

表3-19 物品库存月报表

月份： 库房： 编号：

种类	名称	单价	当月入库		当月出库		库存余额	
			数量	金额	数量	金额	数量	金额

九、实行定时发放

餐饮企业仓库中的食品必须实行定时发放,这样可以使仓管员有更多时间整理仓库,检查各种食品,以免耽误重要工作。

(1) 企业可以作出领料时间规定,如规定领料时间为上午8:00~10:00,下午2:00~4:00。

(2) 企业应规定领料部门需提前一天送交领料单(表3-20),不可随时取用。这样,仓管员便有充分时间准备原料,以免出差错,而且还能促使厨房作出周密的用料计划。

表3-20 领料单

领用部门:　　　　　　　　　　　　　　　　日期:

编号	申请数量	单位	物品名称	规格	发出数量	单价	金额
合计							

领料人:　　　　　　　　　部门经理:　　　　　　　　　仓管员:

(3) 仓管员在每日下班前,要对当日领用食品及物品进行登记汇总,并填写食品及物品领用登记汇总表(表3-21)。

表3-21 食品及物品领用登记汇总表

日期:

材料类别	数量	领用部门	金额
水产			
肉类			
禽蛋			
乳品			
蜜饯			
干货			
珍品			
调味品			
罐头			
粮油			

续表

材料类别	数量	领用部门	金额
腌腊食品			
水果			
软饮料			
酒水			
香烟			
……			
合计		合计	

十、内部原料调拨记录

大型餐饮企业往往在多处设有餐厅、酒吧。餐厅之间、酒吧之间、餐厅与酒吧之间难免会发生食品原料的互相调拨与转让，因此需要使用原材料内部调拨单。

原材料内部调拨单（表3-22）应一式四份，原料调出、调入部门各需留存一份外，财务部留存一份，第四份由仓库留存。

表3-22 原材料内部调拨单

调入部门：　　　　　　　　　　调出部门：
日期：　　　　　　　　　　　　　　　　　　　No.：

品名	规格	单位	请领数	实发数	金额	备注
合计						

第四节　粗加工环节成本控制

粗加工在烹饪中也被称为初步加工，例如活鸡、活鸭的宰杀，鱼的宰杀，菜的挑选、洗涤等都属于粗加工环节的工作。粗加工过程中的成本控制工作主要是科学准确地测定各种原料的净料率。

一、粗加工环节对成本的影响

（一）影响原料出材率的重要环节

在粗加工过程中，有四个因素会影响原料的出材率，具体内容如图3-1所示。

因素一　原材料质量

以马铃薯为例，如果马铃薯个大、浑圆，用刮皮刀将外层马铃薯皮刮掉后，其出材率可以达到85%以上。如果原料个小或外观凹凸不平，其出材率可能就只有65%。原材料质量对出材率的影响比例占25%，如果原材料质量不理想，就会产生25%的损耗率

因素二　粗加工厨师技术水平

粗加工厨师技术水平是很重要的影响因素。粗加工厨师的技术水平是指厨师对原料的特点的了解程度、熟练操作程度

粗加工厨师技术水平对出材率的影响比例占25%。也就是说，如果粗加工厨师技术水平较一般，则将损失25%的原料

因素三　加工工具的优劣

刀和砧板是粗加工厨师使用的两个主要加工工具。
（1）砧板中间凹凸不平、周围破裂，刀不锋利等，都会给粗加工厨师造成很大麻烦，无论多么熟练的粗加工厨师，面对不尽如人意的工具，其技巧都很难得到发挥
（2）加工刀具一定要锋利，长短、宽窄都要恰到好处。加工厨师要根据宰杀对象的特征挑选合适的工具

因素四　科学的加工方法

科学的加工方法是指预先规划好从何处下手，到何处终结，中间需要几个步骤，使下刀比例以及深浅程度都合适，不造成任何浪费。例如，剔一只鸡，应从鸡肋下手剔第一刀，最后一刀由腿骨收尾。科学的加工方法对出材率的影响比例为25%，只有当上述这四种因素均得到最佳控制时，加工后的出材率才能达到最理想状态

图3-1　影响原料出材率的因素

（二）做好粗加工工作可提高5%左右的毛利率

根据实际经验，做好粗加工工作可以将毛利率提高5%。例如，如果月均总收入原本为200万元，则可以提升10万元的毛利。

二、蔬菜的粗加工

蔬菜的粗加工是指根据不同蔬菜种类和烹饪规定使用标准，对蔬菜进行择、削等处理，如择去干老叶子、削去皮根须、摘除老帮等。

（1）对于一般蔬菜的择除部分可按规定的净料率确定。部分蔬菜的净料率如表3-23所示。

表3-23 部分蔬菜类食材净料率

毛料品名	净料处理项目	净料品名	净料率/%	下脚料、废料损耗率/%
白菜	除老叶、帮、根，洗涤	净菜心	38	62
白菜、菠菜	除老叶、根，洗涤	净菜	80	20
时令冬笋	剥壳、去老根	净冬笋	35	65
时令春笋	剥壳、去老根	净春笋	35	65
无叶莴苣	削皮、洗涤	净莴苣	60	40
无壳茭白	削皮、洗涤	净茭白	80	20
刀豆	去尖头、除筋、洗净	净刀豆	90	10
蚕豆、毛豆	去壳	净豆	60	40
西葫芦	削皮、去籽、洗涤	净西葫	70	30
茄子	去头、洗涤	净茄子	90	10
冬瓜、南瓜	削皮、去籽、洗涤	净瓜	75	25
小黄瓜	削皮、去籽、洗涤	净黄瓜	75	25
大黄瓜	削皮、去籽、洗涤	净黄瓜	65	35
丝瓜	削皮、去籽、洗涤	净丝瓜	55	45
卷心菜	除老叶、根，洗涤	净卷心菜	70	30
卷心菜	除老叶、根，洗涤	净菜叶	50	50
芹菜	除老叶、根，洗涤	净芹菜	70	30
青椒、红椒	除根、籽，洗涤	净椒	70	30
菜花	除叶、梗，洗涤	净菜花	80	20
大葱	除老皮、根，洗涤	净大葱	70	30
大蒜	除老皮、根，洗涤	净大蒜	70	30
圆葱	除老皮、根，洗涤	净圆葱	80	20
山药	削皮、洗涤	净山药	66	34
青、白萝卜	削皮、洗涤	净萝卜	80	20
马铃薯	削皮、洗涤	净马铃薯	80	20
莲藕	削皮、洗涤	净莲藕	75	25
蒜苗	去头、洗涤	净蒜苗	80	20

（2）将经过择、削处理过的蔬菜原料放到水池中进行洗涤。洗涤基本步骤如下。
①第一遍洗净泥土等杂物。
②第二遍用高锰酸钾溶液浸泡蔬菜，浸泡的时间一般为5～10分钟。
③将用消毒液浸泡过的蔬菜放在流动水池内清洗干净，蔬菜上不允许有残留的消毒液。
（3）将经过清洗的蔬菜捞出，放于专用的带有漏眼的塑料筐内，送到各厨房的专用货架上。

特别提示

将水池中放满水，若洗西兰花等虫子多的菜，水中要加盐。

三、畜肉类的粗加工

畜肉类的粗加工是指按照既定的切割规格并使用专用工具，对肉块、带骨的排骨等原料进行加工。一般的畜肉类产品在买回来之前就已经被加工好了。

四、活禽的粗加工

活禽的基本加工步骤如图3-2所示。

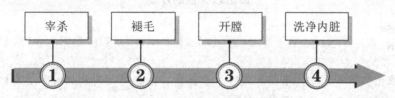

图3-2 活禽的基本加工步骤

（一）宰杀

（1）准备大碗，碗中放入少量食盐及适量清水（夏天用冷水，冬天用温水）。
（2）用左手抓住禽类的翅膀并用小指钩住禽类的一只脚，右手准备切割。
（3）拔去颈毛，用刀割断禽类的气管与血管。
（4）割完后右手捉禽头，左手抬高，倾斜禽身，让禽血流入大碗，放尽后用筷子搅拌，使血凝固。

（二）褪毛

（1）老鸡最好使用开水褪毛，一岁左右的鸡鸭用90℃左右的热水为宜。冬季禽类的毛较厚，在褪毛时可适当提高水温，夏季则适当降低水温，如果水温过高，则会使禽类的皮肤破裂。
（2）拔毛时，先将去禽类脚、嘴上的硬皮和壳，然后顺着毛的方向轻压禽身，拔去翼毛，再逆着毛的方向拔去颈毛，最后拔除全身的羽毛。
（3）用80℃热水浸烫禽类，禽类的毛便会自然脱落。

> **特别提示**
>
> 拔毛前必须等待鸡鸭完全断气、双脚不再抽动。

(三) 开膛

开膛是为了取出内脏,但需要按烹调要求而确定开剖方向。全鸡(或鸭)有腹开、肋开、背开三种剖开法,如图3-3所示,但都要保持禽类的形状。

需切块或切丝时,只需剖开腹部取出内脏即可。

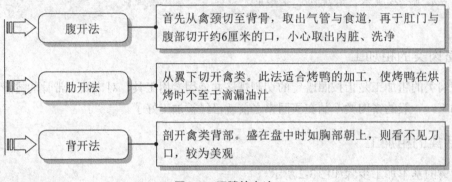

图3-3 开膛的方法

> **特别提示**
>
> 开膛取出内脏时,千万不要弄破肝脏与胆囊。因为鸡鸭的肝脏属于上等材料;而胆囊有苦汁,倘若破损,其肉便会有苦味。

(四) 洗净内脏

鸡鸭的内脏,除嗉囊、气管、食道及胆囊外,均可食用,内脏的清洗方法如表3-2所示。

表3-24 内脏的清洗方法

序号	内脏名称	洗涤方法	注意事项
1	胗	先除去结肠部分,然后剖开胗,刮去里面的污物,剥去内壁黄皮并洗净	胗内污物需去除干净
2	肝	剖胸时取出肝脏,摘去胆囊	不要弄破胆囊,以免使肝脏染上苦味
3	肠	除去附在肠上的东西,接着用剪刀剖开肠子,再用明矾、粗盐除去肠壁的污物与黏液,洗净后用水烫	烫水时间不宜过长,时间一长肠便会变硬,无法咀嚼
4	脂肪	母鸡腹中有脂肪(鸡油),可以取出使用	鸡油不适宜煎熬,可放在蒸笼里蒸,以保持原色

部分家禽类食材的净料率如表3-25所示。

表3-25　部分家禽类食材的净料率

毛料品名	净料处理项目	净料		下脚料、废料损耗率/%
		品名	净料率/%	
光统鸡	分档整理，洗涤	净鸡 其中： 　鸡肉 　鸡壳 　头脚 　胗肝	88 43 30 11 4	12
毛统鸡	宰杀，去头、爪、骨、翅、内脏	熟白鸡	55	45
	剔肉	鸡丝	35	65
	宰杀，去头、爪、内脏	鸡块	50	50
毛笨鸡	宰杀，去头、爪、内脏	净鸡	62	38
野鸡	宰杀，去头、内脏，洗净	净野鸡	75	25
野鸭	宰杀，去头、内脏，洗净	净野鸭	75	25
光鸭	去头、内脏，洗涤	熟鸭	60	40
光鸡	煮熟，整理分档	净鸡 其中： 　胗肝 　肠 　脚 　带骨肉	94 8 3 8 75	6
鸭胗	去黄皮垃圾，洗涤	净胗	85	15
活公鸡	宰杀，洗涤，分档	净鸡	67	15
		胗、肝、心、脚、腰等	18	
活母鸡	宰杀，洗涤，分档	净鸡	70	13
		胗、肝、心、脂肪、脚等	17	

五、淡水鱼的粗加工

（1）将鱼放在案板上，左手按住鱼身，右手用擀面杖或刀背在鱼头顶上猛击几下，使鱼昏迷。

（2）将打晕的鱼放在水槽里并刮掉鱼鳞。

（3）抠出鳃盖挖掉鱼鳃。

（4）用小刀或者剪刀剖开鱼肚，从泄殖孔下刀，一直剖到鳃盖下方。

（5）挖出鱼的内脏，靠近鱼头位置的鱼心和食管也要挖出。

(6)用清水清洗鱼体表和腹腔内的脏物,鱼肚里的黑色内膜也要仔细洗净。

(7)将杀好的鱼用清水彻底冲洗干净并放入盘中待用。

部分淡水鱼的净料率如表3-26所示。

表3-26 部分淡水鱼的净料率

毛料品名	净料处理项目	净料		下脚料、废料损耗率/%
		品名	净料率/%	
鲤鱼、鲢鱼	宰杀,去鳞、鳃、内脏,洗涤	净全鱼	80	20
鲫鱼、鳜鱼	宰杀,去鳞、鳃、内脏,洗涤	净鱼块	75	25
大、小黄鱼	宰杀,去鳞、鳃、内脏,洗涤	炸全鱼	55	45
黑鱼、鲤鱼	剔肉切片	净鱼片	35	65
鲢鱼	剔肉切片	净鱼片	30	70
活鳝鱼	宰杀,去头、尾、肠、血,洗净	鳝段、丝	62/50	38/50
活甲鱼	宰杀,去壳、去内脏,洗涤	熟甲鱼	60	40

六、海产品的粗加工

在对海产品进行粗加工时要注意以下事项。

(1)宰杀海鱼时,先从腮口处放血,然后去鳞,从口中取出内脏。

(2)在加工海蟹时,应先开壳,然后去鳃。

(3)宰杀黏液多或带沙的海鲜,先用开水洗净黏液和泥沙,再除去内脏。

(4)在加工贝壳类海鲜时,应用力从壳中间插入,开壳洗净泥沙。

(5)鱿鱼应除去内脏、外皮。

部分海产品食材的净料率如表3-27所示。

表3-27 部分海产品食材的净料率

毛料品名	净料处理项目	净料		下脚料、废料损耗率/%
		品名	净料率/%	
鳜鱼	剔肉切片	净鱼片	40	60
鲳鱼	宰杀,去鳞、鳃、内脏,洗涤	无头净鱼	80	20
带鱼	宰杀,去鳞、鳃、内脏,洗涤	无头净鱼	74	26
鲅鱼	宰杀,去鳞、鳃、内脏,洗涤	净鱼	76	24
大虾	去须、脚	净虾	80	20
比目鱼	宰杀,去内脏、皮、骨,洗涤	净鱼	59	41
鳜鱼	剔肉切成泥茸	净鱼泥茸	45	55

七、干货原料的粗加工

干货在不受潮、不返潮的情况下可以保存一年以上的时间。干鱼翅、干鱼肚、干燕窝、干熊掌以及干竹笋等的保质期都比较长。

特别提示

干货便于储存和运输,但在食用之前需要涨发。

干货原料粗加工主要是指干货的涨发。干货的品种多,涨发的方法也各不相同。因此,只有掌握正确的涨发方法,才能大大提高干货的出成率。

干货原料的涨发方法主要包括水发法、火发法、碱发法、油发法、盐发法。如果能根据不同原料选用不同的涨发方法,那么便可以节省可观的成本。因此,涨发方法的选择会直接影响原材料的成本,是对成本的补充。

粗加工厨师在对干货原料进行加工时,需要掌握其净料率(表3-28)。

表3-28 部分干货的净料率

毛料品名	净料处理项目	净料品名	净料率/%	下脚料、废料损耗率/%
鱼翅	拣洗,泡发	净水发鱼翅	150~200	
刺参	拣洗,泡发	净水发刺参	400~500	
干贝	拣洗,泡发	水发干贝	200~250	
海米	拣洗,泡发	水发海米	200~250	
蜇头	拣洗,泡发	净蜇头	130	
海带	拣洗,泡发	净水发海带	500	
干蘑菇	拣洗,泡发	水发蘑菇	200~300	
黄花菜	拣洗,泡发	水发黄花菜	200~300	
竹笋	拣洗,泡发	水发竹笋	300~800	
冬菇	拣洗,泡发	水发冬菇	250~350	
香菇	拣洗,泡发	水发香菇	200~300	
黑木耳	拣洗,泡发	水发黑木耳	500~1000	
笋干	拣洗,泡发	水发笋干	400~500	
玉兰片	拣洗,泡发	水发玉兰片	250~350	
银耳	拣洗,泡发	净水发银耳	400~800	

续表

毛料品名	净料处理项目	净料		下脚料、废料损耗率/%
		品名	净料率/%	
粉条	拣洗，泡发	净湿粉条	350	
带壳花生	剥去外壳	净花生仁	70	30
带壳白果	剥去外壳	净白果仁	60	40
带壳栗子	剥去外壳	净栗子肉	63	37

八、做好收台工作

收台是指粗加工厨师对自己的工作台进行收拾与整理。

粗加工厨师在收台时，应做好相应的工作，以减少浪费、节约成本。

（一）整理货架

整理货架是指将用于陈列蔬菜等加工品的货架进行全面整理。具体工作如下所述。

（1）将货架上的所有原料、用具等取下，清扫货架。

（2）对于剩余的无需保鲜的原料，如南瓜、冬瓜等，应摆放在固定位置上，以便下次使用。

（3）用于加工和盛放蔬菜的工具应摆放在货架的固定位置上，以便于取用。

（二）余料处理

将剩余的加工好的蔬菜、肉类、水产品等原料，放置在专用料盒内，包上保鲜膜，放入恒温箱内存放，留待下一餐使用。

（三）清理台面

将料盒、刀、墩等清洗干净，并用干抹布擦干水分，放回货架固定存放位置或储存柜内，然后将料理台的台面及其四周用抹布擦拭干净。

（四）清洗水池

先清除不锈钢水池内的污物和杂质，然后用浸过清洗剂的抹布由内而外擦拭一遍，再用清水冲洗干净，并用抹布擦干。

第五节　配份环节成本控制

粗加工后就需要进行细加工，配份环节也就是细加工过程。配份环节即厨房当中俗称的"配菜"，也被称为配膳。配菜是指将加工成形的各种原料加以配比。配份是决定主、配料成本的重要环节。切配时应根据原料的实际情况，整料整用，大料大用，小料小用，下脚料综合利用，以降低菜品成本。

一、配菜师的重要性

（一）配菜师是制作菜品的核心人员

配菜师是菜品制作过程中非常重要的核心人员，菜品用量的多少取决于配菜师。主料、配料、调料这三个要素构成菜品成本。以鱼香肉丝为例，主料为330克通脊肉丝，125克竹笋丝；配料为50克香菇或25克木耳丝；调料包括豆瓣辣酱、酱油、盐、糖、醋、蒜、葱、姜、淀粉、红油等。配菜师掌管着三大料中的主料和配料。

（二）配菜师的素质是成本控制的关键

每一道菜品成本损耗的大小取决于配菜师，如果配菜师未能控制好用量，那么将导致菜品成本的增加。

某餐厅配菜师成本意识不强，在配鳝鱼丝时仅仅目测，每次配半盘用量。经称量，每盘鳝鱼丝约为350克，成本比售价高出4元，即餐厅每销售出一盘鳝鱼丝要损失4元。

现在餐饮企业的数量众多，竞争激烈，原材料普遍涨价，因此，只做好成本卡是远远不够的，成本控制必须与真实成本挂钩。这就要求配菜师具有能合理控制好成本的能力。

二、切配师的常用刀法

（一）直刀法

直刀法的特点是刀与菜墩呈直角。直刀法适用于动物性及植物性原料，分为直切、推切、拉切、锯切、铡切、滚刀切、劈和剁，具体内容如表3-29所示。

表3-29 直刀法简介

序号	类别	操作说明	图示
1	直切	又叫跳切，从上往下垂直下刀，并垂直提刀	
2	推切	刀与原料垂直，刀由后往前推去，一刀推到底	
3	拉切	刀由前往后拉，一刀拉到底	

续表

序号	类别		操作说明	图示
4	锯切		切时刀先向前推，然后再往后拉，像拉锯一样	
5	铡切		右手提起刀柄，左手握住刀背前端，刀柄翘起，刀尖下垂，在原料所要切的部位上用力压下去。把刀按在要切的部位上，左右两手同时摇切下去，用力要均衡	
6	滚刀切		每切一刀，就把原料滚动一次	
7	劈	直劈	把刀对准要切的部位，用力向下直劈	
		跟刀劈	把刀刃先砍入原料要劈的部位，然后使刀与原料一齐起落	
		拍刀劈	刀对准原料要劈的部位，右手握紧刀柄，左手用力拍打刀背，将原料劈开	
8	剁	排剁	双手同时各执一把刀，一上一下地剁下去	
		直剁	左手按稳原料，右手提刀直剁下去	

（二）斜刀法

斜刀法的特点是刀与菜墩呈一定角度，斜刀法适用于脆性黏滑的原料。斜刀法包括正斜刀法和反斜刀法，具体内容如表3-30所示。

表3-30　斜刀法简介

序号	类别	操作说明	图示
1	正斜刀法	刀的右侧与菜墩呈40°～50°角，运用拉力，左手按料，刀走下侧，正斜刀法适用于软嫩原料，如鸡脯、腰片、鱼肉	
2	反斜刀法	刀的右侧与菜墩呈130°～140°角，运用推力，左手按料，刀身斜抵住左手指节。反斜刀法适合脆性而黏滑的原料，如熟牛肉、葱段、姜片等	

（三）平刀法

平刀法的特点是刀与菜墩平行，平刀法适用于无骨的动物性原料、韧性原料及脆性的蔬菜。操作时要按稳原料，用力不要过大，食指与中指间留一段空隙。平刀法分为四种类别，具体内容如表3-31所示。

表3-31　平刀法简介

序号	类别	操作说明	图示
1	平刀批	刀与砧板平行，按要求的厚度，平行批进	
2	推刀批	刀与砧板平行，批进原料后向前推。推刀批适用于煮熟回软的脆性原料	
3	拉刀批	刀与砧板平行，批进原料后向后拉。拉刀批多用于韧性原料	

续表

序号	类别	操作说明	图示
4	抖刀批	为了美化原料，在刀进入原料后可采取波浪式前进的切法	

三、制定统一配份标准

（一）菜品配份标准

菜品配份标准的具体内容如表3-32所示。

表3-32　菜品配份标准

数量单位：克

菜品名称	分量	主料		辅料		料头		盛器规格	备注
		名称	数量	名称	数量	名称	数量		
鱼香肉丝	1份	猪肉丝	120	莴笋丝	30	姜蒜米	各8	7寸条盘	
				木耳丝	15	鱼眼葱	10		
麻婆豆腐	1份	豆腐	150	牛肉末	30	蒜苗	15	7寸条盘	
……									

（二）点心成品配份标准

点心成品配份标准的具体内容如表3-33所示。

表3-33　点心成品配份标准

数量单位：克

名称	分量	主料		辅料		盛器规格	备注
		名称	数量	名称	数量		
小笼包子	1个	发酵面团	30	肉馅	15	2寸圆碟	
清汤面条	1份	面条	30	菜心	10	2寸汤碗	
玻璃烧卖	1个	烧卖皮	1张	肉馅	20	2寸圆碟	
……							

（三）面团配份标准

面团配份标准的具体内容如表3-34所示。

表3-34　面团配份标准

数量单位：克

菜品名称	数量	主料		辅料		备注
		名称	数量	名称	数量	
发酵面团	500					
油酥面团	800	面粉	500克	猪油	100克	冷水200毫升
……						

（四）馅料配份标准

馅料配份标准的具体内容如表3-35所示。

表3-35　馅料配份标准

数量单位：克

菜品名称	数量	主料		辅料		料头		适用范围
		名称	数量	名称	数量	名称	数量	
豆沙馅	500	绿豆	350	白糖	130	油	20	
猪肉馅	500							
……								

（五）臊子配份标准

臊子配份标准的具体内容如表3-36所示。

表3-36　臊子配份标准

数量单位：克

菜品名称	数量	主料		辅料		料头		适用范围
		名称	数量	名称	数量	名称	数量	
红烧牛肉	500							
猪肉脆臊	500	猪肉	450	红糖	15	料酒、盐、味精、胡椒粉	适量	
				香葱	两根			
……								

第六节　烹调环节成本控制

烹调环节是指通过加热和调制，将加工、切配好的原料制作成菜品的过程。餐饮产品的烹饪，一方面影响菜品质量，另一方面也与成本控制密切相关。烹饪对菜品成本的影响主要有图3-4所示两个方面。

① 调味品的用量	② 菜品质量及其废品率
从烹制一款菜看，所用的调味品较少，在成本中所占比重较低，但从餐饮产品的总量来看，所耗用的调味品及其成本也是相当可观的，特别是油、味精及糖等。所以在烹饪过程中，要严格执行调味品的成本规格，这不仅会使菜品质量较稳定，也可以使成本精确	在烹饪过程中应提倡一锅一菜，专菜专做，并严格按照操作规程进行操作，掌握好烹饪时间及温度。如果宾客来餐厅就餐，对菜品有意见并要求调换，就会影响服务质量和菜品成本。因此，要求每位厨师努力提高烹饪技术和创新能力，合理投料，力求不出或少出废品，这样才能有效地控制烹饪过程中的菜品成本

图3-4　烹饪对菜品成本的影响

一、统一制汁节省成本

制作菜品时经常需要制作各种汤汁，如糖醋汁、番茄汁、果汁等。为了节省成本，可统一制汁，即每天早上由制汁厨师把汁制作好，然后统一分发给每位厨师，那么厨师就不用再制作所需的各种汁了。统一制汁有两点好处，具体内容如下所述。

（一）节省制汁时间

厨师在制作菜品时会用到某种汁，而这种汁又需要十几样原料和调料才能调配，那么，厨师可能会花费很长时间去制作这种汁，这将影响上菜速度。如果汁已准备好，就可以节省很多时间。

（二）统一菜品质量

统一制汁就相当于统一了菜品口味，而口味统一，菜品的质量便可统一。例如，某餐饮企业雇佣了20位厨师，而每位厨师兑出来的糖醋汁味道都不一样，因此可能会导致客人今天用餐后很满意，过几天来吃却发现味道发生了很大变化，因而产生意见。而统一制汁就不会出现这个问题。

有的餐饮企业设有一个专门用来制汁的工作间，制汁之后把汁放到调料车上，厨师烹饪时把汁放入锅里就可以了。即使原来的制汁人员离职也没关系，新来的制汁人员只要知道调配比例即可。

二、热菜主要调味汁规格

（一）麻辣味汁

麻辣味汁规格的具体内容如表3-37所示。

表3-37 麻辣味汁（配制20份菜）

数量单位：克

调味品名	数量	备注
红油海椒	30	（1）可以用100克红油代替30克红油海椒 （2）所有调料配好之后加开水750克（或鲜汤）调制
花椒粉	20	
红酱油	30	
精盐	30	
味精	20	
白糖	30	
料酒	50	
姜末	20	
香油	20	

（二）糖醋味汁

糖醋味汁规格的具体内容如表3-38所示。

表3-38 糖醋味汁（配制15份菜）

数量单位：克

调味品名	数量	备注
醋	150	（1）将250克清水加入调料中，然后在锅中熬化调料，再加些香油 （2）糖醋汁在锅中熬制时一定要浓稠
酱油	10	
精盐	8	
白糖	250	
色拉油	50	
姜末	10	
蒜米	20	
香油	50	

（三）茄汁味汁

茄汁味规格的具体内容如表3-39所示。

表3-39　茄汁味汁（配制20份菜）

数量单位：克

调味品名	数量	备注
精盐	15	（1）将色拉油倒入锅中烧热，之后放入蒜泥及番茄酱炒香，再加入清水500克，炒匀以上调料即可 （2）炒制时不能勾芡，要以茄汁自芡
醋	50	
白糖	300	
姜末	10	
番茄酱	200	
色拉油	200	
蒜泥	30	

三、冷菜主要调味汁规格

（一）鱼香味汁

鱼香味汁规格的具体内容如表3-40所示。

表3-40　鱼香味汁（配制15份菜）

数量单位：克

调味品名	数量	备注
精盐	15	
酱油	50	
醋	30	
白糖	20	
泡红辣椒末	50	
姜米	50	将调料拌匀后洒在白煮的凉菜中
蒜米	50	
葱白	50	
红油	100	
味精	30	
芝麻油	50	

（二）糖醋味汁

糖醋味汁规格的具体内容如表3-38所示。

四、浆、糊调制规格

（一）制糊规格

制糊规格的具体内容如表3-41所示。

表3-41　制糊规格

数量单位：克

用料 用量 品名	鸡蛋	鸡蛋清	干细淀粉	精炼菜油	备注
全蛋糊	1个		50		
蛋清糊		1个	40		
……					

（二）制浆规格

制浆规格的具体内容如表3-42所示。

表3-42　制浆规格

数量单位：克

用料 用量 品名	鸡蛋	鸡蛋清	干细淀粉	精炼菜油	备注
全蛋浆	1个		40		
蛋清浆		1个	30		
……					

五、掌握过油技巧

餐饮企业的食用油消耗量比较大，厨师应注意节约用油，掌握过油技巧，从而达到节约成本的目的。过油技巧如图3-5所示。

技巧一 选用大豆油

餐饮企业一般应选用大豆油。大豆油营养全面，含有23种人体所必需的氨基酸。而花生油只含有15种氨基酸，价格却比大豆油贵

技巧二 热油下锅

在将原料过油时，要注意把握好油温。有些厨师在油刚热时就放原料，结果很多油被吸到原料里去了，顾客吃菜时油会从菜里往外冒。因此，在将原料过油时，油温应高一些。油温一般可从0℃一直上升到240℃，油一般在20℃左右融化，因此加温到七成，就可以放原料了

技巧三 将调料中红油炒出来

在炒制过程中，如何将调料中的红油炒出来，也是一门学问。如麻婆豆腐、鱼香肉丝、干烧鱼、回锅肉，这类菜品都需要有红油。炒红油的时候一定要使用小火，在几秒钟之内将调料里的红油炒出来，如麻婆豆腐，搁上汤烧，油比水轻，油在上面漂，水在下面，出锅时不用兑明油，红油就在上面漂着，可避免重新放红油的成本

图3-5 过油技巧

六、加强对厨师的监控

餐饮企业应从操作规范、制作数量、出菜速度、剩余食品等几个方面加强对厨师的监控，具体内容如图3-6所示。

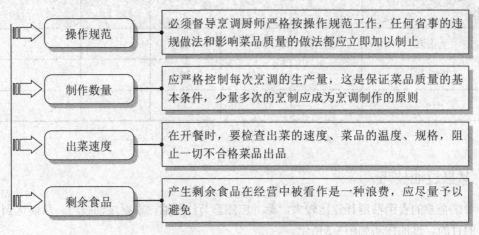

图3-6 对厨师的监控措施

第七节　利用标准菜谱控制成本

标准菜谱是指以菜谱形式，列出用料配方，规定制作程序，明确装盘形式和盛器规格，指明菜品的质量标准和每份菜品的可用餐人数、成本、毛利率和售价。

一、标准菜谱的作用

标准菜谱主要有图3-7所示的作用。

作用一	预示产量。预示产量是指根据原料数量，测算生产菜品的份数，方便成本控制
作用二	减少督导。厨师可以通过标准菜谱知道每个菜品所需要的原料及制作方法，只需要遵照其执行即可
作用三	高效率地安排生产工作。在制作菜品的具体步骤和质量要求明确以后，餐饮企业便可高效率地安排生产工作
作用四	节省劳动成本。使用标准菜谱可以降低对厨师个人操作技巧的要求
作用五	标准菜谱可以用来随时测算每个菜品的成本或根据配方核算每个菜品的成本
作用六	按照标准菜谱规定的各项用料标准进行生产制作，可以保证成品分量的标准化
作用七	减少对存货控制的依靠，通过销售菜品份数与用料标准计算出已用料情况，再扣除部分损耗，便可测知库存原料情况，有利于安排生产和进行成本控制

图3-7　标准菜谱的作用

二、标准菜谱的设计内容

一般来说，标准菜谱的设计内容主要包括以下几点。

（一）基本信息

标准菜谱中的基本信息包括菜点编号、生产方式、盛器规格、烹饪方法、精确度等。基本信息虽然不是标准菜谱的主要部分,但却是不可缺少的基本项目,而且必须在设计之初就设定好。

(二)标准配料及配料量

菜品的质量好坏和价格高低很大程度上取决于烹调菜品所用的主料、配料和调味料等的种类与数量。标准菜谱在这方面做出了规定,为菜品实现质价相称、物有所值提供了基础。

(三)规范烹调程序

烹调程序是对烹制菜品所采用的烹调方法、操作步骤、要领等方面所做的技术性规定。这是餐饮企业为了保证菜品质量,而对厨房生产的最后一道工序进行的规范。

烹调程序的规范内容包括烹制某一菜品所用的炉灶、炊具、原料配份方法、投料次序、型坯处理方式、烹调方法、操作要求、烹制温度和时间、装盘造型、点缀装饰等。

(四)烹制份数和标准份额

厨房的菜品多数是单独进行烹制的,有时也会多份一起烹制。标准菜谱对每种菜品、面点的烹制份数都进行了规定,以保证菜品质量。

(五)每份菜品的标准成本

规定每份菜品的标准成本是为了对菜品生产进行有效的成本控制,最大限度地降低成本,提高菜品的市场竞争力。标准菜谱对标准配料及其配料量都有规定,由此可以计算出每份菜品的标准成本。由于食品原料的市场价格不断变化,因此,要及时调整每份菜品的标准成本。

(六)成品的彩色图片

餐饮企业应制作一份标准菜品,并进行拍照,以便作为成品质量最直观的参照标准。

(七)食品原料质量标准

只有使用优质原料,才能加工烹制出好菜品。标准菜谱中对所有用料的质量都做出了规定,如食品原料的规格、数量、感官性状、产地、产时、品牌、包装要求、色泽、含水量等,以确保菜品质量达到最优标准。

三、标准菜谱的设计过程

标准菜谱的设计和制作应该由简到繁,逐步完善,并充分调动厨师的积极性,反复试验,使标准菜谱中的各项规定都能科学合理,成为厨师生产操作准则,以规范厨师在烹调菜品过程中的行为。

标准菜谱的设计要求文字简明易懂,名称、术语规范,项目排列合理,易于操作实施。标准菜谱的设计过程如图3-8所示。

四、编制标准菜谱的程序

虽然餐饮企业编制标准菜谱的程序各有特色,但是其基本程序却是相同的,餐饮企业编制标准菜谱的程序如表3-43所示。

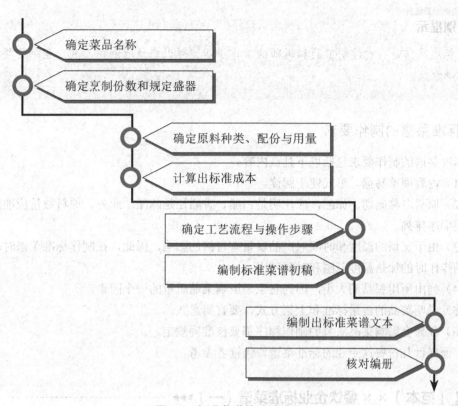

图3-8 标准菜谱的设计过程

表3-43 编制标准菜谱的程序

序号	程序	操作说明
1	确定主配料及其数量	确定菜品原料和主要成本，并确定原料数量，有的菜品只能批量制作，则需平均分摊测算
2	确定调味料品种和用量	明确调味料的品种和品牌，因为不同厂家、不同品牌的调味料的质量差别较大，价格差距也较大，调味料只能根据批量分摊的方式测算
3	根据主配料和调味料的用量，计算成本、毛利及售价	随着市场行情的变化，单价、总成本会不断变化，因此，企业应认真全面地进行核算工作
4	规定加工制作步骤	将必需的、主要的、易产生歧义的步骤加以统一
5	确定盛器，落实盘饰用料及式样	根据菜品形态与原料形状，确定盛装菜品餐具的规格、样式、色彩等，并根据餐具的色泽与质地确定盘饰
6	明确产品特点及其质量标准	标准菜谱既是培训、生产制作的依据，又是检查、考核的标准，其内容应明确具体，才能切实可行
7	填写标准菜谱	将以上的内容按项填写到标准菜谱中，要求字迹工整、意思表达清楚
8	按标准菜谱培训员工，统一生产出品标准	按标准菜谱的技术要求，对各个岗位的员工进行操作培训，以规范厨师作业标准，从根本上统一生产出品标准

> **特别提示**
>
> 标准菜谱是一种控制工具和厨师的工作手册,可以变通其制作形式,但一定要有实际指导意义。

五、标准菜谱的制作要求

标准菜谱的制作要求包括以下几点内容。

(1) 内容简单易懂,形式便于阅读。

(2) 原料名称确切。如醋,应注明是白醋、香醋还是陈醋。此外,原料数量应准确,并按使用顺序排列。

(3) 由于烹调的温度和时间对产品质量有直接的影响,因此,在制作标准菜谱时,应详细标明操作时的加热温度范围和时间范围。

(4) 列出所用餐具的大小,因为它也是影响菜品质量的一个因素。

(5) 说明菜品的质量标准和上菜方式,要言简意赅。

(6) 任何会影响菜品质量的制作程序都要被准确规定。

下面提供几份餐饮企业的标准菜谱,供读者参考。

【范本】××餐饮企业标准菜谱(一)▶▶▶

××餐饮企业标准菜谱(一)

菜名:鹿尾炖鸭		用于:		宴会总成本:			
规格:10寸汤盅(10位用)		售价:					
用料名称	数量/克	第一次测算成本		第二次测算成本		制作程序	备注
		单价	成本	单价	成本		
鲜鹿尾 姜片 料酒	900 20 25					(1) 将鲜鹿尾用开水泡洗后切成段 (2) 起锅放油爆香姜片,放入鹿尾煸透,倒入料酒,装入炖盅内	干鹿尾洗净即可,不需用开水泡
光鸭 杜仲 桂圆肉 枸杞子 火腿片 高汤	1 250 32 20 8 40 1 500					(1) 光鸭焯水断血洗净,连同其他用料一起装入盅内,加入高汤 (2) 将盅盖封好上笼蒸3小时	蒸炖时间根据蒸锅汽压而定,以蒸至原料酥烂脱骨为准
料酒 精盐	25 35					取出盅,加入调料,之后上笼再蒸半小时,即可上桌	上桌时垫上垫盘

××餐饮企业标准菜谱（二）

菜品：油浸鲜鱼　　　　用途：宴会　　　　批量：10
总成本：174元　　　　总售价：300元

用料名称	数量/千克	单价/元	成本/元	制作程序	剩余原料的存放或用途	使用工具	盛装方法
草鱼	10	10	100	锅内注入清水，上火浇沸。水沸后放入盐和绍酒各250克、花生油500克，并放入姜片和葱段	内脏交给粗加工间		
葱	1.5	10	15				
姜	1.5	10	15				
香菜叶	0.25	4	4				
调料	4	10	40				
……							
合计							

第八节　完美服务减少浪费

服务过程中服务不当也会引起菜品成本的增加，餐厅必须加强对服务人员进行职业道德教育并进行经常性的业务技术培训，使他们端正服务态度，树立良好的服务意识，提高服务技能，并严格按规程为宾客服务，力求不出或少出差错，尽量降低菜品成本。

一、避免出现服务不当

服务不当会引起菜品成本的增加，服务不当主要表现在以下几点。
（1）服务员在填写菜单时没有重复核实顾客所点菜品，以至于上错菜。
（2）服务员偷吃菜品而造成数量不足，引起顾客投诉。
（3）服务员在传菜或上菜时打翻菜盘、汤盆。
（4）传菜差错。如传菜员将2号桌顾客所点菜品送至1号桌，而1号桌顾客并未拒绝。

二、菜单填写必须准确

（一）常见菜肴计量单位

中餐菜肴的计量单位，因客人人数、需要菜品的分量及盛装器皿的不同而有所不同。高档的海鲜产品有的按份、有的按例计量。

菜品不同，规格不同，分量也不同，因此计量单位各不相同。海鲜和肉类一般用斤和两计量,现在一般用国际统一的计量单位千克或克来计量。

菜肴的分量除可用大、中、小例表示之外,也可用阿拉伯数字来注明。不过无论用哪种计量单位,都要注明该单位盛装菜品的净样数量,使买卖投料量透明,便于客人监督。

(二)记入菜品数量

菜的配制按码盘数量一般分为大、中、小例盘。一般炒时蔬的例盘量为4～8两,即200～400克。

以汤菜为例,1例盘汤的分量为6碗(小碗),供2～5位客人的用量。

(三)点菜单的填写要求

(1)服务员应准备好笔和点菜夹,将带有号码的点菜单夹在点菜夹内,以备使用。

(2)服务员填写点菜单(表3-44)时,字迹要工整,记录要准确。

表3-44 点菜单

No.: _____

日期	服务员	台号	房号	人数

品名	数量	价格	品名	数量	价格

凉菜	蒸菜	主食

(3)服务员应注明桌号(房间号)、菜名、菜的分量、填写点菜单的时间、点菜员姓名及值台服务员姓名。如果是套菜,要在点菜单上注明桌数。

一家餐饮企业接到了一个20桌的婚宴任务,婚宴结束后,客人顺利地买了单。没想到第二天,该企业接到婚宴客人投诉,客人说宴席上没上鱼,准备讨个说法。经调查后,客人确实在订餐时点了"黄椒蒸鲈鱼",但在营业部下单时,点菜员开漏了分单,导致厨房无出品。

查明原因后，经理当即向客人赔礼道歉，并再三承认了错误，征询客人意见后，将20桌"黄椒蒸鲈鱼"的费用退还给客人，与此同时，部门内部对当事人进行了批评与处罚。

（4）服务员应标清楚计量单位。对于高档海鲜，服务员一定要向客人介绍清楚计量单位是"克"，还是"千克"，免得在结账时出现价差，使客人无法接受。

（5）服务员应标清菜肴器皿的规格、分量。

（6）冷菜、热菜、点心、水果要分单填写，分部门下单。

（7）点菜单上菜品的顺序要和上菜顺序一致。

（8）一定要在点菜单上注明顾客的特殊要求。

相关链接

点菜前须做好的准备

一、记住推荐菜

餐饮企业为了满足顾客的需要，在菜肴的原料选取、烹调方法、口感和造型上不断推陈出新。同时，在每一天或每周都会推出一道或几道特色菜、风味菜供顾客品尝。点菜员必须记住这些菜肴的名称、原料、味道、典故和适合的顾客群体，以顺利地将菜品信息及时传递给顾客。

二、记住沽清单的内容

沽清单是厨房在了解当天缺货原料、积压原料情况后开具的一种推销单，也是一种提示单。它告诉服务员当日的推销品种、特价菜、所缺菜品，避免服务员在当日为客人服务时遭遇难堪、指责等。

厨房开出当天的沽清单后，通常会与楼面负责人进行协调。沽清单中会列举当日原料情况以及最适合出品的菜肴，并介绍其口味特点、营养特点、季节特点等普通服务员难于介绍的专业知识。所以，点菜员须记住沽清单的内容，当客人点到当天没有的菜品时，一般可以以"对不起，今天刚刚卖完"来回答，然后要及时为客人介绍一道口味相近的菜品，以免引起客人的不满。

三、必须熟悉菜牌

服务员应了解所推销菜式的品质和配制方式。当客人无法决定要什么时，服务员可以提供建议。最好先建议客人选择高中等价位菜式，再建议便宜价位菜式，因为前者的利润较高。在生意高峰期，服务员应减少对一些加工手续比较烦琐的菜式的推荐，否则会加大厨房的工作负担，影响上菜速度。

三、防止员工偷吃菜品

员工偷吃菜品的现象在许多餐饮企业中都存在。员工的这种行为不仅不卫生，而且还会影响餐饮企业的形象。

餐饮企业可以实行连环制,来杜绝员工偷吃菜品的现象。倘若发现一个员工偷吃,则告诉他,一个月内如果能逮住其他偷吃的人员,那他偷吃的事就算了。如果逮不着,那么这个月因偷吃行为造成的所有损失全部由他来承担,并继续这项"工作"三个月。这样就可以有效地防止员工偷吃。

王先生和一位朋友到一家饭店吃饭,期间各要了一份"凉拌花生"和"红烧鱼块",可能因为当时客人太多,他等了半个小时也没有上菜,于是他就到厨房去问。就在这时,王先生看见一名服务员端着一盘"凉拌花生"走过来,令王先生吃惊的是,这名服务员边走边用手拿着花生吃。

王先生顺着服务员望去,这名服务员竟然走到了自己的桌子旁并把"凉拌花生"放在桌子上。王先生在气愤之下找到了经理,经理当即对那名员工进行了批评,给王先生换了一份"凉拌花生",并向王先生道了歉。

四、尽量减少传菜差错

传菜部主要承接楼面与厨房、明档、出品部之间的传菜工作,是餐饮企业不可缺少的部门。因此,餐饮企业要做好对传菜人员的培训工作,从而控制成本。

某餐饮企业的传菜员每人配有一枚印有专属编号的图章。当传菜员将菜品传送到位时,传菜员要在台卡上相应菜品的后面盖上自己的图章。这些图章的数量将作为绩效管理的考核点,每传一道菜品,传菜员便可以得到一毛钱的绩效工资。

自从该餐饮企业采用这种"计点式"的绩效管理办法以来,传菜员的工作积极性得到了很大的提高。以前传菜员是"推"着传菜,现在传菜员是争着传菜。

(一)传菜员岗位职责

(1)按餐饮企业规定着装,守时并服从指挥。

(2)开餐前要搞好区域卫生,做好餐前准备。

(3)保证对号上菜,熟知餐饮企业菜品的特色、制作原理和配料搭配。

(4)熟记餐厅的房间号、台号,保证传菜工作准确无误。

一家酒楼的二楼和三楼分别用于接待了两个规模较大、标准较高的婚宴。由于当时人手紧张,传菜部门申请从其他部门调配人手。所有人员到位后,都集中安排至备餐间进行传菜工作。在传菜过程中,一名传菜员因没听清楚传菜要求,将二楼的"大盘鸡"传送至三楼,导致三楼多上了一道菜。还好部门经理及时发现,并采取解决措施。但因传菜的失误,还是使二楼的菜上慢了,导致客人对此表示了不满。

(5)在传菜过程中,应做到轻、快、稳,不与客人争道,做到礼字当先、请字不断,并做到六不端:温度不够不端、卫生不够不端、数量不够不端、形状不对不端、颜色不对不端、配料不对不端,严把菜品质量关。

(6)餐前准备好调料及传菜工具,主动配合厨房做好出菜前的准备。

(7)天冷时应备好菜盖。

(8)负责前后台的协调工作,及时通知前台服务人员菜品的变更情况,做好厨房与楼面的联系、沟通及传递工作。

（9）安全使用传菜间的物品、工具，及时使用垃圾车协助前台人员撤掉脏餐具、剩余食品；餐具要轻拿轻放。

（10）做好收拾工作，垃圾要按桌倒，空酒瓶要摆放整齐。

（11）传菜员在传菜领班的直接指挥下开展工作，完成传递菜肴的服务工作。传菜员对领班的工作安排必须遵循"先服从后讨论"的原则。

（12）传菜员要按照相应的规格水准，做好开餐前的准备工作。

（13）传菜员应确保所有传菜用的餐具、器皿都清洁、明亮、无缺口。

（14）传菜员在工作中应保有促销意识，抓住机会向顾客推荐餐厅的各项服务及各种优惠政策，提高顾客在餐厅的消费水平。

（15）当顾客要求的服务项目无法满足时，传菜员应及时向顾客推荐补偿性服务项目。

（16）传菜员在工作中发现本企业有不完善的制度或须改进的服务，必须及时向上一层领导反馈，并想办法解决问题。

（二）传菜员主要工作的操作程序

1. 优先服务程序

（1）先上客人要求先上的菜。

（2）先上冷盘。

（3）保持菜品温度，从厨房取出的菜一律加上盘盖，到顾客桌上再取下。

2. 传菜操作程序

传菜操作程序的具体内容如表3-45所示。

表3-45　传菜操作程序

序号	时间段	操作程序
1	开餐前	（1）检查传菜间卫生，整理好各种用具 （2）准备好开餐前各种菜式的配料及走菜用具，并主动配合厨师做好出菜前的工作
2	开餐时	（1）开餐时按要求站立，有次序地出菜 （2）厨房出菜时，应马上给该菜配上合适的配料，并告诉领班划单 （3）出菜必须用托盘 （4）出菜时须将菜送到所属的餐台边，由服务员端上台，并等服务员将菜拿起、将菜盖放回托盘后才能离开 （5）接到菜单时，应根据不同菜式准备配料和用具

3. 清理传菜间

（1）清洗用过的餐具并将其放入柜中。

（2）整理各种酱料、调料。

（3）将所有设备和柜子擦拭一遍。

4. 检查工作

仔细检查物品是否整齐归位摆放。

第九节　收款环节成本控制

餐厅不仅要抓好从原料采购到菜品生产、服务过程中的成本控制，更要抓好收款控制，才能保证盈利。收款过程中的任何差错、漏洞都会引起菜品成本的上升。

一、尽量避免出现跑账现象

（一）提前预防

餐饮企业有时会发生跑账的现象，为了预防跑账现象的发生，服务员应特别留意以下几种情况。

（1）生客，特别是一个人就餐的客人，比较容易趁服务员繁忙时，假装上厕所或出去接打电话或到门口接人等，趁机溜掉。

（2）如果来了一桌人吃饭，但却越吃人越少，那么难免会有先逐步撤离，到最后只剩下一两个人好借机脱身的嫌疑。

（3）对坐在餐厅门口的顾客要多加注意。

（4）对快要用餐完毕的客人要多留心，哪怕是顾客想要结账，也要有所准备。

（5）对于不考虑价钱，哪样贵点哪样的顾客，一定要引起足够的重视。

一般来说，公司即使是宴请重要的客人，也不可能全都点很贵的菜式，只要有一两样高档的、拿得出手的菜就可以了，而且汤水和其他家常菜、冷盘也会占一定比例，这也是点菜的均衡艺术，更何况公司的宴请也会有一定的限额，是不可以任由员工胡吃海喝的。

（二）顾客逐个离场

当发现顾客逐个离场时，服务员要引起高度重视并做好以下几点工作。

（1）当服务其他顾客时，倘若眼睛不方便注意这些顾客的动态，则应及时向主管报告，请求主管抽调人手，派专人盯着剩余的顾客。

（2）如果顾客提出要上洗手间，那么应派同性的服务员护送；如果顾客提出要到餐厅外接电话，那么则应请顾客先结账再出去。

（3）负责服务的人员和负责迎宾的人员要注意这些顾客的言行举止，发现可疑情况后需立刻报告，并安排专人跟踪，直至顾客结账。

（4）不要轻易相信顾客留下的东西具有价值，如果其有心跑单，会故意将不值钱的包像宝贝一样地抱住，目的就是吸引服务员的注意，然后将包故意放在显眼的位置，让服务员以为他还会回来取，从而留有足够的离开时间。

一家餐厅来了一群穿着气派的人，其中一人手里紧紧抱着一个手提包，给人一副包里的东西非常贵重、需要小心保管的样子。这些人一坐下，就急着点高档菜品、酒水，什么贵吃什么，什么好喝什么，使得餐厅的大小人员都以为来了一群有钱的大老板，所以服务极为周到、热情。经理逐位奉送了自己名片和餐厅的贵宾卡，希望这些阔绰的大老板们多多光临。

等"老板们"酒足饭饱后，随着带头者的一个眼神，这些人就开始陆续撤退了。有的先行告退，有的上洗手间，有的借口室内信号不好，要到外面打电话，剩下的那个人趁服务员不注意，将那只包留在显眼的位置上，并将烟、打火机也留在桌上，造成上洗手间的假象。当服务员进来发现人都不在但那只大包还在时，便认为客人只是上洗手间去了。

等到餐厅快要结束营业时，那些"老板们"仍然连影子都没有，服务员才开始着急起来，赶紧向楼面经理和主管报告。当大家小心翼翼地打开那只包时，发现原来这只"贵重"的包竟然是用人造革做的，并且里面塞满了破布和旧报纸。

（三）客人没有付账即离开餐厅

一旦遇到客人没有付账即离开餐厅的情况，服务员要注意处理技巧，既不能使餐饮企业蒙受损失，又不能让客人丢面子并得罪客人，影响餐饮企业声誉和效益。

出现客人不结账就离开餐厅这种情况时，服务员可按下述两条方法去处理问题。

（1）马上追出去，并小声把情况说明，请客人补付餐费。

（2）如客人与朋友在一起，应请客人站到一边，再将情况说明，这样，可以使客人不至于在朋友面前丢面子。

二、结账时确认客人房间号

在为包间客人结账时，包间服务员一定要陪同客人前往收银台或由包间服务员代为客人结账，以免弄错包间号或消费金额，给餐饮企业带来损失。

又是一个周末，包间已坐满人。到了晚上九点多时，很多包间都要结账。这时，六七个客人来到收银台买单（包间服务员没有在旁陪同），并说自己是5号包间的客人。收银员收款时也没有做任何核对，就打印出5号包间的点菜单和账单让客人签字，并收了款（现金结算），当时这个包间的费用是1 500多元。

过了半个小时左右，另外一批客人也过来结账了。收银员问他们是几号包间的，客人说是5号包间，陪在一旁的包间服务员也证实这批客人确实是5号包间的，通过核对账单及订餐人的姓名、电话，再一次证明现在的这批客人才是在5号包间用餐的客人，于是又一次按5号包间的费用结账（同样也是现金结算）。

随后通过检查，第一批客人实际上是在6号包间用餐的客人，该包间的实际费用是2 500多元。由于工作人员的疏忽，餐厅少收了1 000多元的餐费。楼面经理得知此事后做出了这样的处理：由包间的服务员及当值收银员共同赔付这1 000多元的餐费。

三、实行单据控制以控制现金收入

单据控制是餐饮企业有效控制现金的重要手段。单据控制的原则是"单单相扣，环环相连"。餐饮企业的现金、餐单、物品三者的关系如图3-9所示。

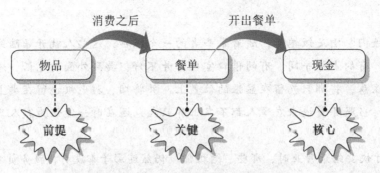

图3-9　现金、餐单、物品三者关系

通过图3-19可以看到，餐饮企业首先提供物品供客人消费，然后开出餐单，最后收回现金。在这三者中，物品是前提，现金是核心，而餐单是关键。因此，餐饮企业要想控制现金收入就要将物品传递线、餐单传递线、现金传递线协调统一起来。

四、有效监管收银人员

（一）现场巡视

（1）管理人员要经常在收银台周围巡查。

（2）经常检查废纸篓中作废的小票，在规定时间内清理收银台的遗留散货、杂物，确保机台无遗留的有效商品条码、小票及其他单据等。

（3）立即纠正收银员在收银台放计算器或涂改液的行为。

（4）每天查看后台的相关报表。

（5）定期盘点收银员的营业款和备用金，并认真记录盘点情况。

（6）确保收银人员在进入收银工作区时身上无私人钱财。

（二）备用金核查

（1）备用金核查的过程为：询问收银员备用金是否清点准确→清点备用金→填写"备用金情况抽查表"→请收银员签名确认。

（2）核查人员每天应有选择地对备用金进行核查，收银员应积极配合。

（3）核查人员应填写"备用金情况抽查表"，并由收银员签字确认。

（4）核查人员在核查备用金时如发现异常情况，应交给上级领导处理。

（三）收银机出现异常情况

收银机异常情况是指因网络故障或系统异常等原因，造成所有收银机都不能正常工作，需要采用手工收银的情况。发生此种情况时，餐饮企业应注意以下几点内容。

（1）收银员和抄写人员需在第一单交易和最后一单交易中注明收银员号、收银台号、每一笔交易的流水号，并在收银单上签名。

（2）收银机纸应整卷使用，不能拆散使用；如收银纸因故被撕断，则需在断口的上半部分和下半部分处补签名，并注明收银台号、流水号。

（3）手工收银单第一联给顾客作消费凭证，第二联留存供查账及补录入。

(4) 如顾客使用银行卡付款，收银员应在手工收银单上注明卡号及开户行。

五、制定收银标准制度

（一）散客收款

(1) 收银员接到服务员送来的"订菜单"，留下第一联，经核对后即时登记"收入登记表"以备结账。

(2) 客人用餐完毕，由值班服务员负责通知收银员结账，收银员将订单中的数额加总后开具两联"账单"，由值班服务员向顾客收款，顾客交款后，服务员持"账单"和票款到收银台交款，收银员点清后在"账单"第二联加盖印章并将账单、零钱交给服务员，由其转交给顾客。

(3) 收银员应将"账单"第一联与"订单"第一联订在一起装入"结算凭证专用纸袋"内。

（二）团体客人收款

(1) 当团体客人就餐时，餐厅服务员需根据"团队就餐通知单"开具订单并交给收银员，收银员在订单的第二、第三、第四联上盖章，之后交给服务员，第一联留存，并插入账单箱。

(2) 在团体客人就餐结束后，值班服务员需开具账单，团队领队签字后，应立即将团队账单（第二联）送至楼面收银员处，让其代为收款，第一联和"订单"订在一起，装入结算凭证专用纸袋内。

（三）宴会收款

(1) 在宴会举办前，一般需要客人至少提前三个小时支付预订押金或抵押支票。

(2) 预订员按预订要求开具宴会订单（一式四联），并在订单上注明预收押金数额或抵押支票价值，然后将宴会订单和预订押金或抵押支票一起交给收银员，收银员按宴会订单核价后在订单上盖章，第一联由收银员留存，第二联交给厨房备餐，第三联交给酒吧，据以提供酒水，第四联交值班服务员。

(3) 宴会开始后，客人如需增加酒水和饭菜，则由值班服务员开具订单，第一联由收银员留存，与宴会订单订在一起，第二联交厨房，第三联交给酒吧，第四联由自己保存。

(4) 宴会结束后，值班服务员通知客人到收款台结账，收银员按宴会订单开具发票，收取现金（注意扣除预订押金）或签发支票或信用卡。

(5) 将发票存根和宴会订单订在一起装入结算凭证专用袋内。

（四）VIP客人就餐收款

(1) 重要客人（VIP）到餐厅就餐，一般由经理级的管理人员签批"重要客人接待通知单"和"公共用餐通知单"，提前送给餐厅主管，餐厅主管接到通知后应立即安排接待工作。

(2) 收银员按通知单的规定开具"订单"并请客人付款。收银员将订单、通知单和账单订在一起装入结算凭证专用纸袋内。

（五）汇总日结

（1）收银员清点当日营业收入，填好缴款单，与领班或主管一起再次清点现金，检查票据的填写情况。

（2）一切确认无误后，收银员和主管或领班将营业款装入专用交款袋中并加盖两人印章，随后一同将专用交款袋放入财务部设置的专用金柜，然后按服务员收入登记表填报餐厅订单汇总表（一式三份，自留一份，报餐厅经理和财务部成本核算员各一份），营业日报表（一式三份，送核算员、统计员各一份，自己留存一份备查）。

第十节 通过菜品创新降低成本

企业成本控制，除保持成本不上升外，可能更大的是希望成本每年都有一定的降低幅度，但成本降低总有一个限度，到了某一个限度后，如果不是创新技术、工艺，增加或改进设备等，成本很难再降低，管理上稍一松懈还有可能反弹或提高。

成本降低到一定程度后，餐企只有从创新着手来降低成本，从技术创新上来降低原料用量或寻找新的、价格便宜的菜品原料替代原有老的、价格较高的原料；从工艺创新上来提高原料利用率、降低原料的损耗量、提高成品率或一级品率；从工作流程和管理方式创新上来提高劳动生产率、设备利用率以降低单位产品的人工成本与固定成本含量；从营销方式创新上来增加销量，降低单位产品营销成本。只有不断创新，用有效的激励方式来激励创新，才是餐企不断降低成本的根本出路和关键所在。

一、菜品创新要点

（一）菜品原料

近年来市场上不断涌现出许多新奇的烹饪食材，有的是从国外引进的，有的是国内最近才开发出的新品种。餐饮企业要多做市场调查，搜集符合餐饮企业生产经营理念的食材，进行合理的技术改革，摆脱传统饮食观念的束缚。

（二）菜品色彩

菜品色彩是由固有色、光源色、环境色共同作用的结果。色彩搭配要根据原料固有色彩，用异色搭配法和花色搭配法，使菜品五彩缤纷、赏心悦目。

（三）口味形态

餐饮企业可在口味形态上进行创新。

（1）利用原料本身特有的味道来制作调和。

（2）利用多种酱汁复合调和产生的味道，如粤菜中常用到的各式酱汁，中西餐中用各种调味品复合调和产生新式味道等。

（3）改变烹饪技巧，运用精细烹饪工艺和酿造工艺使原料自身味道发生改变，产生新的味道。

> **特别提示**
>
> 可在食材加工制作的过程中以独特烹饪手法进行色彩美化与转变,如炭烤、火烹、拔丝、焖烧、竹烹等。

(四)烹饪技法

中餐烹饪技法有 20～30 种,每种技法都有其独特之处。菜品的色、香、味主要靠烹调技法来实现。

二、菜品创新的"四性"标准

(一)新颖性

新颖性是指菜品的造型、口味均要新颖,不能是换汤不换药。如烹饪糖醋排骨,原来用的是糖醋汁,如果把糖醋汁改成茄汁或橙汁,菜品只是口味变化了而已,并不具备新颖性。

(二)独特性

独特性是指菜品不仅要与其他菜品不同,还要与其他餐饮企业相同的菜品不同,做到"人无我有,人有我特,人特我优。"

(三)经济性

餐饮企业可以针对暂时用不着的下脚料进行菜品研发,对使用下脚料研发出新菜品的工作人员进行奖励,从而减少浪费,增加利润。

如将茄子去头之后,上面还有一些茄子皮,可将茄子皮加点盐和生粉,上蒸笼一蒸,就可以做成粉蒸茄皮这道菜,蘸蒜茸汁吃,别具一番风味;也可以把较厚的茄子皮切成丝,沾上脆皮糊,烹饪成椒盐炸茄皮。再如冬天的大葱须子很长,可以把须子切下洗净,然后放在油里炸,就可以得到葱油;葱须还可炒梅豆、干虾。又如姜皮,将其洗干净之后榨成汁,可以做成姜汁,在醋中加入姜汁,将会使醋的味道更香。对于芹菜叶,很多餐饮企业都将它扔掉,其实芹菜叶可以做芹菜粥、芹菜饼、菜团子等。

【范本】××餐饮企业开发的菜根菜叶菜品

××餐饮企业开发的菜根菜叶菜品

川菜厨房开发菜品	鲁菜厨房开发菜品
1.妯娌腌菜坛	1.泡菜葱根
2.香菜根拌海米	2.菜根泡葱根
3.菠菜根炝拌蛤蜊肉	3.葱根拌老虎菜
4.酱腌白菜根	4.芥末白菜帮

续表

川菜厨房开发菜品	鲁菜厨房开发菜品
5.芹菜根炒鱿鱼丝	5.跳水西兰花根
6.葱根煎咸菜	6.老腊肉炒兰花根
7.菜叶小豆腐	7.冰镇芥蓝梗
8.花生米拌芹菜叶	8.泡椒兰花根
9.菜团子	9.炝拌大头菜根
10.香菜油	10.芥辣西瓜皮
11.菜叶饼	11.姜汁菠菜根
	12.酸菜菠菜根

（四）优良性

在进行菜品创新时，餐饮企业一定要明确其优点、卖点，使创新出的菜品更容易被客人接受。

三、菜品创新的"四化"标准

菜品创新的"四化"标准如图3-10所示。

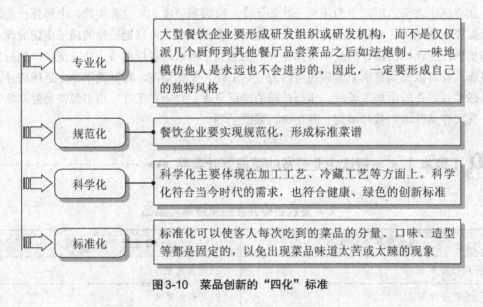

图3-10 菜品创新的"四化"标准

四、菜品开发创新的基本原则

餐饮企业在开发创新菜品时，需要遵循的基本原则如表3-46所示。

表3-46 菜品开发创新的基本原则

序号	原则	具体内容
1	食用为首	创新菜品首先应具有食用的特性,只有顾客感到好吃才行
2	注重营养	创新菜品必须是卫生的、有营养的。相关人员在对菜品进行创新时,应了解熟悉菜品含有的营养价值
3	关注市场	关注市场是指餐饮企业应准确分析、预测未来的饮食潮流,做好开发工作,时刻关注消费者的价值观念、消费观念,去设计、创造新菜品,引导消费
4	适应大众	应坚持使用较为大众化的原料。大众化的原料价廉物美,更易被广大老百姓接受
5	易于操作	创新菜品的烹制过程应简单,尽量减少工时耗费。从管理的角度来看,过于繁复的工序无法适应现代经营的需要,无法满足顾客对时效性的要求
6	主次分明	要遵循烹饪规律、烹调原理,主次分明,不要把时间和精力过多放在装潢和包装上
7	质量稳定	质量稳定的前提是所用的菜具标准、采购的原料保持一致、制作流程规范、严格控制出品时间,同一菜品在色、形、味上统一,盛器的使用严格统一

五、新菜品开发步骤

新菜品的开发步骤如图3-11所示。

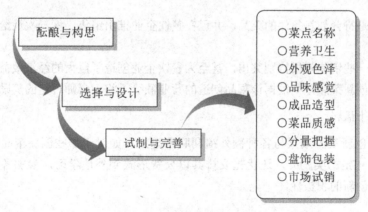

图3-11 新菜品的开发步骤

(一)酝酿与构思

新菜品的开发是从酝酿与构思开始的。而新的创意则主要来源于对广大顾客需求的调查和烹饪技术的不断积累。

(二)选择与设计

在选择与设计创新菜品时,应先考虑如下几个问题。

(1)原料要求如何。
(2)准备调制成什么口味。
(3)使用什么烹调方法。
(4)造型的风格特色是怎样的。
(5)对器具、装盘有哪些要求。

为了便于资料归档，厨师长要提供详细的创新菜品备案资料。

六、建立创新机制

（一）指标模式

厨师长把菜品创新的总任务分解成若干的小任务指标，然后分配给每个分厨房或班组，分厨房或班组再把指标分配给每个厨师，规定其在一定时间内完成菜品的创新任务。厨房菜品创新的总任务则根据餐饮企业对菜品更换更新的计划而定。

（二）晋升激励

餐饮企业应将菜品创新与晋升联系起来，为每个员工建立职业生涯发展档案，当员工具备一定的条件后，就有晋升的机会。厨房员工晋升的重要条件之一是要有创新菜品，创新菜品数量越多，员工晋升的机会就越多，工资待遇也就越高。

（三）成果奖励

在厨师创新的菜品正式推出后，应给予菜品创新人一定的奖励，奖励一般可以分为如下两部分。

(1)只要是符合创新条件的菜品，并已在餐饮企业推出销售，就一次性给予数量不等的奖励。

(2)对于一些销售效果特别突出，甚至为餐饮企业创造了巨大的经济效益、赢得了较好的社会效益的创新菜品，则根据该菜品创造的营业额给予相应厨师一定的奖励。

（四）额外福利

将厨师的创新菜品成果与各种额外福利联系起来。如对于那些创新菜品成果突出的厨师，除了给予一定的奖励外，还优先安排其以公费形式到外地学习，参加各种类型的培训班，以提高其创新的积极性。

第四章
餐饮企业费用控制

导读

餐饮企业的支出费用是其成本的重要组成项目,常见的支出费用包括人工成本费用,水、电、燃气费,餐具损耗费用,低值易耗品费用,广告宣传费用,外包业务费用以及其他支出费用。通过节省各项费用,餐饮企业可以提高利润。

第一节　人工成本费用控制

一、餐饮企业人工费的构成

人工费用是指一定时期内餐饮企业在生产经营中使用劳动力而发生的各项直接和间接的费用总和。在餐饮企业，人工费用主要包含：员工工资、社会保险、福利费、员工教育费、劳动保护费、员工住房费和其他人工成本费用。餐饮企业劳动力包含：高层及中低层管理人员、服务员、厨师、厨房其他工作人员、保洁员、保安、维修人员、行政人员、财务人员、销售人员等。人工费用所占总成本费用比率因企业定位和所经营的菜系有很大区别，一般在20%～40%之间。

餐饮企业人工费的构成如图4-1所示。

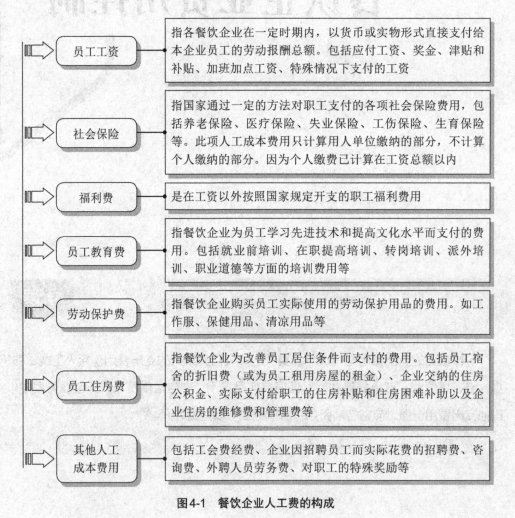

图4-1　餐饮企业人工费的构成

二、影响人工费用的因素

人工费用的高低直接与所使用的员工人数和员工的工作效率有关。因此任何影响用工数和工作效率的因素都会影响人工费用的高低。

影响人工费用的因素有许多，具体如图4-2所示。

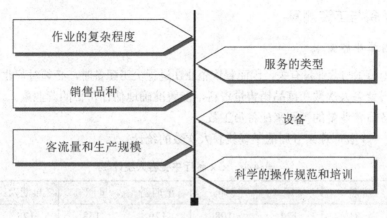

图4-2 影响人工费用的因素

（一）作业的复杂程度

如果餐厅购买现成制作好并预先分好份额的原料，只需要极少的制作功夫，只需要在销售前加热即可，那么就只需要较少的职工，也不需要什么厨师。如果所有购进的原料都需要进行复杂的粗加工，包括宰杀、切割、洗涤和切配，那么就需要较多的人工，还需要较高水平的厨师，需要专业的采购人员、验收人员，同时还增加了对管理人员的要求。企业若要减少人员的设置，可以减少加工环节和加工程度，多使用已加工的半成品。

（二）服务的类型

服务程度低的，如自助餐、快餐需要较少的服务员，对服务技术的要求也较低。反之，服务程度高的，服务程序复杂的就餐服务，如桌餐服务、宴会派菜服务就需要较多的服务员，同时对服务员的技能要求也较高。因此开发自助服务的产品可使企业减少人员的编制。

（三）销售品种

菜单品种较少的餐厅，只需要较少的烹调和服务人员，而且节省原料的采购和保管人员。反之，就需要较多的人员。

（四）设备

在厨房中使用现代化的加工机械代替传统的人工操作能节省时间，减少人工。例如使用洗碗机、削皮机、切片机、锯骨机等可以减少人工，同时提高工作效率。

（五）客流量和生产规模

由于餐饮企业产品的生产和销售几乎是同时进行的，产品的生产数量与当时客流量的大小直接相关。因而人员配备要与不同时段的销售数量相称。餐饮企业在配备职工人数和安排班次时必须预计不同时段的客流量,找出客流规律,合理地安排班次和员工人数。

(六)科学的操作规范和培训

对每一项服务或操作制定科学的操作程序,并通过培训使员工熟练实施,将会帮助员工提高工作效率,减少工作差错。也可达到少用工、多出活的效果。

二、人员配备与工资测算

(一)测算业务需求

需要多少员工与营业量有关,因而餐饮企业在进行员工配备时,必须对营业量进行分析。

根据每日就餐人次数和菜品销售量资料,能较准确地估计每日的营业量。这样餐饮企业就能根据对各日营业量的预测来配备员工数。

表4-1是一个餐厅连续五周的午餐就餐人次数的统计。

表4-1 ××餐厅午餐客人统计

日期	星期一	星期二	星期三	星期四	星期五	星期六	星期日
第一周	81	124	108	129	158	175	159
第二周	75	90	125	137	140	190	179
第三周	92	119	130	108	128	219	192
第四周	85	105	108	114	170	168	161
第五周	95	145	113	110	139	149	142
中位数	85	119	113	114	140	175	161

表4-1中最后一行中位数,是取连续5个星期就餐人数的数值大小位居中间的数,所以星期一的中位数为85,星期二为119,依此类推。由于就某一天来看,就餐人次数的多少会受一些意外因素的影响,所以必须尽可能搜集比较多的资料,这里统计了连续五周的资料,对搜集来的资料,每周的同一天,也会因为各种因素的影响而各不相同,有高有低,为了取得比较有代表性的数字,我们可以采用取它们的中位数的方法,由于中位数是位居该组数据的中间值的数字,所以相对来说有比较好的代表性。

表4-2给出了同期晚餐的就餐人次数的统计。

表4-2 ××餐厅晚餐客人统计

日期	星期一	星期二	星期三	星期四	星期五	星期六	星期日
第一周	114	143	128	159	198	205	169
第二周	90	128	138	167	180	250	199
第三周	112	157	150	148	178	239	200
第四周	105	114	108	150	190	200	175
第五周	145	120	130	110	149	189	142
中位数	112	128	130	150	180	205	175

同样用中位数的方法估计出晚餐的营业量，以便于员工数量的安排。

（二）确定工作定额

员工人数的安排除了与营业量有关外，还与工作定额有关。工作定额是指在一定时间内每个员工的提供服务或生产产品的数量。工作定额通常以供餐的时数作为时间单位，也有以小时或每班的工作时数作为时间单位。例如每餐服务数、每小时服务数、每天服务数等。服务数量一般以客人服务数、菜品服务数、营业收入金额等来表示。

如××餐厅以每餐服务的客人数作为工作定额。如表4-3所示。

表4-3　××餐厅以每餐服务的客人数作为工作定额

餐次	服务员	厨师	洗碗
早餐	30～40客人/餐	50～60客人/餐	100～120客人/餐
午晚餐	25～30客人/餐	30～40客人/餐	80～90客人/餐

如果以客人数作工作为定额不太合适，也可以用每位服务员每天的营业额作为工作定额。如酒吧服务员的工作定额为：2 000元/天。

（三）工作安排和人员需求测算

根据上述的工作定额可以决定餐厅的员工配备数。如根据表4-1～表4-3的资料，可以进行××餐厅的员工配备计划。考虑每餐需要多少员工，需要的员工数＝就餐人次数/工作定额。如星期一午餐所需要的员工数＝85/30＝3（人），依此类推。如表4-4所示。

表4-4　××餐厅员工配备数

日期	客人/员工	餐次	星期一	星期二	星期三	星期四	星期五	星期六	星期日
预计就餐人次数	85～175	午餐	85	119	113	114	140	175	161
预计就餐人次数	112～205	晚餐	112	128	130	150	180	205	175
服务员人数	25～30	午餐	3	4	4	4	5	6	6
服务员人数	25～30	晚餐	4	5	5	5	6	7	6
洗碗工人数	80～90	午餐	1	2	2	2	2	2	2
洗碗工人数	80～90	晚餐	2	2	2	2	2	3	2
厨师人数	30～40	午餐	3	3	3	3	4	5	4
厨师人数	30～40	晚餐	3	4	4	5	5	5	5

根据每日对员工的需要数，便可安排出一周内每日各个员工的班次。如表4-5～表4-7所示。

表4-5 ××餐厅服务员班次表

项目		星期一		星期二		星期三		星期四		星期五		星期六		星期日	
		午	晚	午	晚	午	晚	午	晚	午	晚	午	晚	午	晚
服务员需要数		3	4	4	5	4	5	4	5	5	6	6	7	6	6
员工工作时间安排	张三	休		休		10:00~14:00 17:00~21:00		10:00~14:00 17:00~21:00		10:00~14:00 17:00~21:00		10:00~14:00 17:00~21:00		10:00~14:00 17:00~21:00	
	李四	10:00~14:00 17:00~21:00		休		休		10:00~14:00 17:00~21:00		10:00~14:00 17:00~21:00		10:00~14:00 17:00~21:00		10:00~14:00 17:00~21:00	
	王五	10:00~14:00 17:00~21:00		10:00~14:00 17:00~21:00		10:00~14:00 17:00~21:00		休		10:00~14:00 17:00~21:00		10:00~14:00 17:00~21:00		休	
	赵六	休		10:00~14:00 17:00~21:00		休		10:00~14:00 17:00~21:00		10:00~14:00 17:00~21:00		10:00~14:00 17:00~21:00		10:00~14:00 17:00~21:00	
	马七	休		10:00~14:00 17:00~21:00		10:00~14:00 17:00~21:00		10:00~14:00 17:00~21:00		休		10:00~14:00 17:00~21:00		10:00~14:00 17:00~21:00	
	刘八	10:00~14:00 17:00~21:00		17:00~21:00		10:00~14:00 17:00~21:00		17:00~21:00		17:00~21:00		17:00~21:00		10:00~14:00 17:00~21:00	
	袁九	17:00~21:00		10:00~14:00 17:00~21:00		17:00~21:00		休		10:00~14:00 17:00~21:00		10:00~14:00 17:00~21:00		10:00~14:00 17:00~21:00	

共需要7个服务员。

表4-6 ××餐厅洗碗工班次表

项目		星期一		星期二		星期三		星期四		星期五		星期六		星期日	
		午餐	晚餐	午餐	晚餐	午餐	晚餐	午餐	晚餐	午餐	晚餐	午餐	晚餐	午餐	晚餐
洗碗工需要数		1	2	2	2	2	2	2	2	2	2	2	3	2	2
员工工作时间安排	秦十	休	休	休	休	10:00~14:00 17:00~21:00		10:00~14:00 17:00~21:00		10:00~14:00 17:00~21:00		10:00~14:00 17:00~21:00		10:00~14:00 17:00~21:00	
	曹十一	10:00~14:00 17:00~21:00		10:00~14:00 17:00~21:00		休	休	休	休	10:00~14:00 17:00~21:00		10:00~14:00 17:00~21:00		10:00~14:00 17:00~21:00	
	周十二	17:00~21:00		10:00~14:00 17:00~21:00		10:00~14:00 17:00~21:00		10:00~14:00 17:00~21:00		休	休	17:00~21:00		休	休

共需2名正式工,一名临时工。

表4-7 ××餐厅厨师班次表

项目		星期一		星期二		星期三		星期四		星期五		星期六		星期日	
		午餐	晚餐	午餐	晚餐	午餐	晚餐	午餐	晚餐	午餐	晚餐	午餐	晚餐	午餐	晚餐
厨师需要数		3	3	3	4	3	4	3	5	4	5	5	6	4	5
员工工作时间安排	齐十三	休	休	休	休	10:00~14:00 17:00~21:00		10:00~14:00 17:00~21:00		10:00~14:00 17:00~21:00		10:00~14:00 17:00~21:00		10:00~14:00 17:00~21:00	
	徐十四	10:00~14:00 17:00~21:00		10:00~14:00 17:00~21:00		休	休	休	休	10:00~14:00 17:00~21:00		10:00~14:00 17:00~21:00		10:00~14:00 17:00~21:00	
	施十五	休	休	10:00~14:00 17:00~21:00		10:00~14:00 17:00~21:00		10:00~14:00 17:00~21:00		10:00~14:00 17:00~21:00		10:00~14:00 17:00~21:00		休	休
	杨十六	10:00~14:00 17:00~21:00		休	休	休	休	10:00~14:00 17:00~21:00		10:00~14:00 17:00~21:00		10:00~14:00 17:00~21:00		10:00~14:00 17:00~21:00	

续表

项目		星期一		星期二		星期三		星期四		星期五		星期六		星期日	
		午餐	晚餐	午餐	晚餐	午餐	晚餐	午餐	晚餐	午餐	晚餐	午餐	晚餐	午餐	晚餐
厨师需要数		3	3	3	4	3	4	3	5	4	5	5	6	4	5
员工工作时间安排	路十七	休		10:00~14:00 17:00~21:00		10:00~14:00 17:00~21:00		17:00~21:00		休		10:00~14:00 17:00~21:00		10:00~14:00 17:00~21:00	
	陈十八	10:00~14:00 17:00~21:00		17:00~21:00		17:00~21:00		17:00~21:00		17:00~21:00		17:00~21:00		17:00~21:00	

共需6名厨师。其中最后一名厨师也可以雇定时临时工。

针对餐饮业每日营业的高峰和清淡时段客源变化大、供餐时间不连贯的特点,为节省人工往往可采取以下措施。

(1)利用分班制。安排员工在上午工作几个小时,下午工作几个小时,在餐厅不营业或营业清淡的时间可以不安排或少安排员工上班。但是每天最多分两班。

(2)利用临时工。餐厅中有许多工作属非技术或半技术工种,可以雇用临时工。这样可以减少人工成本,但也要注意为保证服务和产品质量,必须以正式工为主,即使雇用临时工,也最好保持相对稳定的雇佣关系,这样可以保证人员来源和服务质量的稳定性。

另外还有需要配备的固定员工,如管理人员、采购员、库房管理员、收银员、勤杂员等。

(四)工资预算

当员工数量确定之后,便可以按员工数量和工资标准进行工资预算。仍以××餐厅为例。如表4-8所示。

表4-8 ××餐厅工资预算

工种	人数	工资标准	总额
厨师	6	5 000	30 000
服务员	7	800	5 600
洗碗工	2	500	1 000
洗碗工(临时工)	1	420	420
收银员	2	850	1 700
经理	1	6 000	6 000
财务	2	1 800	3 600
采购员	1	1 500	1 500
库房管理员	1	1 200	1 200
勤杂员	1	500	500
合计	24		52 420

工资预算一旦制定，就应该用预算来控制工资费用的实际发生额，以使工资费用控制在合理的水平。所谓合理的水平就是能保证正常经营的最节省的费用水平。

四、人工成本控制方法

（一）定岗、定员

定岗、定员恰当与否不仅会直接影响劳动力成本的开支、员工队伍士气的高低，而且对餐饮企业的生产效率、服务质量以及餐饮经营管理的成败也有着不可忽视的影响。餐饮企业经营者应综合考虑以下因素，合理进行定岗、定员工作。

（1）餐厅档次和布局。

怎样合理安排餐厅动线

餐厅动线是指顾客、服务员、食品与器皿在餐厅内流动的方向和路线。

顾客动线应以从大门到座位之间的通道畅通无阻为基本要求。一般来说，餐厅中顾客的动线采用直线为好，避免迂回绕道，任何不必要的迂回曲折都会使人产生一种混乱的感觉，影响或干扰顾客的情绪和食欲。餐厅中顾客的流通通道要尽可能宽敞，动线以一个基点为准。

餐厅中服务人员的动线长度对工作效率有直接的影响，原则上越短越好。在服务人员动线安排中，注意一个方向的道路作业动线不要太集中，尽可能除去不必要的曲折。可以考虑设置一个"区域服务台"，既可存放餐具，又可缩短服务人员的行走路线。

（2）食品原料的成品、半成品化。
（3）菜单的品种。
（4）员工的技术水准和熟练程度。
（5）客流量和生产规模。

（二）劳动力安排

人工成本控制的前提是保证服务质量，餐饮企业的经营者必须合理安排能确保其服务质量要求的劳动力。为此，应注意以下两点内容。

1. 最低劳动力

最低劳动力是指不随业务量大小而变化的、企业经营所必需的劳动力。如餐厅经理、会计、主厨师长、收银员、维修工等。这部分固定劳动力的工资占餐厅人工成本支出的较大部分。对于最低劳动力，餐饮企业应有固定的劳动力标准，并尽可能将其安排在关键岗位上。

2. 变动劳动力

变动劳动力是指随着业务量水平的变化而上下浮动的劳动力，具体是指当餐饮企业生产更多的菜品、接待更多的客人时，将需要更多的服务人员和生产人员。企业应根据淡、旺季来解雇或招聘这些人员，以减少费用开支。餐饮企业中至少有50%的工种可以根据需要来灵活调配人员。企业如果能科学地进行劳动力安排，那么便能降低劳动力成本。

（三）确定劳动生产率

餐饮企业衡量劳动生产率的指标主要有两个：一个是标准生产率，另一个是劳动分配率。标准生产率是衡量企业中平均每位员工所创造利润大小的指标。

为了提高标准生产率，餐饮企业首先要积极开拓市场，节约开支，提高企业的毛利；其次是要合理地安排员工的班次和工作量，尽可能减少员工的雇用数量。

标准生产率的确定方法如图4-3所示。

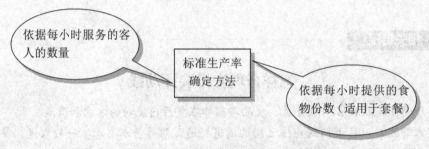

图4-3 标准生产率确定方法

通过利用图4-3所示的两种方法，企业可以清楚地算出员工的标准生产率，餐饮企业可根据标准生产率和来客数量进行工作分配；分配时需注意每位员工的工作量是否合适，以免影响工作质量。

一家餐饮企业共有五名服务员、一个大厅和七个包间，包房分布在大厅的两边。最大的包房设有两张桌子，共二十四个餐位，最小的包房有八个餐位。顾客一般会选择在包间用餐，由于餐厅设有专门的迎宾和点菜人员，因此，服务员的主要工作便是传菜和上菜。该餐厅员工工作分配的具体内容如下所述。

（1）将员工分为两个餐次，每个餐次中都有服务员、迎宾员、点菜员，这些人员在营业高峰期是同时存在的。要保障在餐厅经营的整个时段，都有相关的人员提供服务，并做好下一个餐次的准备工作。如果经营时间是11:00~22:00，那么一个班次的工作时间可为10:00~14:00，17:00~22:00；另一个班次为12:00~21:00。

（2）给最大的包间专门安排一名服务员，其他包间基本上做到每两间安排一名服务员，大厅如果有客人，则由迎宾员及点菜员提供服务。

（3）七个包间中最大的包间要接待两桌顾客，由于只有五个服务员，人手比较紧张，因此要至少储备一名服务员。

另外，餐饮企业还要注意以下几点内容。

（1）餐饮企业要对卫生、服务、收捡等工作做好明确的安排，既讲究分工又讲究合作。

（2）要界定好每个班次人员所负责的具体事务，在任务完成后方可下班。否则会形成恶性循环:上一个班次将工作推给下一个班次,下一个班次又推给上一个班次。

(3) 如果其他工作已完成,且已到达下班时间,但还有一两桌客人时,可以灵活安排人员值班。

(四)员工岗位设置

餐饮企业应把员工设置在最合适的工作岗位上,使其发挥出最大的工作效能。员工岗位设置的具体内容如表4-9所示。

表4-9 员工岗位设置

序号	类别	说明	备注
1	量才使用,因岗设人	(1) 应考虑岗位的人员素质要求,即岗位任职条件。上岗的员工要能胜任其岗位职责 (2) 认真细致地了解员工的特长、爱好,尽可能地照顾员工意愿,让其有发挥聪明才智、施展才华的机会	不要因人设岗,否则将会给餐饮经营留下隐患
2	不断优化岗位组合	优化餐饮企业岗位组合是必需的,同时应利用激励和竞争机制,创造一个良好的工作、竞争环境,使各岗位的员工组合达到最优	在实际操作过程中,餐饮企业可能会出现一些员工学非所用或用非所长或班组群体搭配欠佳等现象
3	利用分班制	根据每日营业中客源的变化情况,餐饮企业应灵活安排员工的工作时间	在不营业或营业清淡时段可不安排或少安排员工上班
4	雇用临时工	为节省开支、方便管理,餐饮企业可雇用临时工	在保证人力需要的同时,注意对临时工进行技术培训,以保证服务质量
5	制定人员安排表	人员安排表是一种人员的预算,说明员工人数应随顾客人数的增加而相应增加,随着顾客人数的减少而相应减少	根据经营情况和所能提供的服务及设备条件,制定人员安排表

(五)提高工作效率

提高工作效率是降低成本的关键,餐饮企业应认真研究整个工作过程中的每个步骤,改变操作流程,精简员工的无效劳动;不同程度地使用机器设备,努力实现厨房设备的机械化、自动化,尽力改善食品卫生条件,减轻员工的体力劳动,提高劳动效率。

(1) 尽量使用自动化水平高的厨房用具。在保证质量的前提下,缩短切配烹调时间,减少工作人员。例如,以自动洗碗机代替人工洗碗。

(2) 利用电脑完成点菜、收银工作,缩短工作时间,提高工作效率。

(3) 注重员工培训,提高员工服务技能,避免成本浪费。

相关链接

培训费用由谁承担

员工培训包括新入职培训和在职培训。为了提高员工的基本素质,餐饮企业需要对员工进行培训。不要认为培训会浪费钱,培训可以吸引、培养、留住员工,提高餐饮企业的核心竞争力。如果培训达到预期效果,就可以激发员工的个人潜能,从而提高员工的工作积极性。

《劳动法》第六十八条规定:"用人单位应当建立职业培训制度,按照国家规定提取和使用职业培训经费,根据本单位实际情况,有计划地对劳动者进行职业培训。从事技术工种的劳动者,上岗前必须经过培训。"

由此可见,用人单位为劳动者进行岗前培训等一般培训,是用人单位应尽的法定义务,同时也是劳动者享有的法定权利。因此,用人单位不得要求劳动者承担岗前培训产生的培训费用,也无权向劳动者追索这些培训费用。

我国《劳动法》第三条规定:"劳动者享有平等就业和选择职业的权利、取得劳动报酬的权利、休息休假的权利、获得劳动安全卫生保护的权利、接受职业技能培训的权利、享受社会保险和福利的权利、提请劳动争议处理的权利以及法律规定的其他劳动权利。劳动者应当完成劳动任务,提高职业技能,执行劳动安全卫生规程,遵守劳动纪律和职业道德。"

(4)重新安排餐厅内外场的设施和动线流程,以减少时间的浪费。

(5)改进工作分配的结构,使其更符合实际需要。

(6)加强团队合作精神培训,以提高工作效率。

(7)尽可能一人兼几职或雇用钟点工,如楼面经理、营业主管可兼任迎宾员;维修工、司机、库管、财务可兼任传菜员;库管兼酒水员;吧台主管、迎宾主管兼任办公室文员。

(六)非薪金形式人工成本控制

非薪金形式人工成本控制的具体内容如表4-10所示。

表4-10 非薪金形式人工成本控制

序号	形式	说明
1	工作服	(1)掌握员工流动情况,做好工作服的发放、回收工作 (2)注意工作服的选料、制作、保养、洗涤等工作
2	员工用餐	合理安排员工用餐时间,尽量避开客人用餐高峰期;按定员定额发卡,减少浪费
3	人员流动	过高的员工流失率不仅会降低餐饮企业总体服务质量,还会增加人员招聘费用和新员工培训费用,影响工作效率

相关链接

招聘环节把好关，降低员工流失率

目前，餐饮企业的员工流失率是非常高的。留住员工不仅要留住员工的人，更要留住员工的心，真正关心和照顾好每一个员工。

合理的流失率有利于保持员工活力，但如果流失率过高，餐饮企业将蒙受直接损失（包括离职成本、替换成本、培训成本等）并影响到工作的连续性、工作质量和其他员工的稳定性。因此要做好防范措施，降低员工流失率。

如果从员工招聘入口把好关，起到"过滤层"作用，"淘"进合适员工，在成功招聘员工的同时，又能保持员工在餐饮企业的可持续发展，为降低员工流失率起到"预防免疫"作用。

一、员工思想

在员工招聘时应从战略上考虑员工在餐饮企业的可持续发展性，为降低员工流失率起到第一层过滤防范作用。

1. 价值取向

成功的员工招聘应该关注员工对餐饮企业的组织文化、价值追求的认可程度。倘若与餐饮企业文化不能融合，即使是很有能力和技能的员工，对餐饮企业的发展也会有不利的影响。在进行筛选工作的时候，餐饮企业要让应聘者充分了解餐饮企业的工作环境、企业文化。

2. 团队融合度

在招聘过程中，除了关注员工基本素质外，还应认真分析其拟任团队成员的特点，如团队成员的学历、性别、年龄、观念、价值取向等。尽量减少不必要的员工与团队磨合成本，增加员工与团队的融合度。

3. 招聘与培训的有机结合

在招聘员工时，企业应考虑员工的长远发展，针对岗位要求在员工上岗前对其进行导向性培训（包括环境介绍、业务熟悉、了解工作关系、了解餐饮企业文化等），让员工适应新岗位。

二、提供真实信息

餐饮企业在招聘员工时需要提供给其真实、准确、完整的职位信息，只有这样，雇员与餐饮企业才可能相匹配，从而形成比较低的流失率。

三、告知餐饮企业的发展前景

餐饮企业良好的发展前景是留住员工的因素之一。在招聘员工时，企业应明确告知其自身的战略、发展目标以及内部管理机制，包括餐饮企业的管理策略、员工观念、价值观等。

如果员工感觉餐饮企业的发展前景不明朗，无法实现自身目标，那么员工最终会选择离开。

四、引入职业生涯规划概念

餐饮企业应根据员工的个性特点、岗位性质对其进行职业生涯规划设计。在招聘员工时,不同岗位的员工,职业生涯规划设计的内容也不同。

对一般岗位的员工,只需结合其意愿告知其努力方向,以及其在餐饮企业的大致发展方向即可,而不需要花太多的精力。

第二节 水、电、燃气费控制

餐饮企业为了维持利润,有必要控制水、电、燃气的消耗。因为水、电、燃气费在每个月的运营开支里都占很大一部分,而这会直接影响餐饮企业总的销售毛利率。

一、水费的有效控制

(一)前期控制措施

餐饮企业在前期装潢设计、购买设备时,就要考虑到节水问题。如选择购买节水龙头、节水型马桶等。

(二)充分利用二次水

餐饮企业在营业过程中要充分利用二次水,具体如图4-4所示。

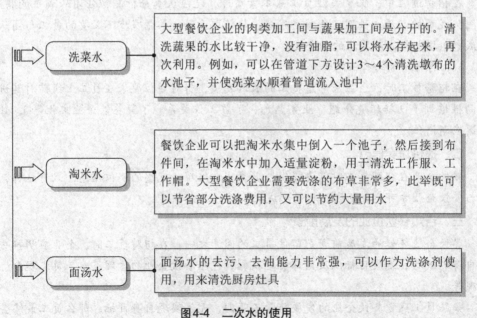

图4-4 二次水的使用

（三）常见节水措施

1. 使用节水龙头

餐饮企业应根据用水的要求和特点，使用相应的节水龙头。如在卫生间安装感应型节水龙头；在冲洗车辆、垃圾箱水管的出水口处加装水嘴，以便随时开关。

2. 在员工洗澡间安装插卡用水的电表

有的餐饮企业员工较多，员工每天都要洗澡，耗水量很大。因此，企业可在洗澡间安装插卡用水的电表，控制员工的用水量。

3. 采用静置解冻法

倘若采用合理的方法对厨房冷冻食品进行解冻，便可以节约大量水资源。餐饮企业一般应采用静置解冻法，这样既可省水，又可增加原材料的出成率。

很多餐饮企业在解冻时，会用水冲洗冷冻食品，并且至少要冲洗半个小时。这不仅会消耗大量水，而且可能会降低原材料的出成率。

4. 海鲜鱼池配备水循环过滤装置

每个大型鱼缸大约要用三吨水，如果几天换一次水，那么将会产生庞大的费用。如果安装上过滤装置，使水能够长时间进行循环，那么便可以节约大量水资源。

二、电费的有效控制

餐饮企业的空调、冰箱、冰柜以及照明设备都会耗电，企业需采用一些方法控制电费。

> **特别提示**
>
> 节约能源成本的重点在于随时将可关掉的电源关掉。

（一）空调

空调控制主要包括调节控制、开启-关闭控制及维护控制，具体内容如图4-5所示。

控制一　调节控制

(1) 只有正确设定好空调的温度，才能节约能源。在冬季使用制热功能时，室内温度应设为20℃；在夏季使用制冷功能时，室内温度应设为26℃
(2) 用餐区温度的测量以顾客坐下时，头部的高度为准
(3) 厨房区温度的测量，以服务员站立时头部的高度为准
(4) 为维持适宜温度，应在夏、冬两季调整空调的设定温度
(5) 其他季节依餐厅外的天气状况及温度做合理调整
(6) 依照楼面营运状况，适时调整空调温度和运行状态

图4-5

控制二 开启-关闭控制

（1）如果餐厅拥有独立式空调设备，那么可拟定间隔式启动的时间表，一次开启1台或2台空调
（2）打烊后，关闭排油烟机，避免餐厅热气或冷气的流失

控制三 维护控制

（1）每星期至少清洁一次空气过滤网和冷凝器散热网，必要时及时更换
（2）定期检查空调设备内部，注意是否有损坏、异响、异味
（3）每周检查空气入口及回风装置。调好空气流向，勿使其直接向下或对着墙壁及其他障碍物
（4）清洁面板内的恒温器。用软毛刷将恒温器及其毛细管、护盖上的灰尘油垢清除掉。如发现毛细管卷曲，应及时予以更换（注意，须关闭电源开关）
（5）每年检查2次冷媒管和通风管，注意是否有腐蚀、损坏的现象，周边是否有漏油现象（表示冷媒外泄）或风管连接处松落，并及时予以维修
（6）保持冷冻圈清洁。以软毛刷清理其表面尘垢，即可保持冷冻圈的清洁
（7）检查蒸发器滴盘，确定其是否清洁及干燥

图4-5 空调控制

（二）冷藏、冷冻系统

冷藏、冷冻系统对维持半成品的品质起着极为重要的作用。餐饮企业必须定期检查这两个系统。

1. 调整控制

设定除霜计时器，以节约能源。除霜时间最好选在卡车进货后2小时、人员不会进出冷库或开启冰箱时。除霜时间的设定应避开电力需求的高峰时段。冷藏库化霜时间一般为15～30分钟，冷冻库化霜时间一般为60分钟。

2. 开启-关闭控制

在进货时，不要关闭压缩机。卸货后再利用冷库降温比让机组继续运作的花费高。在取货或盘点时，勿让冷库的门开着，不可为了进出的方便而将空气帘推到旁边或取下。相关人员在进出冷库前应先做好计划，以减少往返次数。

3. 维护控制

与空调一样，使冷藏、冷冻系统得到良好保养，是降低能源成本最有效率的方法之一，也有助于延长相关设备的使用寿命。

餐饮企业应遵循保养计划，并牢记如图4-6所示要点。

（三）生产区设备

餐饮企业的生产区设备是主要的能源消耗者，能源费用占总能源费用的50%～60%，企业如想节省能源就该先从此处着手。

对使用独立电表及煤气的餐饮企业而言，应从实际度数中分析生产区设备实际的能源用量。生产区设备能源使用控制要点如图4-7所示。

| 要点一 | 每周检查冷冻库、冷藏库、冰箱的门垫是否完整；清除尘垢或食物残渣，并注意设备是否有裂缝及损坏现象。同时需检查冷藏门边的加热器是否运行正常，以防结冰 |

| 要点二 | 定期以纸币检查设备的垫圈。方法是轻轻打开冰箱门，将纸币贴着门边放置，然后再关上门，纸币便会夹在外墙与橡胶垫圈中。关上门后，将被夹住的纸币抽出，如果轻易取出，则说明垫圈太松；如果垫圈紧密度合适，则需用力才能将纸币取出。在每一扇门的顶端及底部重复此项测试 |

| 要点三 | 所有冷藏（冻）机组的冷凝器及散热器的线圈均应保持清洁。倘若线圈位置靠近厨房排风口，便容易堆积油垢，而油垢如同磁场，易于吸附尘土。使用手电筒检查线圈内部的清洁状况 |

| 要点四 | 检查除霜计时器上的时间设定是否正确 |

| 要点五 | 每周检测一次冷库、冰箱的温度。如温度不符要求，则调整温度控制开关，直到温度符合要求为止 |

图4-6 维护控制的要点

| 控制一 | 调节控制 |

白天不需使用的设备应予以关闭

| 控制二 | 开启-关闭控制 |

整体设备是依据营运高峰的负载量而设计的。既然营运不会一直处于高峰期，那么企业可在一天中的某些时段关闭部分设备
在营运平缓时应注意生产区设备，在适当时段内找出关闭设备的机会，根据设备关机时间拟定时间表，并使每位服务员都彻底了解时间表及使用设备的适当程序

| 控制三 | 维护控制 |

餐饮企业只有正确地维护生产区设备，才能经济地运用它。企业一定要参阅设备保养手册，并了解下列重要作业。
（1）保持烟道、烟道壁及排油烟机的清洁
（2）根据保养计划，检查相关设备
（3）检查煤气的密封圈、阀门是否完好无损、清洁无垢

图4-7 生产区设备能源使用控制要点

（四）照明系统

餐饮企业的照明设备其实是一种营销工具，既可以使餐厅保持明亮，又有助于吸引顾客进入餐厅。

餐饮企业应注意以下几点内容。

1. 颜色识别

餐饮企业可以将各种电灯开关按需要分为四个部分，每部分用一种颜色，以便识别。

红色：任何时段都要保持开启。

黄色：开店时开启。

蓝色：天空阴暗及傍晚黄昏时开启。

绿色：视需要开启。

2. 照明

照明设施可选择荧光灯、卤钨灯、LED灯等节能灯具，有条件的还可采用声光控灯具或其他节能的灯具设施。下面总结几点注意事项。

（1）使用节能型的照明设备。

（2）将餐饮企业各区域的照明、广告灯箱等的开关纳入到定人、定岗、定时、定责任的管理范围内，并根据自然环境的实际情况制定严格的开闭时间，餐饮企业应根据重点部分规划出监测点位，进行重点控制。

（3）员工区域及公共区域可使用声控照明或声光控照明，最大限度地节约电能。

3. 其他事项

（1）各后勤岗点下班时应随手关灯。

（2）通过声音、红外线等方式控制走道灯。

（3）餐饮包厢备餐时开启工作灯，开餐后开启主灯光。

（4）使用节能灯，将非对客区域的射灯全部更换为节能灯。

三、燃气费用控制

大多数餐饮企业都是以燃气为燃料来加工食品的。企业应根据食物制作所需要的标准时间，合理使用燃气炉。

燃气的使用者一般是厨师。因此，为了节约成本，经营者要对厨师用气进行控制，要求厨师尽可能充分利用热量，减少热量损失，缩短用火时间。图4-8是厨师可以具体采用的几种节气方法。

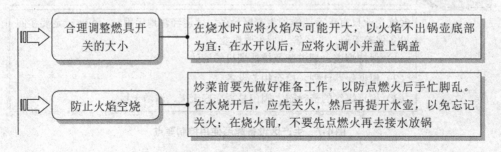

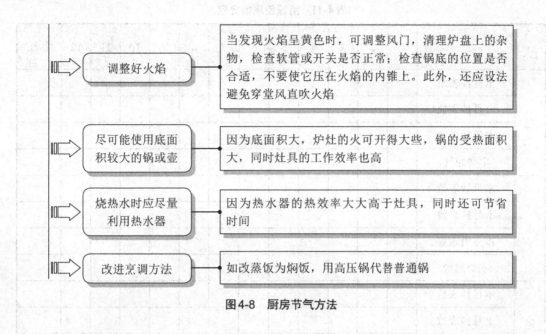

图4-8 厨房节气方法

四、节能减排管理

(一)加强员工培训管理

只有当每位员工都主动做好节约资源的工作,餐饮企业才能成功实现资源的节约。为此,餐饮企业要注意以下三点内容。

(1)重视节约资源的宣传教育工作,提高员工对节能减排工作的紧迫性和重要性的认识,定期对员工进行设备使用培训。

(2)提高全体人员的节能环保意识,积极鼓励员工进行节能减排创新。

(3)对员工的节水、节电、节气行为实施制度化监控。禁止员工用流动水冲融冰冻食品。

(二)提高客人的节能意识

餐饮企业可在餐厅中的公共区域设置节能、低碳宣传角,提高客人的节能意识。

(三)奖励制度

餐饮企业可在员工中开展节能培训和讨论工作,调动员工节能的积极性,并设立员工节能创新奖等。

五、使用能源控制表单

企业可以使用能源控制表单,从而有效地记录能源使用情况,及时发现能源使用中的问题,并及时采取措施予以解决。表4-11和表4-12为企业经常使用的能源控制表单,供读者参考。

表4-11 能源使用情况表

项目 \ 月份		1	2	3	4	5	6	7	8	9	10	11	12	备注
电	本月抄表数													
	上月抄表数													
	本月耗电数													
	电费总计													
水	本月抄表数													
	上月抄表数													
	本月用水数													
	水费总价													
燃气	本月抄表数													
	上月抄表数													
	本月用气数													
	燃气费总价													
合计费用														
营业额														
占营业额%														

表4-12 能源使用情况评估表

餐厅：_____　　　评估日期：_____　　　评估人：_____

项目	评估标准	实际结果
水	（1）清洗间水流量标准：/分 （2）水龙头水流量标准：小于2加仑/分 （3）热水水温标准：82℃ （4）开水水温标准：87℃ （5）最近一次热水器维护标准：1次/月 （6）供水系统漏水检修标准：0处 （7）每月用水情况记录和分析（能源使用情况表）	
电	（1）采用最新色点系统控制照明 （2）采用最新色点系统控制空调 （3）及时更新设备开启、关闭时间表并张贴公布 （4）餐厅用餐区温度检查标准：冬季20℃，夏季26℃ （5）餐厅工作区温度检查标准：冬季20℃，夏季26℃	

项目	评估标准	实际结果
电	（6）冷冻、冷藏货物进货状况检查 （7）最近一次对冷冻、冷藏系统设备的维护保养 （8）最近一次对空调进行保养的时间 （9）电力设备系统漏电检修 （10）每月用电情况记录（能源使用情况表）	
煤气及其他能源	（1）每月煤气使用情况记录（能源使用情况表） （2）当月煤气设施完好 （3）其他能源使用状况，请具体说明	
设备保养日历	（1）设备温度标准符合计划需求 （2）设备清洁度符合计划要求 （3）设备维护、保养记录	
其他	（1）在管理层会议、员工会议上讨论能源使用情况 （2）能源使用图张贴及更新 （3）当月能源费用控制状况是否符合预估要求，如果不符合，要附分析情况及行动计划	

六、编制节能降耗方案

餐饮企业可以编制节能降耗方案，对能源使用予以控制，以下提供一个范本，供读者参考。

【范本】××餐饮企业节能降耗方案 ▶▶▶----------------------------------

××餐饮企业节能降耗方案

一、节约用电

（一）包房

餐饮企业应按开餐时间（11:20或17:20）控制包房灯光。客人未到和走后均开一组灯，客人到来时开所有灯。有窗的房间，特别是在夏天或天气晴朗时不用开灯，等客人到时才开所有的灯。

（二）大厅

在每日开餐前及收餐后，都只打开一组灯。在开餐时（11:20或17:20），将所有灯光打开。在13:00和20:00左右，应根据实际来客情况考虑是否要将天花灯或部分区域的灯关上。如果只余下一两桌客人，那么除关闭天花灯外还要把相邻区筒灯关闭，最后只开一组灯。

（三）传菜部

（1）餐饮企业应在10:00打开库房中的灯，然后在中午及晚上的营业时间中将库房灯关闭。

（2）员工如需在电梯口折叠毛巾，则可打开电梯口的两组灯，待工作完毕后将灯关闭。

（3）在每次翻台打开风机房的灯后，应待桌子运出风机房后立即关灯。

（4）当包房翻台时，应将窗帘拉开，尽量不开灯，冬天可开1~2组日光灯，不开天花灯。

（5）开餐时将过道灯全部打开，收档时随手关闭。

（6）值班人员在最后收档时，应将传菜部的灯全部关闭。

（7）设立部门节能专职人员，不断加强员工节能意识。

（8）人走灯灭，下班时拔掉该拔的插头，关掉电源。

（四）厨房

（1）在高峰期后，关掉部分电器设备，结合具体情况定时关闭抽风机和鼓风机，关闭无人区域的电灯，勤检修电器设备，保证设备良好运转。

（2）在不使用电器设备时，应将其关闭。

（3）设立部门节能专职人员，规范烹调过程。

（4）下班时拔掉厨房中该拔的插头，关闭电源。

（五）其他

（1）收餐后将饮水机、电视机、毛巾柜等电器的插头拔掉。

（2）客人少或天气好时，可只开电梯间一组灯，在无人时只开应急灯。

（3）有客人时才开空调，晚上客人走后可以关闭空调。

二、节约用水

（1）注意客人离开后要关闭水龙头。

（2）在清洗水果等食品时，应尽可能少用水。

（3）冲洗餐具时，要注意及时关闭高压水枪。

（4）严格控制炒菜和洗菜时的用水量。

（5）减少原料解冻降温的用水量，尽量做到自然解冻。

三、节约用气

（1）控制厨房蒸箱、蒸柜的用气量。

（2）平日炒菜时，应注意节约用气，炒菜完毕后拧紧气阀。

第三节　餐具损耗费用控制

一、关于餐具破损

（一）餐具破损规律分析

（1）玻璃器皿和瓷器破损率最高。

（2）楼面使用的小餐具的损耗率较低，厨房使用的大餐具的损耗率较高。

（3）由服务员清洗的餐具的损耗率较低，由洗涤部清洗的餐具的损耗率较高。

（4）由服务员保管的餐具的损耗率较低，由洗涤部管理的餐具的损耗率较高。

（二）餐具破损原因分析

餐具破损的原因主要有两个：一是人为破损，二是因为使用时间长或质量差而造成的自然破损。具体原因如下所述。

（1）餐具没有放稳。
（2）托盘上餐具装得太多，支持不住。
（3）运送餐具时，由于装得太多或不整齐，在经过不平的路面时，导致餐具滑落。
（4）洗碗间餐具台上餐具太多太乱，服务员不方便整理，使餐具继续堆积以致压破或倾倒。
（5）将玻璃杯装入不合适的杯筐中，使杯子因受压或受挤而破损。
（6）生意清淡时，员工打闹嬉戏造成餐具破损。
（7）由于地滑，员工摔倒而造成餐具破损。
（8）餐具叠放太高，由于不稳造成斜倒而破损。
（9）壶类餐具的小配件丢失，如椒盐瓶的皮盖、酱醋壶的盖等。
（10）因装车不正确而受压破损。
（11）员工因心情不好而摔打餐具。
（12）新员工对操作规范还不太清楚，对餐具破损没有意识。
（13）在擦拭餐具时，由于用力过猛，而使餐具损坏。

（三）餐具破损预防方法

（1）将餐具重新归类，按要求放到盆中。一般情况下先洗玻璃器皿，再洗瓷器。清洗盆中最多放3～4个玻璃器皿或放8个左右瓷器。
（2）一个托盘放八套杯具是最安全的。
（3）倘若客人情绪激动时，服务员应适当提醒客人放轻松并移开其面前的餐具。
（4）服务员应加强端托盘平稳度的练习。
（5）应加强新员工对餐具的爱护意识，并安排老员工进行重点指导。

二、关于餐具流失

（一）餐具流失原因

（1）员工无意间将餐具同垃圾一起倒入垃圾桶。
（2）没有及时回收外卖餐具。
（3）其他部门借用后并未归还。
（4）员工或其他人员将餐具拿走。
（5）盘点时不认真，记错数。

（二）餐具流失预防措施

1.餐饮企业内部餐具

（1）坚持使用餐具出入登记本（表4-13），每天营业结束后，由洗涤组和厨房值班人员对在厨房存放的餐具进行盘点，由值班管理人员抽检后签字确认。第二天由会计根据餐具出入登记本填写餐具损耗登记表（表4-14）。

表4-13　餐具出入登记本

值班管理人员：

序号	名称	数量	备注	检查人签名

表4-14　餐具损耗登记表

序号	名称	数量	登记时间	登记人

（2）楼面员工在下班前要填写楼面餐具交接表（表4-15），与管理人员和值班员工交接完毕后才可下班。

表4-15　楼面餐具交接表

台号	交接内容	交接时间	交接人	检查人

2.餐饮企业外部餐具

餐饮企业外部餐具主要指的是被用于送餐或出借的餐具。

如需送餐，则应准确填写送餐餐具登记表（表4-16），一式两联，由双方核定并签字确认。餐具回收时，回收人需认真核对登记记录，如出现餐具短缺情况，则需在第一时间向当值管理人员汇报，并签字确认。

表4-16　送餐餐具登记表

日期：

接单人	下单时间	送餐人	送达时间	送餐客房确认
收餐人	收餐时间	餐具确认	收餐客房确认	领班/主管确认
		齐□　否□		
餐具名称	数量	餐具名称	数量	
备注：				

如果是将餐具出借给其他餐饮企业或相关单位，一定要填写好餐具出借登记表（表4-17），保证记录的准确性，以便及时追回所借餐具。

表4-17　餐具出借登记表

用途：　　　　　　　　　　　　借用单位：

品名	数量	借用日期	归还日期	备注

三、不同部门餐具管理职责

（一）洗涤部

洗涤部要保证从本部门出去的餐具是完好无缺的，这也是保证餐具零破损的基础。
（1）洗碗工检查餐具后，应将残物刷净，并分类存放待洗涤。
（2）在清洗过程中，餐具必须按规格摆放，按秩序清洗。
（3）清洗好或消毒好的餐具必须按规格、大小分类，整齐叠放。
（4）每天下班前，洗涤部值班人员要将餐具存入保洁柜中，且不能将餐具堆放得太高，以防倒塌损坏。

（5）使用筐子装餐具时，餐具不能超过筐子容量的70%。

（6）洗涤部领班要监督洗碗工按规定清洗餐具，当发现餐具破损时，应立即开出报损单。

（二）厨房部

（1）荷台每天在上班时应检查所备餐具有无破损，将已破损的餐具挑出，做好记录并分开存放，然后上报厨师长。

（2）荷台在准备餐具时，如发现某类餐具突然大量缺失，要立即上报厨师长，查明原因。

（3）餐具应专菜专用。

（三）传菜部

（1）传菜部要按要求核对菜品质量及餐具配套情况，并对餐具逐一进行破损检查。

（2）如果发现餐具破损或是菜品与餐具不配套，则应立即退回菜品。

（3）营业期间，传菜组必须协助服务员将用过的餐具传回洗碗间。

（4）传菜员在传递餐具的过程中要小心谨慎，传菜领班需要做好监督工作。

（四）楼面部

（1）服务员在上菜前，要检查餐具是否符合标准。

（2）发现盛装菜品的餐具破损时，楼面部的人员应立即退回菜品并做好记录；如果管理人员发现破损餐具上桌，那么一切责任将由服务员负责。

（3）服务员在收拾餐具时，应轻拿轻放，并严格做到大、小餐具分类摆放。各区域领班负责监督工作。

（4）撤餐员负责检查服务员撤回的餐具是否完整无损。撤餐人员在撤餐时应同值台服务员一同巡视桌面并对餐具的破损情况进行检查。

（5）服务员要保管好自己所负责桌台的小餐具。如果小餐具出现不明原因的损耗，则由服务员自己进行赔偿。

> **特别提示**
>
> 如果是中途撤餐，服务员要请撤餐员检查餐具情况，确保餐具完整无缺。

四、客人损坏餐具的处理

（一）常规处理

客人如在就餐中损坏餐具，则应进行赔偿。服务员要及时为客人换上新的餐具，迅速清理现场，然后委婉地告诉客人需要赔偿。客人没有异议时，服务员需及时通知吧台损坏餐具的数量、名称、赔偿价格、桌号及客人姓名，并将上述信息记录在客人损坏餐具登记表中（表4-18）。

表4-18 客人损坏餐具登记表

日期： 服务员：

客人姓名	客人桌号	餐具品名	餐具数量	赔偿价格	备注

如果是主宾或主人，则要顾及客人面子，在适当时机委婉告诉客人。

赔偿金额按照餐饮企业赔偿规定执行，营业结束后，服务员要及时上报领班，然后申领新餐具，并填写餐具申领表（表4-19）。

表4-19 餐具申领表

日期： 领班：

餐具品名	申领数量	申领时间	负责人

（二）免赔情况

如果客人是老顾客，那么当其不愿赔偿时则可以免赔。当然，倘若客人坚持不赔偿，也可以免赔。但不同的管理人员拥有不同的免赔权限。如10元以下，领班有权免赔；30元以下，主管有权免赔；50元以上，则需要上报经理。

倘若出现免赔情况，相关人员应及时做好登记，填写餐具免赔单（表4-20）。损坏餐具者和餐饮企业管理人员均需在餐具免赔单上签字。免赔情况要写在值班记录上，并在例会时向上级汇报。

表4-20 餐具免赔单

时间：

餐具品名	
餐具数量	
餐具价额	
情形说明：	
备注：	

客人签字： 餐厅负责人签字：

> **特别提示**
>
> 免赔的原则是既要维护餐饮企业利益,又要照顾客人面子,能赔偿时最好赔偿,结果最好使双方都满意。

五、员工餐具管理

(一)赔偿

(1)员工在工作中不慎损坏餐具后,应立即上报领班并申领餐具,可以不立即赔偿,但应先填写员工餐具损坏记录表(表4-21),月底一次性赔偿。

表4-21 员工餐具损坏记录表

日期: 　　　　　　　　　　　　　　　记录人:

员工姓名	班组	餐具品名	餐具数量	餐具价格	备注

(2)员工如是故意(因工作态度不好)损坏餐具,领班有权当场开赔偿单,并且赔偿金额为进价的双倍。

(3)所有赔偿以罚款形式上报餐厅和财务部,并做好记录。

(4)赔偿金额在10元以下的由领班签批;50元以下的由经理签批;50元以上的需要总经理签批。

(5)餐具损耗率按比例分配到各班组,月底盘点时在损耗率之内的班组,可以不对员工进行处罚。超过损耗率时,按餐具进价赔偿。

(6)班组餐具损耗率超过的部分,按进价进行平摊处罚,班组负责人负有连带责任。

(二)奖励

如果班组餐具损耗率在控制范围内,餐饮企业可利用日常处罚餐具所得来奖励餐具保管得好的员工。

六、做好餐具损耗及盘点记录

餐饮企业在每月月底进行餐具盘点,汇总一个月内破损的餐具数量,填写餐具盘点表(表4-22)并在公告栏中向公司所有员工进行展示。在每月月底,制作并填写餐具损耗月报表(表4-23)。

表4-22 餐具盘点表

月份：　　　　　　　　　　　　　　　记录人：

名称	上月数量	本月数量	本月领用	报废	破损	流失	备注
骨碟							
小碗（大）							
汤匙							
味碟							
小钢化杯							
筷子							
烟灰缸							
牙签筒							
红酒杯							
洋酒杯（圆）							
四角杯							
茶杯							
小公杯							
果叉							
公杯							
毛巾碟							
洗手盅							
茶壶							
冰桶							
饭碗							
大水杯							
托盘							
开水瓶							
汤匙							
小汤匙							
茶杯（旧）							
茶杯（新）							
三寸碟							
名片座							
托盘							
日台布							
……							

表4-23 餐具损耗月报表

月份：　　　　　　　　　　　　　　　记录人：

餐具名称	数量	单价	赔偿者	金额	日期

第四节　低值易耗品控制

餐饮企业的低值易耗品包括一次性筷子、餐巾纸、餐巾布、洗涤剂、拖把、地刮子、抹布、皮手套、清洁球、冰盒等。虽然每件物品的价格都比较低廉，但是每个月全部物品总计费用却较大。

一、一次性使用产品控制

一次性使用产品包括餐巾纸、牙签、一次性筷子、洗涤剂、卫生纸等。这些产品价格低，因此，其费用往往被人忽略。

大型餐饮企业对这些物品的消耗较大。要控制一次性使用产品的消费量，就必须做到节约、专人、专管、专盯，计算好其使用量，并填写一次性产品使用每日登记表（表4-24）。

表4-24 一次性使用产品每日登记表

记录人：　　　　　　　　　　　　　　日期：

类别	领用数	领用人	消耗数	浪费数	备注
餐巾纸					
牙签					
一次性筷子					
洗涤剂					
卫生纸					
……					

二、可重复使用产品控制

可重复使用产品包括桌布、口布、小毛巾、陶瓷器具、玻璃器具等。只要掌握正确的使用方法,降低损坏率,延长其使用寿命与次数,就能节约成本。

比如在订购餐具时,不能只考虑其外观,还要考虑其实用性。餐饮企业一定要购买便于保存、运输、洗涤的餐具。盘子应尽可能选择圆形的,因为圆形盘子的使用时间更久。有些形状很特别的餐具很容易碰碎,也会给清洗带来一定的难度,增加报损率。玻璃器皿的选择也应遵循这一点,玻璃器皿易碎,其数量应控制在餐具总数的25%以下。

三、办公用品消耗控制

办公用品包括计算机、日常办公用纸、笔等。计算机应专人专用,尽量减少其维修次数,延长其使用寿命,以降低成本。打印纸可双面使用,笔用完之后可换笔芯,尽量不购买新笔。

餐饮企业在保证正常运转、营业的情况下,应尽可能地节省办公用品费用,并对办公用品的使用情况进行登记。表4-25为餐饮企业常用的办公用品使用登记表,供读者参考。

表4-25　办公用品使用登记表

日期	用品名	数量	用途	签字	备注

第五节　广告宣传费用控制

一个有效的餐饮企业广告可以对潜在客人的消费态度、消费行为产生影响,为餐饮企业产品创造良好的形象并增加销售收入。

一、餐饮企业广告预算

广告预算是餐饮企业和其广告部门对广告活动所需费用的计划和匡算,它规定了在广告计划期内,餐饮企业进行广告活动所需的费用总额、广告的使用范围和广告的使用方法。

(一)广告预算分类

广告预算可以按不同的标准分类。
(1)按广告计划期长短可分为长期广告预算和短期广告预算。
(2)按广告计划期限范围大小可分为总的广告预算和单一商品的广告预算。
(3)按产品所处生命周期阶段,可以分为新产品广告预算和成熟产品广告预算。

此外，按不同广告媒体、不同广告地区，还可以划分为多种不同种类的广告预算。

在广告总预算的指导下，餐饮企业应根据实际情况，将在时间分配上大致确定的广告费用分配到不同的产品、地区、媒体上。表4-26为餐饮企业常用的年度广告预算分配表，供读者参考。

表4-26 年度广告预算分配表

费用项目	时间	第一季度				第二季度				第三季度				第四季度				占预算比例
媒体发布费用	电视																	
	报纸																	
	广播																	
	杂志																	
	路牌																	
	网络																	
	其他																	
制作费用	电视																	
	报纸																	
	广播																	
	杂志																	
	路牌																	
	网络																	
	市场设备																	
	POP、DM等																	
	促销品																	
	市场活动																	
合计																		

（二）广告预算费用项目

一般可以列入广告预算费用项目的具体内容如表4-27所示。

表4-27 广告预算费用项目

序号	项目	说明	费用比例
1	广告媒体费	广告媒体费是指购买媒体的时间和空间的费用	80%～85%
2	广告设计制作费	广告设计制作费是指广告设计人员的报酬、广告设计制作的材料费用、工艺费用、运输费用等	5%～15%

续表

序号	项目	说明	费用比例
3	广告调查研究费	广告调查研究费是指广告的调研、咨询费用,购买统计部门和调研机构的资料所支付的费用,广告效果检测费用等	5%
4	广告部门行政费用	广告部门行政费用是指广告人员的工资费用、办公费用,广告活动的业务费,公关费,与其他营销活动的协调费用等	2%~7%

餐饮企业可以制作一份广告活动预算表(表4-28),对广告费用进行预算。

表4-28 广告活动预算表

制作人:　　　　　　　　　制作时间:

项目		费用	计划执行时间	备注
市场调研费				
广告设计费	报纸			
	杂志			
	电视			
	电台			
	网络			
	其他			
广告制作费	印刷			
	摄制			
	制作			
	其他			
媒体租金	报纸			
	杂志			
	电视			
	电台			
	网络			
	其他			
服务费				
管理费				
其他杂费				
备用金				
预算费用总计				

审核:　　　　　　　　　批准:

（三）广告预算的作用

广告预算是以经费形式说明广告计划；广告预算在财务上决定了广告计划执行的规模和进程。广告预算具有控制广告活动、评估广告效果、规划经费使用、提高广告效率的作用。

二、影响广告预算的因素

餐饮企业在编制广告预算时，除了确定广告费用的范围，明确广告预算的内容外，还必须了解影响广告预算的因素，如图4-9所示。

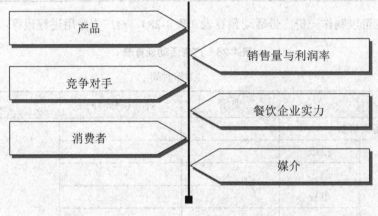

图4-9　影响广告预算的因素

（一）产品

大多数产品在市场上都要经过引入期、成长期、成熟期和衰退期四个阶段，处于不同阶段的同一产品，其广告预算费用有很大的差别，如图4-10所示。

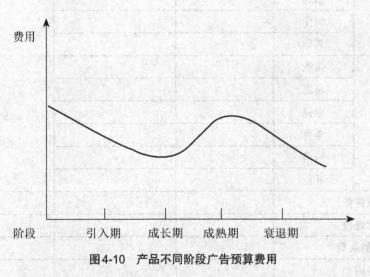

图4-10　产品不同阶段广告预算费用

餐饮企业要在市场上推出一种新的产品，无疑要设定较多的广告预算费用，以使产品被大众所接受。当产品进入成熟期时，其广告预算的费用则应维持在一个稳定的水平上，以保持产品的畅销状态。而产品一旦进入衰退期,其广告预算的费用将大幅削减。

(二)销售量与利润率

餐饮企业为了增加销售量,往往会采取增加广告投入的方式。一般情况下,广告费用增加了,企业的销售量和利润也会相应地增加。反之,如果增加了广告投入,销售量和利润却上不去,那么肯定要挫伤企业的积极性,从而使企业削减广告预算费用。

(三)竞争对手

广告是餐饮企业进行市场竞争的一个手段,广告预算费用的多少也会受到竞争对手的影响。竞争对手之间进行市场竞争,往往以广告宣传的形式表现出来。

> **特别提示**
>
> 在一定程度上,广告的竞争会演变为广告预算费用的竞争。即使竞争对手增加较少的广告预算费用,餐饮企业为与其抗衡,也会迅速做出反应。

(四)餐饮企业实力

餐饮企业的广告预算费用的高低会受其财力状况、技术水平、生产能力和人员素质的影响。
(1)规模大、实力强的餐饮企业可以制定规模较大的广告预算。
(2)如果企业的资金实力较弱、规模较小,则在编制广告预算时,应量力而行,不可盲目求大。

(五)消费者

消费者是市场的主体,也是广告宣传的受众,消费者的行为不仅影响市场的走向,也影响餐饮企业广告预算费用的制定。
(1)当消费者对某种商品较为冷淡时,餐饮企业应该加大对其的广告宣传力度,刺激消费,使消费者逐渐认同该商品。
(2)商品已被消费者认同,在消费者心目中有较高的地位时,餐饮企业可以适当地控制或减少广告预算的规模。

(六)媒介

不同的传播媒介有不同的广告受众、广告效果和媒体价格。
(1)一般来说,电视广告的费用最高,其次是报纸、广播和杂志,因特网上的广告费用相对较低。
(2)由于电视和广播节目的覆盖范围、收视率,报纸、杂志的发行量、权威性和版面等的不同,各种广告的价格费用也有明显差别。

三、广告预算分配

广告预算分配的具体内容如表4-29所示。

表4-29 广告预算的分配

序号	分配标准	说明
1	广告时间	（1）按广告活动期限计算，长期的广告活动有年度广告预算分配；中短期广告活动则有季度、月度的广告预算分配 （2）按广告信息传播时机计算，广告预算的分配要满足市场销售时机要求
2	市场区域	（1）有产品销售基础的地区的广告预算要比新开发地区少，人口密度大的地区的广告预算要比人口密度小的地区多，全国性市场的广告预算要多于地方性市场的广告预算 （2）最基本的广告预算分配应以保证餐饮企业在某地区预计实现的广告目标为基础，广告预算应不少于某产品在该地区维持竞争地位所需要的基本费用
3	广告对象	（1）以工商企业、社会团体用户为对象的广告预算占广告预算费用的比重较小 （2）以最终消费者为对象的广告预算占广告预算费用的比重较大
4	传播媒介	（1）传播媒介之间的分配：根据广告计划所选定的各种媒介分配广告费用 （2）传播媒介之内的分配：根据对同一媒体不同时期的广告需求来分配广告预算费用

四、广告预算控制管理

广告预算在付诸实施后，餐饮企业必须加强对广告预算的有效控制和管理，这样才能达到预定的广告目标，使广告费用用得适度、合理，并避免出现各种偏差。

（一）控制管理的前提

广告预算的管理建立在明确的广告计划之上，广告计划越具体明确，广告预算控制和管理就越有效。餐饮企业倘若不清楚广告规划的目标和计划，就不能合理分配广告预算，更谈不上对广告预算的管理。

（二）广告预算控制管理内容

广告预算控制管理是指以广告计划中的各项目标和指标去衡量广告预算的执行情况，纠正执行过程中的错误。广告预算控制管理是和广告活动同时展开的，只要有广告费用的使用，就有广告预算的控制管理。

五、制作广告预算书

广告预算书一般以图表的形式将广告预算的费用、计划和分配详尽地表示出来。预算书横向分为项目、开支内容、费用和执行时间，纵向为项目的明细分类，如市场调研费、广告设计费、广告制作费、媒体租金、服务费、公关费、促销费等。广告预算书后面一般还附加一段说明文字，对预算书的内容进行解释。

广告预算书的格式和内容不能千篇一律，要视具体的业务项目而定。有的项目也可具体化，如其他杂费开支一栏可具体分为：邮电、运输、差旅、劳务等费用；也可增加项目，如广告机构办公费或管理费、人员工资或者服务费等。广告预算书的基本格式如表4-30所示。

表4-30　广告预算书

预算委托单位：　　　　　　　　　　　　　负责人：
预算单位：　　　　　　　　　　　　　　　　负责人：
广告预算项目：　　　　　　　　　　　　　　期限：
广告预算总额：　　　　　　　　　　　　　　预算员：
广告预算时间：　　　　　　　　　　　　　　预算书编号：

项目	开支内容		费用	执行时间
市场调研费	1. 文献检索			
	2. 实地调查			
	3. 研究分析			
广告设计费	1. 报纸			
	2. 杂志			
	3. 电视			
	4. 电台			
	5. 其他			
广告制作费	1. 印刷			
	2. 摄制			
	3. 工程			
	4. 其他			
媒体租金	1. 报纸			
	2. 杂志			
	3. 电视			
	4. 电台			
	5. 其他			
公关促销费	1. 公关			
	2. 促销	A市场		
		B市场		
		C市场		
		D市场		
服务费				
管理费				
其他杂费				
机动费用				
总计				

第六节 外包业务费用控制

一、员工招聘外包

小型餐饮企业一般没有专门的人力资源部，员工招聘往往由经营者亲自负责。如果是大型餐饮企业，则会有专人负责员工招聘。不过，现在许多公司往往采取招聘外包，将招聘人员的要求提供给招聘公司，然后由招聘公司负责招聘员工。

（一）招聘外包服务公司

餐饮企业可以请专门的招聘外包服务公司负责员工的招聘。

正规招聘外包服务公司拥有精通餐饮行业的招聘顾问、实力强大的执行顾问以及高效的复合式招聘工具，能够为客户量身定做全方位的整合招聘解决方案，让客户享受高质量的服务，帮助客户单位迅速填补空缺职位，最终使餐饮企业的生产力和业绩得到提高。

（二）如何委托招聘

1. 什么是委托招聘

委托招聘是指企业将自己的招聘业务部分或者全部委托给招聘服务公司。委托招聘根据委托周期的长短分为一个月内的"短期"、半年内的"中期"和一年内的"长期"三种委托。根据服务内容可以分为"半委托"和"全委托"两大类。下面是××餐饮企业的委托招聘函范本，供读者参考。

🔍【范本】 ××餐饮企业委托招聘函 ▶▶▶------------------------------

××餐饮企业委托招聘函

甲方：_____餐饮连锁企业

乙方：_____人力资源有限公司

甲方因业务发展需要，现委托乙方代为招聘，招聘职位的具体内容和要求如下：

一、招聘职位

职位：_____ 人数：_____

入职时间：_____ 学历：_____

性别：_____ 年龄：_____

专业：_____ 薪资水平：_____

二、职位要求

1._____

2. _____
3. _____

三、必备技能或资格

1. _____
2. _____
3. _____

四、语言要求

1. _____
2. _____
3. _____

甲方联系人：_____

---

2. 委托招聘收费

招聘服务公司为客户提供招聘信息发布、简历接收、简历筛选、初试通知、初试和评估、提交候选名单、协助安排复试等系列化、可选择的服务内容，客户可以根据自身需要及业务深度，自由选择并决定招聘服务公司在招聘业务中的参与程度。这个程度也决定了招聘服务公司付出的成本和服务收费金额的高低。图4-11是某招聘服务公司招聘流程，供读者参考。

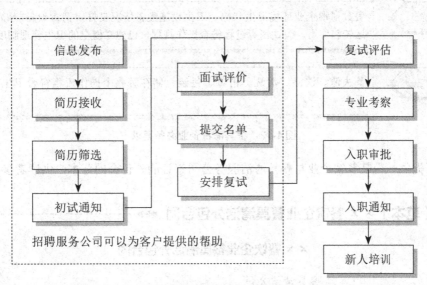

图4-11　某招聘服务公司招聘流程

3. 委托招聘好处

委托招聘的好处是可以简化业务，降低风险。

餐饮企业可以放心地将部分流程交给招聘服务公司来处理，使人力资源部门可以将精力集中于人力利用效率、员工发展、团队稳定性和文化传承等核心业务上，摆脱无休止的单纯招聘的困扰，在最短的时间内提供用人保障，降低待岗产生的隐性成本。

> **特别提示**
>
> 如非急需外包招聘，企业可用最简单的方法，即在餐饮企业门口贴上一张简单的招聘启事来招聘员工。如果害怕无人应聘，那么可以在网络上发布招聘信息。

二、餐具清洁外包

如今，许多餐饮企业都使用由消毒企业提供的餐具，这样可以省去许多成本。如某中等规模的餐饮企业，每天使用1 000套餐具，需要聘请两名月薪为1 000元的工人，相应的水电费、洗洁剂费用为2 000多元。不计餐具成本，每月就要支出4 000多元。将餐具外包给消毒公司后，每套餐具进价为0.5元，提供给消费者的价格是1元，以每月使用3万套计算，仅餐具一项就获利1.5万元。

但是，餐饮企业一定要选择与正规的餐具消毒企业合作，该餐具消毒企业必须符合以下几点要求，如图4-12所示。

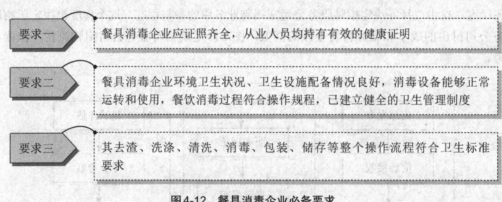

图4-12　餐具消毒企业必备要求

以下提供一份某餐饮企业与餐具清洁服务公司签订的外包合同范本，供读者参考。

【范本】××餐饮企业餐具清洁外包合同

××餐饮企业餐具清洁外包合同

甲方：_____餐具清洁公司

乙方：_____餐饮连锁企业

为了让消费者用上放心餐具，经甲乙双方平等、友好协商，达成如下协议。

一、甲方责任

（1）遵守政府、卫生部门的相关规定和要求，配合乙方做好消毒餐具的使用、管理等工作。

（2）根据乙方餐具用量，合理调配餐具存量。原则上当天用当天送，不得将餐具留存三天以上。

（3）甲方收送员应配合乙方共同记录送达的餐具数、收回的餐具数和丢失数，以便于双方结算服务费。

（4）倘若客人因对餐具不满而投诉，甲方应积极处理问题，尽量减少双方损失。

二、乙方责任

（1）遵守国家现行的食品卫生法以及相关的餐具消毒卫生管理规范，接受政府卫生部门对餐具的质量监督和管理。

（2）保证消毒餐具卫生质量达标，如餐具破损或未拆膜的消毒餐存在质量问题，则由乙方承担所有费用。

（3）提供相关部门的相关文件复印资料，以便甲方作为推广使用消毒餐具的宣传依据。

（4）提供优质服务，树立"质量第一、服务第一"的思想，努力为甲方做好服务工作。

（5）有义务调整待用餐具比例，以确保餐具未过保质期。

（6）负责消毒餐具的收送、盘底、清查、复核和结算工作。

三、品种数量

根据乙方需要，甲方首批提供的六件套餐消毒餐具为：饭餐具、平碟、水杯、茶盅、筷子、调羹。

四、费用收取

根据甲乙双方协商，甲方向乙方收取服务费。其收费标准为：套餐餐具每套人民币××元。

五、结算方式

月结，即每月结算一次，每月××日为结算对账时间，根据上月实际用量，每月××日按实结付。由甲方委派专职人员，凭双方签字认可的收送单结付。

六、合同期内，不允许单方面终止合同，任何一方未经另一方同意即终止合同的行为均视为违约，按本合同第七条执行。

七、本合同经签字生效后，双方如有违反本合同条款的行为均为违约行为，被违约方除执行合同相应条款外，还有权向违约方收取在合同期内预计金额5%的违约金。

八、本合同一式两份，双方各执一份。其他未尽事宜由双方友好协商解决。合同一经双方签字，即具有法律效力。合同期满后经双方协商甲方可优先续约。

九、合同有效时间：从____年__月__日至____年__月__日，合同有效期为____月。

甲方（盖章）：_____ 乙方（盖章）：_____

法定代表人：_____ 法定代表人：_____

委托代理人：_____ 委托代理人：_____

地址：_____ 地址：_____

电话：_____ 电话：_____

手机：_____ 手机：_____

签订日期：_____年___月___日   签订日期：_____年___月___日

第七节　其他支出费用控制

一、最大程度利用租金

餐饮企业租金是需要每月支付的，是一个重要支出部分。餐饮企业在签订房屋租赁合同时，要明确租金的相关事项。

（一）延长营业时间

由于每月租金是固定的，因此，餐饮企业可以通过延长营业时间来增加每小时租金的利用率。如麦当劳、永和大王等都是24小时营业。当然，不是所有的餐饮企业都适合24小时营业，这要由餐饮企业的类型、周围环境等因素来决定。

（二）提高翻台率

提高翻台率，可以增加有效用餐客人数，从而增加餐饮企业收入。提高翻台率的方法如表4-31、图4-13所示。

表4-31　提高翻台率的方法

序号	方法名称	具体操作	备注
1	缩短客人用餐时间	从客人进入到离开每一个环节只要缩短一点时间，客人用餐时间就可以缩短，当然翻台时间自然缩短	要求每个员工都要尽力在自己工作范围内提高效率，缩短客人等待时间
2	候餐增值服务	对客人殷勤款待，增加免费服务，如免费饮用茶水、冰粉；免费擦鞋；免费报刊杂志阅览；免费茶坊休息等	迎宾和礼宾的工作重点是留住客人，让客人等位，避免客人流失
3	运用时间差	（1）运用对讲机，在确定有台位买单的情况下，等位区的迎宾或礼宾就可以开始为客人点菜 （2）该桌值台服务员会在桌上放置"温馨提示牌"，一方面提醒客人小心地滑并带好随身物品，另一方面提醒其他员工，准备好翻台工具	大厅与外面等位区的配合是关键

续表

序号	方法名称	具体操作	备注
4	设置广播	（1）餐饮企业设置广播，每隔10分钟广播一次，内容安排可以是感谢客人用餐，提醒客人就餐的注意事项等 （2）第一次广播播放选在大厅台位只剩几桌的情况下，全店员工都会知道马上要排队，应该加快工作速度	广播的作用不仅是在提醒客人，更重要的是在提醒员工
5	提前为下一环节做准备	（1）在客人点菜后，应及时询问其是否需要添加主食或小吃，如果不需要的话服务员就开始核单并到吧台打单 （2）当客人不再用餐时，应提前将翻台餐具准备好 （3）买单后客人如未立即离开，可征询客人的意见，先清收台面和椅套围裙	每一个服务人员在服务中，都应该为下一环节提前作准备
6	效率与美感	可以选择由传菜组员工专门负责翻台的清洁卫生工作，传菜组员工不仅工作速度快，而且动作优美	特别注意翻台卫生，既要效率，也要注意美感
7	全员动员	（1）由服务员负责缩短客人用餐时间，勤分鱼、分菜，勤做台面 （2）传菜员和保洁员负责缩短收台时间，要做到收台迅速，迅速清理卫生 （3）后厨人员负责缩短上菜时间，出品时间应快速、准确 （4）管理人员负责巡台协调，随时注意各桌客人用餐情况，对各部门没有做到位的情况进行提醒	只有全员参与，才能全方位缩短时间，在翻台高峰期，各部门甚至要交叉帮忙，以翻台为前提

图4-13 餐厅计时漏斗

餐厅里的计时漏斗有助于提高翻台率。

（三）开外卖口

餐饮企业如果店面比较大，可以选择开设外卖口，既可卖自己餐饮企业的产品，也可以租给其他人，比如有的餐饮企业门口就有卖馋嘴鸭、珍珠奶茶等客人可能需要的食品或饮料。当然，大家最熟悉的莫过于麦当劳的甜品站了。

但是，外卖口的开设一定不要影响餐饮企业的整体形象，或是造成喧宾夺主的效果。

（四）处理好与房东的关系

做生意讲究"和气生财"，因此，餐饮企业应处理好与房东的关系。如果与房东关系不好，其可能会比较苛刻；而如果与房东关系很好，那么许多事情就会比较好处理，比如免费使用房东的库房、车棚等，这可以节约一大笔开支。

（五）租金交付时间

租金尽量不要按年交付，最好是半年一交或按季交，因为如果按年付房租的话，一旦由于经营不善或其他原因导致餐饮企业无法经营下去，已交付的房租就要不回来了，会造成资金浪费。

二、刷卡手续费和微信（支付宝）提现手续费

许多餐饮企业都可以刷卡消费。这样做在为顾客提供方便的同时也产生了刷卡的手续费，而手续费要由商家自己支付。餐饮业的刷卡手续费为2%，相对于超市、商场等零售行业的平均不高于0.8%手续费来说是比较高的。

因此，当客人结账时，服务员或收银员应尽量建议客人支付现金和支付宝（微信）支付。支付宝和微信收款时并不需要支付手续费，但也要注意，在将支付宝和微信中的钱提现的时候是需要支付手续费的。2016年3月1日起，微信支付对转账功能停止收取手续费。同日起，对个人用户的微信零钱提现功能开始收取手续费。收费方案：按提现金额的0.1%收取手续费，每笔至少收取0.1元。每位用户可获赠1 000元免费提现额度。个人用户的微信零钱提现收费并非微信支付追求营收之举，而是用于支付银行收取的手续费。当然，企业版的尚未有提现收取手续费的规定。餐饮企业在使用支付宝和微信收款的时候，尽量不要因贪图方便而使用个人用户版。

三、折旧费

餐饮企业折旧费是一项经常性支出项目，因此要进行合理控制。一般来讲，餐饮企业折旧主要针对的是各种固定资产。

作为固定资产的营业设施，其价值会一年一年地逐年消耗的，需要进行折旧处理。又因为其收益也是逐年取得的，需要考虑货币的时间价值。

资产折旧额直接影响着餐饮企业的成本、利润以及现金流量，是一项很关键的财务数据。正确地计提固定资产折旧，是实现固定资产的价值补偿、实物更新和保证餐饮企业持续经营的必要条件。

折旧计算方法有许多种，会计报告中应该说明此报告究竟采用了哪些折旧计算方法，并且餐饮企业所使用的折旧方法必须相对稳定，不可随意更换。计提折旧的方法有直线折旧法、工作量法、年数总和法、余额递减法等。

（一）直线折旧法

最简单的折旧计算方法是直线折旧法，又称平均年限折旧法，是按照固定资产的可使用年限每年提取同等数量的折旧额。其计算公式为：

$$年折旧额 = \frac{固定资产原值 - 估计残值}{固定资产预计可使用年限}$$

如某餐饮企业购入一台中式炊具，购入成本为8 000元，运输安装成本500元，预计该设备可使用年限为10年，估计残值为500元。根据上面的公式，便能计算出该中式炊具每年折旧额应是：

年折旧额＝（8 500－500）÷10＝800（元）

直线折旧法的前提是假设固定资产在整个使用期间内各营业期的损耗完全一致，因此，计算出来的结果往往与实际情况有较大的差距，但是这种计算方法较为简单，因此被餐饮企业广泛使用。

（二）货币时间价值

固定资产的价值是在其寿命期中逐年消耗的，同时这种投资的回收也是在一段时间里逐年得到的，由于货币有时间价值，即不同年份所得到的收益价值不同，今天得到的5 000元收益和一年后得到的5 000元收益，尽管数额相同，但是它们的价值明显不同，因为如果将今天所得到的5 000元存入银行或进行投资，在一年后它的价值至少是5 000元再加上一年利息额，这里的利息增值就体现了货币的时间价值。

为计算简便，假设投资回报率是10%，以1 000元本金连续存三次，即每存满一年后取出再次存入，各年的价值计算如下。

一年后价值：$1\,000 \times (1+10\%) = 1\,110$（元）

二年后价值：$1\,000 \times (1+10\%) \times (1+10\%) = 100 \times (1+10\%)^2 = 1\,210$（元）

三年后价值：$1\,000 \times (1+10\%)^3 = 1\,331$（元）

四、有效控制停车费

就餐免费泊车，在车位紧张、停车难的城市中一直是很多餐饮企业揽客的普遍招数。但是免费泊车却也是有成本的，这方面控制好了则是一笔不少的开支。

（一）餐饮企业自有停车场

如果餐饮企业有自己的停车场，那么停车费的管理会比较简单，只需要安排保安人员进行管理就可以了。

停车场常见问题处理

在餐饮企业门口的停车场中,经常会发生一些摩擦碰撞事件,有些小偷也在打车子里面财物的主意,因此餐饮企业需要做好各项应对措施。

(1)停车场出具的收款收据上应标示"车辆丢失风险自负,停车场概不负责"的声明,作出风险警示(泊车风险警示是符合我国《消费者权益保护法》规定的。该法第十八条第一款规定:"经营者应当保证其提供的商品或者服务符合保障人身、财产安全的要求。对可能危及人身、财产安全的商品和服务,应当向消费者作出真实的说明和明确的警示,并说明或标明正确使用商品或者接受服务的方法以及防止危害发生的方法。"据此规定,经营者不仅要提供安全的服务,而且对可能发生的危害要作出明确的警示,停车场经营者提示的"车主自负泊车风险"正是法律所需要的,经营者必须作出"风险警示")。

(2)停车场入口应设立大型警示牌,此牌应相当醒目,让车主一眼就可以看见。内容可为提示其保管好贵重物品,特别是现金等,以及"车辆丢失风险自负,停车场概不负责"的声明。

(3)咨询当地有关法律部门,了解发生此类事件应该怎样解决,有没有什么别的方法让餐饮企业的损失减少到最低。

(4)如有必要在停车场里安装摄像头,那么在保安室与值班经理的办公室中都应该接入一个显示端。

(二)租用停车场

许多餐饮企业都是通过租用停车场来为客人提供停车服务的,因此需要支付租用停车场的费用。

因此餐饮企业在租用停车场时,一定要与对方签订停车场租用合同。以下是某餐饮企业停车场租用合同范本,供读者参考。

【范本】××餐饮企业停车场租用合同

××餐饮企业停车场租用合同

甲方:_____物业管理公司   乙方:_____

法定代表人:_____   法定代表人:_____

住址:_____   住址:_____

邮编:_____   邮编:_____

联系电话:_____   联系电话:_____

1.乙方餐饮企业因规模扩大、顾客人数增多，因此需要更多停车位置，特向甲方租用停车场地。

2.根据《中华人民共和国合同法》《中华人民共和国房屋出租条例》及其他有关法律、法规的规定，出租方和租借方在平等、自愿、协商一致的基础上就停车场租用事宜经协商一致达成停车场租用合同，合同如下：

第一条　租借方向出租方租借停车用地为_____平方米，地点：_____。

第二条　交租方式为由银行办理转账入户，甲方账户为：_____。

第三条　出租金额应按月计算，而每月_____日被定为交租日期，租金为每月_____元人民币，交租期限不得超过每月的_____日。

第四条　租借方如逾期付款，每逾期一日按_____%计算利息。

第五条　乙方对其车辆自己行使保管责任。

第六条　乙方除了停放其车队的车辆外，还有权对外经营车辆保管业务。

第七条　乙方自行办理消防、公安、工商、税务等一切相关的法律手续。

第八条　如乙方延迟两个月未交清租金，合同将自动解除，甲方可收回场地。

第九条　水电费由乙方自理。

第十条　租借方对该土地仅作停车用地使用，并没有出售权，在使用期间不得擅自改变土地用途，否则要负责租借方的一切经济损失。

甲方（盖章）：_____　　乙方（盖章）：_____

法定代表人（签字）：_____　　法定代表人（签字）：_____

_____年___月___日　　　　　　　_____年___月___日日

签订地点：_____　　签订地点：_____

五、减少修缮费

餐饮企业的房屋需要修缮，由此会产生修缮费用。因此需要在平时注意保养，减少修缮次数，从而减少修缮的费用。

同时，在签订租赁合同时，餐饮企业要注意明确房屋修缮费用如何支付。合同中应注明所租房屋及其附属设施的自然损坏或其他属于出租方修缮范围的，出租人应负责修复。承租人发现房屋损坏，应及时报修，出租人在规定时间内修复。因承租人过错造成房屋及其附属设施损坏的，由承租人修复赔偿。

此外一定要爱护并合理使用房屋及其附属设施，尽量不要私自拆改、扩建或增添，如果确实需变动的，必须征得出租人同意，并签订书面协议。

第五章
餐饮企业会计核算

导读

会计核算也称会计反映,以货币为主要计量尺度,对会计主体的资金运动进行的反映。餐饮企业的会计核算主要是指对餐饮企业已经发生或已经完成的经济活动进行的事后核算,也就是会计工作中记账、算账、报账的总称。

第一节 货币资金核算

货币资金是指餐饮企业在生产经营过程中处于货币状态的那部分资金,是流动性最强的一项资产,是流动资产的重要组成部分,是餐饮企业进行生产经营活动的基本条件。

货币资金包括现金、银行存款及其他货币资金。货币资金的内容如图5-1所示。

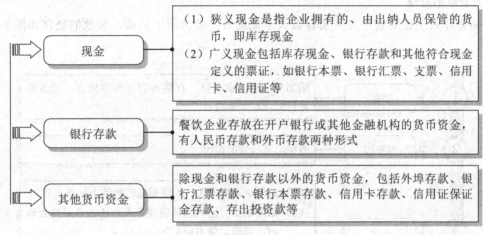

图5-1 货币资金的内容

一、现金核算

(一)核算

现金是资产核算的首要工作,其核算一般包括总分类核算和明细核算。

1.总分类核算

根据相关财会法规的规定,企业应设置"库存现金"账户,借方登记增加数额,贷方登记减少数额,期末余额在借方,反映期末库存现金的实有数。

总分类核算从收入和支出两方面进行。库存现金的总分类核算如图5-2所示。

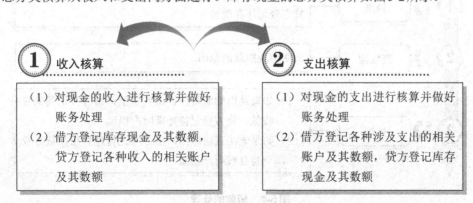

图5-2 库存现金的总分类核算

2. 明细核算

明细核算主要针对现金的各种日记账，一般由出纳人员做好每日的登记核对，月末时要与会计的总账进行核对。

（二）库存现金的清查

为及时发现现金是否有漏记、错记、贪污等情形，会计应定期或不定期对库存现金进行清查，通常采用实地盘点的方法进行账实核对。

1.长款的处理

如会计人员在清查中发现实存数大于账面数，就出现了长款，长款的处理如图5-3所示。

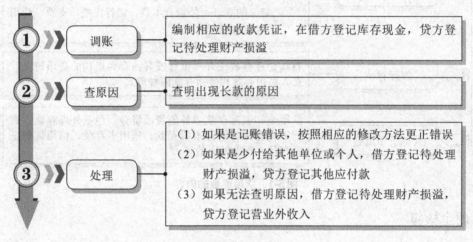

图5-3　长款的处理

2.短款的处理

如会计人员在清查中发现实存数小于账面数，就出现了短款，短款的处理如图5-4所示。

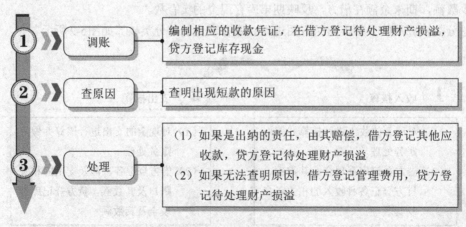

图5-4　短款的处理

（三）现金核算的账务处理

现金核算的账务处理见表5-1。

表5-1 现金核算的账务处理

业务			账务处理
从银行提取现金			借：库存现金（按支票存根记载的金额） 贷：银行存款
职工差旅费	预支出差费用		借：其他应收款等（按实际借出金额） 贷：库存现金
	收到交回的剩余款		借：库存现金（按实际收回的现金） 　　管理费用（按应报销的金额） 贷：其他应收款（按实际借出的现金）
现金清查	盘点现金账款不符	现金溢余	借：库存现金 贷：待处理财产损溢——待处理流动资产损溢
		现金短缺	借：待处理财产损溢——待处理流动资产损溢 贷：库存现金
	现金溢缺处理	现金溢余	（1）应支付给有关单位或人员的 借：待处理财产损溢——待处理流动资产损溢 贷：其他应付款——应付现金溢余 （2）无法查明原因的 借：待处理财产损溢——待处理流动资产损溢 贷：营业外收入——现金溢余
		现金短缺	（1）由责任人赔偿的 借：其他应收款——应收现金短缺款 贷：待处理财产损溢——待处理流动资产损溢 （2）由保险公司偿还的 借：其他应收款——应收保险公司赔款 贷：待处理财产损溢——待处理流动资产损溢 （3）无法查明原因的 借：管理费用——现金短缺 贷：待处理财产损溢——待处理流动资产损溢

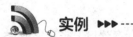
实例

某餐饮企业2017年12月发生的部分现金业务及处理如下。

（1）12月1日，开出现金支票，从银行提取40 000元备用，其会计分录如下。

借：库存现金　　　　　　　　　　　　　　　　　　　　　　40 000
　　贷：银行存款　　　　　　　　　　　　　　　　　　　　40 000

（2）12月5日，当天实现营业额23 852元，其中菜品收入20 052元，酒水收入3 800

元，其会计分录如下。

  借：库存现金   23 852
    贷：主营业务收入——菜品收入   20 052
        ——酒水收入   3 800

（3）12月5日，办公室工作人员王平出差，预借差旅费8 000元，付给现金，其会计分录如下。

  借：其他应收款——王平   8 000
    贷：现金   8 000

（4）12月10日，王平出差回来报销差旅费7 200元，退回现金800元，其会计分录如下。

  借：管理费用——差旅费   7 200
    库存现金   800
    贷：其他应收款——王平   8 000

（5）12月15日，将现金35 000元存入银行，其会计分录如下。

  借：银行存款   35 000
    贷：库存现金   35 000

（6）12月31日，库存现金盘点发现现金溢余300元，无法查明原因，其会计分录如下。

  借：库存现金   300
    贷：待处理财产损溢——待处理流动资产损溢   300
  借：待处理财产损溢——待处理流动资产损溢   300
    贷：营业外收入——现金溢余   300

二、银行存款核算

（一）银行存款核算的要求

1. 收付核算

对于银行存款的收付，餐饮企业要进行序时核算和分类核算，一方面由出纳每日认真做好日记账，并定期与会计的总账进行核对；另一方面设立银行存款总分类账户，由会计进行登账管理。

2. 清查

银行存款的清查主要是将日记账与银行对账单定期核对，由于银行存款日记账是出纳登记保管，因此，与银行的对账工作主要由出纳完成。

（二）银行存款的账务处理

银行存款的账务处理见表5-2。

表 5-2 银行存款的账务处理

序号	业务	会计分录
1	将现金存入银行	借：银行存款 　贷：库存现金
2	收取银行存款利息	借：银行存款 　贷：财务费用
3	收回应收款项	借：银行存款 　贷：应收账款（或应收票据）
4	收回其他应收暂付款项	借：银行存款等 　贷：其他应收款
5	收到供应商因不履行合同而赔偿的损失款	借：银行存款 　贷：营业外收入
6	收到实现的营业收入	借：银行存款 　贷：主营业务收入 　　应交税费——应交增值税（销项税额）
7	缴纳税金	借：应交税费 　贷：银行存款
8	支付购买物资的价款和运杂费	借：在途物资 　　应交税费——应交增值税（进项税额） 　贷：库存现金（或银行存款、其他货币资金）

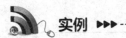

实例

某餐饮企业2017年12月发生的部分业务及处理如下。

（1）12月5日，将库存现金36 000元存入银行，其会计分录如下。

借：银行存款　　　　　　　　　　　　　　　　　　　　　　36 000
　贷：库存现金　　　　　　　　　　　　　　　　　　　　　　36 000

（2）12月10日，从银行取得短期借款400 000元，其会计分录如下。

借：银行存款　　　　　　　　　　　　　　　　　　　　　　400 000
　贷：短期借款　　　　　　　　　　　　　　　　　　　　　　400 000

（3）12月11日，提取库存现金64 000元用于发放上月的工资，其会计分录如下。

借：库存现金　　　　　　　　　　　　　　　　　　　　　　64 000
　贷：银行存款　　　　　　　　　　　　　　　　　　　　　　64 000

借：应付工资　　　　　　　　　　　　　　　　　　　　　　64 000
　贷：库存现金　　　　　　　　　　　　　　　　　　　　　　64 000

（4）12月12日，收到A公司转账支票一张，金额为10 682元，偿还上月所欠餐费，其会计分录如下。

借：银行存款　　　　　　　　　　　　　　　　　　　　　　10 682
　贷：应收账款——A公司　　　　　　　　　　　　　　　　　10 682

（5）12月13日，企业接待A公司员工安排会餐，营业额为15 600元，收到转账支票一张，其中菜品收入10 000元，酒水收入5 600元，其会计分录如下。

  借：银行存款   15 600
   贷：主营业务收入——菜品收入   10 000
        ——酒水收入   5 600

（6）12月22日，采购食材一批，以银行存款支付食材价款8 000元，食材已验收入库，其会计分录如下。

  借：原材料   8 000
   贷：银行存款   8 000

（7）12月28日，收到C公司汇来所欠的餐饮费5 850元，已存入银行，其会计分录如下。

  借：银行存款   5 850
   贷：应收账款——C公司   5 850

三、其他货币资金核算

（一）其他货币资金的内容

其他货币资金包括企业的外埠存款、银行汇票存款、银行本票存款、信用证存款、信用卡存款和存出投资款等。

其他货币资金的内容如图5-5所示。

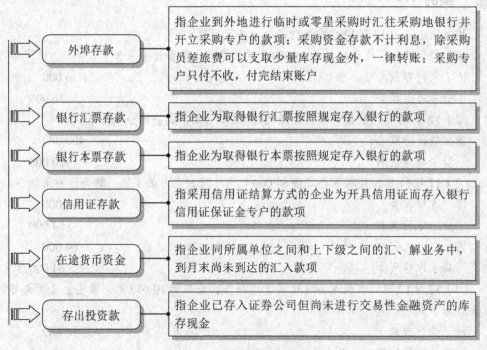

图5-5　其他货币资金的内容

（二）其他货币资金的账务处理

在核算中，企业应设置"其他货币资金"账户，借方登记其他货币资金的增加数，贷方登记其他货币资金的减少数，余额在借方，表示其他货币资金的结存数额。其他货币资金的账务处理见表5-3。

表5-3 其他货币资金的账务处理

序号	项目	业务	会计分录
1	外埠存款	汇往采购地开立专户	借：其他货币资金——外埠存款 　　贷：银行存款
		企业收到采购员交来发票账单等报销凭证时	借：材料采购（或原材料、在途物资） 　　应交税费——应交增值税（进项税额） 　　贷：其他货币资金——外埠存款
		采购地银行将多余款项转回当地银行结算户时	借：银行存款 　　贷：其他货币资金——外埠存款
2	银行汇票存款	企业取得银行汇票后，根据银行盖章退回的委托书存根联	借：其他货币资金——银行汇票 　　贷：银行存款
		企业用银行汇票与销货单位结算购货款	借：材料采购（或原材料、在途物资） 　　应交税费——应交增值税（进项税额） 　　贷：其他货币资金——银行汇票
		若有多余款项退回时	借：银行存款 　　贷：其他货币资金——银行汇票
3	存出投资款	存出投资款时	借：其他货币资金——存出投资款 　　贷：银行存款
		用存出投资款购入金融资产	借：交易性金融资产 　　贷：其他货币资金——存出投资款

实例

（1）某餐饮企业到外地零星采购干货，汇往采购地银行开立采购专户结算款项120 000元，其会计分录如下。

借：其他货币资金——外埠存款　　　　　　　　　　　　　120 000
　　贷：银行存款　　　　　　　　　　　　　　　　　　　120 000

（2）收到采购员交来的购货发票等报销凭证，货款100 000元，增值税额17 000元，干货按实际成本核算，其会计分录如下。

借：在途物资　　　　　　　　　　　　　　　　　　　　　100 000
　　应交税费——应交增值税（进项税额）　　　　　　　　　17 000
　　贷：其他货币资金——外埠存款　　　　　　　　　　　117 000

（3）上例若货款为120 000元，增值税额20 400元，其会计分录如下。

```
借：在途物资                                          120 000
    应交税费——应交增值税（进项税额）                    20 400
    贷：其他货币资金——外埠存款                        140 400
```

（4）采购员完成采购业务，将多余的外埠存款转回，其会计分录如下。

```
借：银行存款                                            3 000
    贷：其他货币资金——外埠存款                          3 000
```

（5）从当地银行补汇采购业务结算不足款项，其会计分录如下。

```
借：其他货币资金——外埠存款                             20 400
    贷：银行存款                                       20 400
```

（6）该餐饮企业将银行存款200 000元存入证券公司，以备购买有价证券，其会计分录如下。

```
借：其他货币资金——存出投资款                          200 000
    贷：银行存款                                     200 000
```

（7）用存出投资款200 000元购入股票，其会计分录如下。

```
借：交易性金融资产                                    200 000
    贷：其他货币资金——存出投资款                      200 000
```

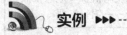 实例 ▶▶▶

某餐饮企业是甲公司的定点招待餐厅，每月月底结账。2017年2月13日甲公司在该餐厅招待员工年终聚餐，共花费8 000元，其中菜品5 700元，酒水2 300元，其会计分录如下。

```
借：应收账款——甲公司                                   8 000
    贷：主营业务收入——菜品收入                          5 700
                 ——酒水收入                           2 300
```

第二节　应收款项核算

一、应收账款的核算

（一）应收账款的确认

应收账款的确认包括应收账款范围的确认和入账时间的确认两项内容。

餐饮企业要正确进行应收账款的核算，首先要明确应收账款的范围。应收账款是指餐饮企业因销售商品、材料或提供劳务等向购货或接受劳务单位收取的款项，按其性质应收账款主要包括三部分：一是应收的货款或劳务款；二是应收的增值税款；三是应向购货方收取的代垫运杂费款。

餐饮企业对于应收账款应在收入实现时确认入账。

(二) 应收账款的计量

应收账款的计量是指应收账款应按什么金额入账。应收账款通常应按实际发生额计价入账，但在确认应收账款的入账价值时，应当考虑商业折扣和现金折扣等因素。

1.商业折扣

商业折扣是指餐饮企业为鼓励客户多消费而在菜品、饮品标价上给予的扣除。商业折扣一般用百分比表示，如5%，表示每100元售价可享受5元的折扣，通常买得越多，折扣越大，是餐饮企业常用的促销手段之一。由于商业折扣在销售发生时已经发生，对应收账款的入账金额没有影响，因此餐饮企业应按扣除商业折扣后的净额确认销售收入和应收账款，具体有以下两种情况。

（1）餐饮企业对于在没有商业折扣情况下发生的应收账款，按应收的全部金额入账。

（2）在有商业折扣的情况下，应按扣除商业折扣后的金额入账。

2.现金折扣

现金折扣是指餐饮企业为鼓励客户早日偿付消费款而向客户提供的债务扣除。现金折扣一般用符号"折扣/付款期限"来表示，如2/10、1/20、n/30，表示客户如在10天内付款可享受2%的折扣，在10～20天付款可享受1%的折扣，超过20天付款无折扣，延期付款的最长期限是30天。

由于现金折扣发生在交易之后，因此，在交易日，应收账款和营业收入的入账金额就有两种选择：是按营业收入的总额入账，还是按扣除现金折扣后的净额入账？对此，会计上相应有两种处理方法，一种是总价法，另一种是净价法。

（1）总价法是指在业务发生时，应收账款和营业收入按未扣除现金折扣前的实际售价（总价）作为入账价值，实际发生的现金折扣视作销货企业为尽快回笼资金而发生的理财费用（即现金折扣在实际发生时计入财务费用）。总价法可较好地反映企业销售的总过程，但在购货方享受现金折扣的情况下，会高估应收账款和销售收入。

（2）净价法是指在业务发生时，应收账款和营业收入按扣除现金折扣后的金额作为入账价值，用客户超过折扣期限而多收入的金额冲减财务费用。

根据我国《企业会计制度》的规定，企业应收账款的入账价值应当按总价法确认。

除上述商业折扣和现金折扣外，餐饮企业售出的商品还可能会发生销售退回或折让。发生销售退回或折让时，应冲减已入账的应收账款和销售收入。

3.套餐团购和电子券

套餐团购和电子券是近年来随着网络的发展而发展起来的，许多餐饮企业也借助网络开展类似的活动。

消费者在团购网站上根据消费需求填写订单，通过网上银行付款后获得对服务的消费权，团购网站会将团购信息或电子券发至消费者手机上，消费者可在未来一段时间内凭借该信息到实体店进行消费。

餐饮企业在消费者进行团购就餐或兑换电子券时确认收入，借记"应收账款"科目，贷记"主营业务收入"科目，期末与网站结算后冲减"应收账款"科目，借记"银行存款"科目，贷记"应收账款"科目。

（三）应收账款的账户设置

餐饮企业应设置"应收账款"账户来核算应收账款的增减变动和余额情况。该账户也核算企业预收的账款。其借方登记企业发生的应收账款和冲销的预收账款以及退还多收的结余款，贷方登记企业收回的应收账款或已转作坏账损失、应收票据的账款、预收的账款和收到补付的结算款，借方余额反映企业应收未收的账款，若为贷方余额，则反映企业预收的账款，其明细账应按不同的购货单位或接受劳务的单位设置。

预收款项较多的企业也可单设"预收账款"账户，核算企业预收有关单位的结算款。

（四）应收账款的账务处理

餐饮企业在销售商品、提供应税劳务等时，应收账款的账务处理见表5-4。

表5-4 应收账款的账务处理

序号	业务	会计分录
1	销货或提供应税劳务发生应收账款时	借：应收账款——单位或个人 　贷：主营业务收入
2	当餐饮企业销售货物或提供应税劳务的同时收到款项时	借：银行存款（库存现金） 　贷：主营业务收入
3	当餐饮企业销售货物或提供应税劳务的同时收到商业汇票时	借：应收票据 　贷：主营业务收入
4	餐饮企业在收回应收账款时	借：银行存款 　贷：应收账款——单位或个人

具体核算可分为没有商业折扣、有商业折扣和有现金折扣三种情况进行。

1. 没有商业折扣情况下的账务处理

餐饮企业发生的应收账款在没有商业折扣的情况下，按应收款的全部金额入账。

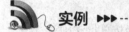
实例

某餐厅是甲公司招待客人的定点餐厅，按月结账，2017年12月甲公司在该餐厅消费多次，按菜单上标明的价格计算，金额为20 000元。

餐厅的会计部门根据销货凭证，对于所销售的商品编制会计分录如下。

借：应收账款——甲公司　　　　　　　　　　　　　　　20 000
　　贷：主营业务收入　　　　　　　　　　　　　　　　　　20 000

收到餐饮费时，该餐厅编制如下会计分录。

借：银行存款　　　　　　　　　　　　　　　　　　　　20 000
　　贷：应收账款——甲公司　　　　　　　　　　　　　　　20 000

2.有商业折扣情况下的账务处理

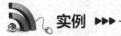 **实例** ▶▶▶

假定该餐厅按消费额的5%给予甲公司商业折扣,其他资料不变,则销售时按照扣除5%折扣后的金额19 000元入账,该餐厅应编制如下会计分录。

借:应收账款——甲公司　　　　　　　　　　　　　　　19 000
　　贷:主营业务收入　　　　　　　　　　　　　　　　　　19 000

收到餐饮费时,该餐厅应编制如下会计分录。

借:银行存款　　　　　　　　　　　　　　　　　　　　19 000
　　贷:应收账款——甲公司　　　　　　　　　　　　　　　19 000

3.有现金折扣情况下的账务处理

 **实例** ▶▶▶

假定该餐厅对于甲公司的应收账款约定现金折扣条件为2/10,n/30,其他资料不变,现金折扣按规定采用总价法核算。则销售时应收账款按应收的总额入账,该餐厅应编制如下会计分录。

借:应收账款——甲公司　　　　　　　　　　　　　　　20 000
　　贷:主营业务收入　　　　　　　　　　　　　　　　　　20 000

如甲公司在10天内支付货款,该餐厅应按售价的2%给予甲公司现金折扣400元,计入财务费用中。该餐厅在收到款项时应编制如下会计分录。

借:银行存款　　　　　　　　　　　　　　　　　　　　19 600
　　财务费用　　　　　　　　　　　　　　　　　　　　　　400
　　贷:应收账款——甲公司　　　　　　　　　　　　　　　20 000

如果甲公司在10天后支付货款,则不享受现金折扣,应按全额付款。该餐厅在收到款项时,应编制如下会计分录。

借:银行存款　　　　　　　　　　　　　　　　　　　　20 000
　　贷:应收账款——甲公司　　　　　　　　　　　　　　　20 000

(五)应收账款的管理

应收账款是企业的一项重要债权,如企业不能按期收回,必然会影响资金的周转和正常的生产经营活动。因此,餐饮企业必须加强对应收账款的管理。

(1)严格控制应收账款的限额和收回时间。
(2)经常检查应收账款的结算情况。
(3)采取有效措施组织催收,以免企业资金被其他单位长期占用。

（4）长期收不回的应收账款应认真分析，查明原因后积极催收；若确实无法收回，在取得有关方面证明并按规定程序报批后，列作坏账损失处理。

二、预付账款的核算

预付账款是指餐饮企业按照购货合同或劳务合同规定预先支付给供货方或提供给劳务方的账款。

（一）预付账款的账户设置

为加强对预付账款的管理，餐饮企业对预付账款可以单独设置"预付账款"账户核算。该账户按经济内容分类，属于资产类账户，借方登记预付和补付的款项，贷方登记收到货物、退回多付的款项或转入其他应收款时冲销的预付账款金额，期末借方余额反映餐饮企业实际预付的款项，如为贷方余额，反映餐饮企业尚未补付即少付的款项。该账户应按供应单位或个人设置明细账。

预付账款业务少的餐饮企业也可不单设置"预付账款"账户，将"预付账款"通过"应付账款"账户核算。

（二）预付账款的账务处理

预付账款的核算主要包括预付货款、收到货物以及补付或退回多付货款、转销预付账款等内容。预付账款的账务处理见表5-5。

表5-5 预付账款的账务处理

序号	业务	会计分录
1	根据购货合同的规定向供货方预付货款时	借：预付账款——某单位或个人 贷：银行存款
2	收到所购物资时	借：原材料、库存商品等 　　应交税金——应交增值税（进项税额） 贷：预付账款——某单位或个人
3	购货时支付的增值税按规定应直接计入所购货物的成本中	借：原材料、库存商品等 贷：预付账款——某单位或个人
4	当预付货款小于所采购货物的货款及增值税时，应将不足部分补付	借：预付账款——某单位或个人 贷：银行存款
5	当预付货款大于所采购货物的货款及增值税时，应将多余款项收回	借：银行存款 贷：预付账款——某单位或个人
6	餐饮企业的预付账款，如有确凿证据表明其不符合预付账款性质，或者因供货单位破产、撤销等原因已无望再收到所购货物时，应将原计入应付账款的金额转入其他应收款，再计提坏账准备	借：其他应收款——预付账款转入 贷：预付账款 除转入"其他应收款"账户的预付账款外，其余的预付账款不得计提坏账准备，即预付账款不能直接计提坏账准备

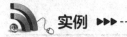
实例

某餐厅从乙企业采购一批食材,按合同规定先向乙企业预付货款10 000元,收货后补付其余款项。

(1)预付货款时,根据有关凭证,该餐厅应编制如下会计分录。

借:预付账款——乙企业　　　　　　　　　　　　　　10 000
　　贷:银行存款　　　　　　　　　　　　　　　　　　　10 000

(2)收到乙企业发来的食材价税合计13 000元,经验收无误,根据有关凭证,该餐厅应编制如下会计分录。

借:原材料　　　　　　　　　　　　　　　　　　　　13 000
　　贷:预付账款——乙企业　　　　　　　　　　　　　　13 000

(3)补付不足款项时,该餐厅应编制如下会计分录。

借:预付账款——乙企业　　　　　　　　　　　　　　　3 000
　　贷:银行存款　　　　　　　　　　　　　　　　　　　 3 000

三、其他应收款的核算

(一)其他应收款的范围

其他应收款是指餐饮企业除应收账款、应收票据、预付账款以外的其他各种应收和暂付款,包括不设置"备用金"账户的企业拨出的备用金、应收的各种赔款、罚款、存出保证金、应向职工收取的各种垫付款项以及已不符合预付账款性质而按规定转入的预付账款等。

(二)其他应收款的账户设置

餐饮企业对于其他应收款应设置"其他应收款"账户进行核算。该账户借方登记餐饮企业发生的各种其他应收款,贷方登记餐饮企业收进的各种其他应收款,期末借方余额表示尚待收回的其他各种应收款。其明细账应按其他应收款的项目,并按不同债务人设置。

(三)其他应收款的账务处理

餐饮企业其他应收款的核算包括发生、收回、计提坏账准备、核销、重新收回等内容。其他应收款的账务处理见表5-6。

表5-6　其他应收款的账务处理

序号	业务	会计分录
1	发生其他应收款时	借:其他应收款——某单位或个人 　　贷:有关账户
2	收回其他应收款时	借:有关账户 　　贷:其他应收款——某单位或个人
3	计提坏账准备时,餐饮企业应定期或者至少于每年年度终了对其他应收款进行检查,预计其可能发生的坏账损失,并计提坏账准备	借:资产减值损失——坏账损失 　　贷:坏账准备

续表

序号	业务	会计分录
4	核销坏账时，餐饮企业对于确实无法收回的其他应收款应查明原因，追究责任，并经批准后作为坏账损失，冲减提取的坏账准备	借：坏账准备 　　贷：其他应收款——某单位或个人
5	如已确认并转销的坏账损失又收回时	按实际收回的金额编制如下会计分录 借：其他应收款——某单位或个人 　　贷：坏账准备 同时，还应编制如下会计分录 借：银行存款 　　贷：其他应收款——某单位或个人

（四）备用金

以上总括地介绍了其他应收款的核算。其他应收款包括的内容很多，不同内容在核算上涉及的账户不尽相同。这里仅介绍备用金的核算。

1. 备用金的管理

备用金即业务周转金，是指餐饮企业预付给内部有关部门或工作人员用于零星采购、找零、差旅费及其他零星开支的备用款项，是现金的一种，日常管理要按照现金管理办法进行，其管理制度有定额管理和非定额管理，具体如图5-6所示。

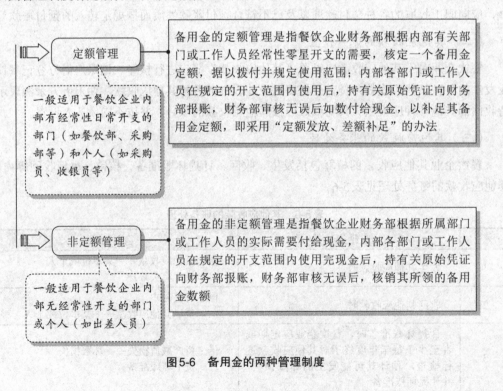

图5-6　备用金的两种管理制度

> **特别提示**
>
> 备用金无论采取哪种管理方法，餐饮企业都应建立、健全其拨付和报销的手续制度，并设置"其他应收款"账户或"备用金"账户进行核算。

2. 备用金的账务处理

餐饮企业备用金的核算主要包括拨付、报销和收回三项内容。备用金的账务处理见表5-7。

表5-7　备用金的账务处理

业务	处理要点	会计分录
拨付备用金	无论采取哪种备用金管理方法，当财务部拨付给内部有关部门和人员备用金时	借：其他应收款——备用金——部门或个人 　贷：库存现金或银行存款
报销备用金	当餐饮企业内部的有关部门或个人在规定开支范围内使用备用金、持有关单据到财务部报账时，财务部审核无误后，对于实行备用金定额管理的部门或个人补足定额后	借：其他应收款——备用金——部门或个人 　贷：库存现金或银行存款
	对于实行备用金非定额管理的部门或个人报账后	借：库存现金或银行存款 　贷：其他应收款——备用金——部门或个人
收回备用金	当餐饮企业内部有关部门或人员因业务变动、工作变动等原因取消或收回备用金时	借：库存现金 　贷：其他应收款——备用金——部门或个人

实例 ▶▶▶

（1）某餐厅对所属的行政部门拨付备用金并实行定额管理，为其核定并拨付备用金定额1 000元。假定月末行政部门持购置零星用品的单据金额为800元向财务部报账，财务部审核无误后按报销数补足现金。根据有关凭证，该餐厅应编制如下会计分录。

　　借：管理费用　　　　　　　　　　　　　　　　　　　800
　　　　贷：库存现金　　　　　　　　　　　　　　　　　　800

（2）某餐厅采购员林某出差预借差旅费2 000元，出差归来后持费用单据总金额共计1 800元向财务部报销，余款交回。财务部在审核无误后，根据有关凭证，该餐厅应编制如下会计分录。

　　借：销售费用——差旅费　　　　　　　　　　　　　1 800
　　　　库存现金　　　　　　　　　　　　　　　　　　　 200
　　　　贷：其他应收款——备用金——林某　　　　　　2 000

如果上例中实际报销数为2 500元，则财务部应补给林某500元，该餐厅应编制如下会计分录：

　　借：销售费用——差旅费　　　　　　　　　　　　　　　　2 500
　　　贷：其他应收款——备用金——林某　　　　　　　　　　　2 000
　　　　　库存现金　　　　　　　　　　　　　　　　　　　　　　500

从上述备用金的账务处理情况可以看出，实行定额管理与非定额管理的备用金在核算上的区别仅在于报销时的会计处理不同，即贷记"其他应收款"账户，还是贷记"库存现金"或"银行存款"账户。

四、应收票据的核算

应收票据是指企业因采用商业汇票结算方式进行商品交易而收到的还未到期、尚未兑现的商业汇票。

商业汇票是指由出票人签发、委托付款人在指定日期无条件支付确定的金额给收款人或者持票人的票据。

（一）应收票据的计量

（1）按面值入账。

（2）不提坏账准备。

（3）到期收不回的应收票据转作应收账款。

（二）票据到期日的确定

（1）按月份定期。出票日为月末最后一天，则到期日为到期月份的最后一天。

（2）按天数计算。从出票日开始，按实际天数计算到期日，算头不算尾。

（3）按规定日期定期。按汇票上具体制定的日期为到期日。

（三）应收票据的贴现

持有商业汇票的企业如在票据到期前需要用款，可持未到期的商业汇票向银行申请贴现。

贴现即"贴息兑现"之意，持票人将未到期的票据背书后送交银行，银行从票据到期金额中预先扣除按贴现率计算确定的贴现息，将余额付给贴现申请人。

应收票据贴现的核算如下。

（1）计算票据到期值的公式。带息票据到期值＝面值×（1+利率×期限）。

（2）计算贴现期。

（3）计算贴现利息的公式。贴现息＝票据到期值×贴现率×贴现期。

（4）计算贴现收款金额的公式。贴现实收金额＝票据到期值－贴现息。

（四）应收票据的账务处理

应收票据的账务处理见表5-8。

表5-8 应收票据的账务处理

序号	业务	账务处理
1	销售商品、提供劳务收到应收票据	借：应收票据 　　贷：主营业务收入
2	以应收票据抵偿应收账款	借：应收票据 　　贷：应收账款
3	收回应收款项	借：银行存款 　　贷：应收票据
4	用应收票据抵偿应付账款	借：应付账款 　　贷：应收票据
5	带息应收票据计提利息	借：应收票据 　　贷：财务费用
6	持未到期的应收票据到银行贴现（不带息票据）	借：银行存款（扣除贴息后的净额） 　　财务费用（贴现息） 　　贷：应收票据（票面余额）
7	贴现的商业承兑汇票到期，因承兑人的银行账户余额不足无法支付	借：应收账款（按转作贷款本息） 　　贷：短期借款
8	应收票据到期，收回本息	借：银行存款（实际收到的金额） 　　贷：应收票据（账面余额） 　　　财务费用（未计提利息的部分）
9	持未到期的应收票据向银行贴现（带息票据）	借：银行存款（按实际收到的金额） 　　财务费用（按实际收到的金额小于票据账面余额的差额） 　　贷：应收票据（按账面余额） 　　　财务费用（按实际收到的金额大于票据账面余额的差额）
10	将持有的应收票据背书转让，以取得所需物资	借：在途物资、库存商品等（计入物资成本的价值） 　　应交税费——应交增值税（进项税额） 　　银行存款（物资成本与进项税额之和小于应收票据账面余额的差额） 　　贷：应收票据（账面余额） 　　　银行存款（物资成本与进项税额之和大于应收票据账面余额的差额）
11	付款人无力付款，收到银行退回的商业承兑汇票等	借：应收账款 　　贷：应收票据

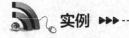 **实例** ▶▶▶

甲公司与餐厅签订协议，餐厅为甲公司招待员工聚餐的定点单位，甲公司于2017年8月在餐厅消费累计为20 000元。9月1日，餐厅收到甲公司交来的商业承兑汇票一张，期限为6个月，票面利率为10%，2018年3月1日，票据到期收到票款和利息。

（1）2017年8月，发生餐饮消费，其会计分录如下。

借：应收账款——甲公司　　　　　　　　　　　　20 000
　　贷：主营业务收入　　　　　　　　　　　　　　　　20 000

（2）2017年9月，收到商业汇票，其会计分录如下。

借：应收票据——甲公司　　　　　　　　　　　　20 000
　　贷：应收账款——甲公司　　　　　　　　　　　　20 000

（3）2018年3月，票据到期收回票款和利息，其会计分录如下。

收款金额＝20 000×（1+10%×6÷12）≈21 000（元）

2017年的票据利息＝20 000×10%×2÷12≈333（元）

借：银行存款　　　　　　　　　　　　　　　　　21 000
　　贷：应收票据——甲公司　　　　　　　　　　　　20 000
　　　　财务费用　　　　　　　　　　　　　　　　　1 000

（4）若商业汇票到期时，甲公司无力偿还票款而被银行退票，其会计分录如下。

借：应收账款——甲公司　　　　　　　　　　　　21 000
　　贷：应收票据——甲公司　　　　　　　　　　　　20 000
　　　　财务费用　　　　　　　　　　　　　　　　　1 000

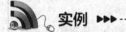 **实例** ▶▶▶

某餐饮企业需要用款，于2017年11月1日将G公司2017年9月1日签发并承兑的期限6个月、票面金额为120 000元的商业汇票向银行申请贴现，贴现率为15%。

票据到期价值＝120 000×（1+6×10%÷12）＝126 000（元）

贴现息＝126 000×15%×121÷360＝6 352.50（元）

贴现实收金额＝126 000–6 352.5＝119 647.50（元）

其会计分录如下。

借：银行存款　　　　　　　　　　　　　　　　119 647.50
　　财务费用——利息支出　　　　　　　　　　　　352.50
　　贷：应收票据——G公司　　　　　　　　　　　120 000.00

2018年3月1日，公司贴现的商业承兑汇票到期，因承兑人G公司无力支付而被银行退票，银行同时转来支款通知，银行已从本公司银行账户中支取票款。

借：应收账款——G公司　　　　　　　　　　　　126 000
　　贷：银行存款　　　　　　　　　　　　　　　　126 000

（若本公司存款余额不足，银行做逾期贷款处理，即转为企业短期借款。）
　　借：应收账款——G公司　　　　　　　　　　　　　　126 000
　　　　贷：短期借款　　　　　　　　　　　　　　　　　　126 000

五、坏账准备与坏账损失的核算

坏账是指企业无法收回或收回的可能性极小的应收款项。坏账准备是指对应收账款预提、对不能收回的应收账款用来抵消，是应收账款的备抵账户。由于发生坏账而产生的损失称为坏账损失。

（一）坏账的确认

符合图5-7所列条件之一的，应确认为坏账。

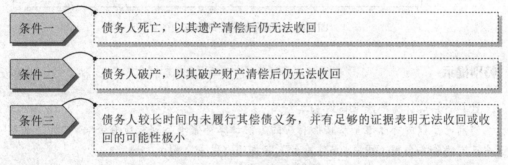

图5-7　坏账的确认条件

（二）计提坏账准备的方法

我国规定坏账损失的核算采用备抵法。备抵法应按期估计坏账损失，记入"资产减值损失"账户，形成坏账准备。实际发生坏账损失时，按坏账的金额冲减坏账准备金，同时转销应收账款。根据《企业会计准则》的规定，企业坏账损失的核算应采用备抵法，计提坏账准备的方法由企业自行确定，可按应收账款余额百分比法、账龄分析法、赊销百分比法等计提坏账准备，也可按客户分别确定应计提的坏账准备。计提坏账准备的方法见图5-8。

方法一　应收账款余额百分比法

　　应收账款余额百分比法就是按应收账款余额的一定比例计算提取坏账准备金，至于计提比例，由于各行业应收账款是否能及时收回，其风险程度不一，各行业规定比例不尽一致，企业每期坏账准备数额的估计要求应合理适中，估计过高会造成期间成本人为升高，估计过低则造成坏账准备不足以抵减实际发生的坏账，起不到坏账准备金的应有作用

图5-8

方法二　账龄分析法

账龄是指负债人所欠账款的时间，账龄越长，发生坏账损失的可能性就越大。账龄分析法是指根据应收账款的时间长短来估计坏账损失的一种方法。采用账龄分析法时，将不同账龄的应收账款进行分组，并根据前期坏账实际发生的有关资料，确定各账龄组的估计坏账损失百分比，再将各账龄组的应收账款金额乘以对应的估计坏账损失百分比数，计算出各组的估计坏账损失额之和，即为当期的坏账损失预计金额

方法三　赊销百分比法

赊销百分比法又称"销货百分比法"，是企业根据当期赊销金额的一定百分比估计坏账的方法。一般认为，企业当期赊销业务越多，坏账的可能性越大；企业可以根据过去的经验和有关资料，估计坏账损失与赊销金额之间的比率，也可用其他更合理的方法进行估计

图5-8　计提坏账准备的方法

特别提示

计算当期应计提坏账准备的基本公式：

当期应提取的坏账准备＝按照相应的方法计算坏账准备期末应有余额－"坏账准备"账户已有的贷方余额（或＋"坏账准备"账户已有借方余额）

计算出来当期应提取的坏账准备若为正数，表示应该补提的坏账准备金额；若为负数，则表示应该冲减的坏账准备金额

（三）坏账准备与损失的账务处理

坏账准备与损失的账务处理见表5-9。

表5-9　坏账准备与损失的账务处理

序号	业务	账务处理
1	提取坏账准备	借：资产减值损失——坏账损失 贷：坏账准备
2	应提取的坏账准备大于其账面余额	借：资产减值损失——坏账损失 贷：坏账准备（按其差额提取）
3	应提取的坏账准备小于其账面余额	借：坏账准备（按其差额提取） 贷：资产减值损失——坏账损失
4	对于确实无法收回的应收款项，经批准作为坏账损失、冲销提取的坏账准备	借：坏账准备 贷：应收账款或其他应收款

续表

序号	业务	账务处理
5	已确认并转销的坏账损失以后又收回	借：应收账款（或其他应收款、应收利息等） 　贷：坏账准备 借：银行存款 　贷：应收账款（或其他应收款、应收利息等）

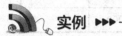

实例

某餐饮企业2015年年末应收账款余额为1 500 000元，提取坏账准备的比例为3%。2016年，客户F公司发生了坏账损失85 000元，年末应收账款为960 000元。2017年，已冲销的F公司应收账款85 000元又收回，期末应收账款为1 200 000元。以下是按账款余额比率法来提取坏账准备。

（1）2015年年末，提取坏账准备，其会计分录如下。

借：资产减值损失——坏账损失　　　　　　　　　　　　　　45 000
　　贷：坏账准备　　　　　　　　　　　　　　　　　　　　45 000

（2）2016年冲销坏账，其会计分录如下。

借：坏账准备　　　　　　　　　　　　　　　　　　　　　　85 000
　　贷：应收账款——F公司　　　　　　　　　　　　　　　85 000

（3）2016年年末提取坏账准备

坏账准备的余额＝960 000×3%＝28 800（元）

应提取的坏账准备＝45 000＋28 800＝73 800（元）

其会计分录如下。

借：资产减值损失——坏账损失　　　　　　　　　　　　　　73 800
　　贷：坏账准备　　　　　　　　　　　　　　　　　　　　73 800

（4）2017年收回2016年冲销的F公司应收账款85 000元，其会计分录如下。

借：应收账款——F公司　　　　　　　　　　　　　　　　　85 000
　　贷：坏账准备　　　　　　　　　　　　　　　　　　　　85 000

同时，还应编制如下会计分录。

借：银行存款　　　　　　　　　　　　　　　　　　　　　　85 000
　　贷：应收账款——F公司　　　　　　　　　　　　　　　85 000

（5）2017年年末提取坏账准备

坏账准备的余额：1 200 000×3%＝36 000（元）

应提取的坏账准备：36 000－118 800＝－82 800（元）

其会计分录如下。

借：坏账准备　　　　　　　　　　　　　　　　　　　　　　82 800
　　贷：资产减值损失——坏账损失　　　　　　　　　　　　82 800

坏账准备明细账见下表。

坏账准备明细账

日期	摘要	借方	贷方	借或贷	余额
2015.12.31	提取坏账准备		45 000	贷	45 000
2016	冲销F公司应收账款	85 000		贷	−40 000
2016.12.31	提取坏账准备		73 800	贷	33 800
2017	收回F单位应收账款		85 000	贷	118 800
2017.12.31	转回坏账准备	82 800		贷	36 000

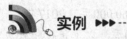 实例 ▶▶▶

某餐饮企业年初"坏账准备"账户的余额为贷方8 700元,年末按账龄分析法来提取坏账准备。根据应收账款账龄估计的坏账损失见下表。

根据应收账款账龄估计的坏账损失

应收账款		估计损失率/%	估计损失金额/元
账龄	金额		
未到期	250 000	0.5	1 250
逾期1个月	150 000	1.0	1 500
逾期2个月	80 000	2.0	1 600
逾期8个月	140 000	3.0	4 200
逾期1年及以上	50 000	5.0	2 500
合计	670 000		11 050

其会计分录如下。

借:资产减值损失——坏账损失　　　　　　　　　　　　　2 350
　　贷:坏账准备　　　　　　　　　　　　　　　　　　　　2 350

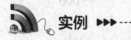 实例 ▶▶▶

某餐饮企业运用销货百分比法来计提坏账准备,当年赊销总额为188万元,估计坏账损失率为1%,年末应计提坏账损失18 800元,其会计分录如下。

借:资产减值损失——坏账损失　　　　　　　　　　　　　18 800
　　贷:坏账准备　　　　　　　　　　　　　　　　　　　　18 800

第三节　固定资产核算

一、固定资产账户的设置

一般企业通过设置"固定资产""累计折旧""工程物资""在建工程""固定资产清理"等账户来进行固定资产的核算。如图5-9所示。

账户一　"固定资产"账户

"固定资产"账户核算公司固定资产的原值。固定资产应建立明细账户，一般按固定资产类别，如生产经营用固定资产、非生产经营用固定资产、租出固定资产、不需用固定资产、未使用固定资产、融资租入固定资产、土地等设置二级账户，也可按用途如厂房、机器设备、仪器仪表、电子设备、运输工具等设置二级账户

账户二　"累计折旧"账户

"累计折旧"账户核算固定资产的折旧，只进行总分类核算，不进行明细分类核算。公司一般应当按月提取折旧。固定资产提足折旧后仍继续使用的，不再提取折旧；提前报废的固定资产不补提折旧，当月增减的固定资产相应在下一月份增减折旧额

账户三　"工程物资"账户

"工程物资"账户核算企业为基建工程、更改工程和大修理工程准备的各种物资的实际成本，购入的工程物资按实际成本记账

账户四　"在建工程"账户

"在建工程"账户核算公司为建造或修理固定资产而进行的各项建筑和安装工程，包括固定资产新建工程、改扩建工程、大修理工程等所发生的实际支出，以及改扩建工程等转入的固定资产净值

账户五　"固定资产清理"账户

"固定资产清理"账户核算公司因出售、报废和毁损等原因转入清理的固定资产净值及其在清理过程中所发生的清理费用和清理收入等，应按被清理的固定资产设置明细科目

图5-9　固定资产核算的账户

二、固定资产取得的账务处理

固定资产取得的账务处理见表5-10。

表5-10 固定资产取得的账务处理

序号	业务		账务处理
1	购入固定资产	不需安装的	借：固定资产（平价、运杂费、保险费及所缴纳税费） 贷：银行存款
		需要安装的	借：在建工程（包括价款、税金及相关费用） 贷：银行存款 完工后的会计分录为 借：固定资产 贷：在建工程
2	投资人投入固定资产		借：固定资产 贷：实收资本
3	盘盈固定资产		借：固定资产 贷：营业外收入
4	自行建造、完工验收交付使用的固定资产		借：固定资产 贷：在建工程
5	融资租入的固定资产		借：固定资产或在建工程 贷：长期应付款（按最低租赁付款额） 借：未确认融资费用 贷：银行存款（按发生的初始直接费用，按其差额）

实例

餐饮企业已经被纳入现行"营改增"的范围，因而在购入固定资产时，亦应按照营改增后的方法来核算。

（1）某餐饮企业购入一套专用烤炉，价值为28 000元，增值税为4 760元，已经用银行存款支付，该烤炉经验收后已经交付使用，其会计分录如下。

借：固定资产　　　　　　　　　　　　　　　　　　　28 000
　　应交税金——应交增值税（进项税额）　　　　　　 4 760
　　贷：银行存款　　　　　　　　　　　　　　　　　 32 760

（2）某新开餐饮门店购入一套需要安装的厨房设备，增值税发票上标明价格为30 000元，增值税为5 100元，支付的运输费为500元，安装设备时应支付的工资为800元，用银行存款支付其他支出500元。其会计分录如下。

借：在建工程——安装工程　　　　　　　　　　　　　35 600
　　贷：银行存款　　　　　　　　　　　　　　　　　 35 600
借：在建工程——安装工程　　　　　　　　　　　　　 1 300
　　贷：应付工资　　　　　　　　　　　　　　　　　　 800
　　　　银行存款　　　　　　　　　　　　　　　　　　 500

借:固定资产 36 900
　　贷:在建工程 36 900

(3)某餐饮企业盘盈设备一台,市场价格为9 000元,估计折旧为2 000元,其会计分录如下。

借:固定资产 7 000
　　贷:营业外收入 7 000

(4)某连锁餐饮企业一门店购入不需要安装的厨房用烘焙设备一台,设备价格为80 000元,增值税税额为13 600元,发生的运杂费为2 600元,款项已通过银行支付。其会计分录如下。

借:固定资产 82 600
　　应交税金——应交增值税(进项税额) 13 600
　　贷:银行存款 96 200

三、固定资产的折旧

固定资产在使用过程中会发生磨损、消耗,其价值会逐渐减少,这种价值的减少就是固定资产折旧。固定资产价值减少,就应把这种价值的减少计算出来(计提折旧),并在科目中予以记录。

(一)固定资产的折旧方法

固定资产折旧可采用平均年限法、工作量法、双倍余额递减法、年数总和法等,其中双倍余额递减法、年数总和法属于加速折旧法。

1. 平均年限法

平均年限法又称直线法,是将固定资产的折旧均衡地分摊到各期的一种方法。使用这种方法计算的每期折旧额均是等额的,计算公式为:

$$年折旧率 = \frac{1-预计净残值率}{折旧年限} \times 100\%$$

$$月折旧率 = 年折旧率 \div 12 \times 100\%$$

$$月折旧额 = 固定资产原值 \times 月折旧率$$

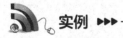 实例 ▶▶▶

某餐饮企业有一台设备,原值为100 000元,预计可使用10年,按照有关规定,该设备报废时的净残值率为5%。以平均年限法计算该设备的月折旧率和月折旧额如下。

$$年折旧率 = \frac{1-5\%}{10} \times 100\% = 9.5\%$$

月折旧率 = 9.5% ÷ 12 × 100% = 0.79%

月折旧额 = 100 000 × 0.79% = 790(元)

2. 工作量法

工程量法是根据实际工作量计提折旧额的一种方法,如按照行驶里程计算折旧,其计算公式为:

$$单位里程折旧率=\frac{固定资产原值\times(1-预计净残值率)}{总行驶里程}\times 100\%$$

如按工作小时计算折旧,其计算公式为:

$$工作小时折扣率=\frac{固定资产原值\times(1-预计净残值率)}{总工作小时}\times 100\%$$

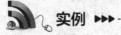 实例 ▶▶▶

某餐饮企业配送中心的一辆货车原值为50 000元,预计总行驶里程为50万千米,其报废时的净残值率为5%,本月行驶10 000千米。该辆货车的月折旧额计算如下。

$$单位里程折旧率=\frac{50\,000\times(1-5\%)}{10\,000}\times 100\%=9.5\%$$

本月折旧额 = 10 000 × 9.5% = 950 (元)

3. 双倍余额递减法

双倍余额递减法是在不考虑固定资产残值的情况下,根据每期期初固定资产账面净值和双倍的直线法折旧率计算固定资产折旧的一种方法,其计算公式为:

$$年折旧率=\frac{2}{折旧年限}\times 100\%$$

月折旧额 = 年折旧额 ÷ 12
年折旧额 = 每期期初固定资产账面净值 × 年折旧率

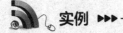 实例 ▶▶▶

某餐饮企业一台固定资产的原价为100 000元,预计使用年限为10年,预计净残值为3 000元。以双倍余额递减法计算折旧,具体如下。

$$年折旧率=\frac{2}{10}\times 100\%=20\%$$

第1年应计提的折旧额 = 100 000 × 20% = 20000 (元)
第2年应计提的折旧额 = (100 000–20 000) × 20% = 16 000 (元)
第3年应计提的折旧额 = (100 000–20 000–16 000) × 20% = 12 800 (元)

根据以上的计算要求,第4年、第5年的年折旧额 = [(100 000–20 000–16 000–12 800) –3 000] × 50% = 24 100 (元)

各月折旧额则根据年折旧额除以12来计算。

4. 年数总和法

年数总和法是按固定资产应提折旧的总额乘以一个变动折旧率计算折旧额的一种方法，其计算公式为：

$$年折旧率 = \frac{折旧年限 - 已使用年限}{折旧年限 \times (折旧年限 + 1) \div 2} \times 100\%$$

$$年折旧额 = (固定资产原值 - 预计净残值) \times 年折旧率$$

$$月折旧额 = 固定资产年折旧额 \div 12$$

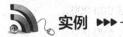 **实例** ▶▶▶

某餐饮企业一台固定资产的原价为 100 000 元，折旧年限为 5 年，预计净残值为 5 000 元。以年数总和法计算折旧。

首先确定每年的折旧率，依上述公式计算，从第 1 年到第 5 年，各年的折旧率依次为 $\frac{5}{15}$、$\frac{4}{15}$、$\frac{3}{15}$、$\frac{2}{15}$、$\frac{1}{15}$。

第 1 年应计提的折旧额 = (100 000 - 5 000) × $\frac{5}{15}$ ≈ 31 666.67 (元)

第 2 年应计提的折旧额 = (100 000 - 5 000) × $\frac{4}{15}$ ≈ 25 333.33 (元)

第 3 年应计提的折旧额 = (100 000 - 5 000) × $\frac{3}{15}$ = 19 000 (元)

第 4 年应计提的折旧额 = (100 000 - 5 000) × $\frac{2}{15}$ ≈ 12 666.67 (元)

第 5 年应计提的折旧额 = (100 000 - 5 000) × $\frac{1}{15}$ ≈ 6 333.33 (元)

（二）固定资产折旧的会计处理

"累计折旧"账户属于资产类的备抵调整账户，其结构与一般资产账户的结构刚好相反，累计折旧是贷方登记增加，借方登记减少，余额在贷方。

固定资产折旧的账务处理见表 5-11。

表 5-11　固定资产折旧的账务处理

序号	业务	会计分录
1	按月计提的固定资产折旧和增加固定资产而相应增加其已提折旧	借：管理费用 　　销售费用 　　其他业务成本 贷：累计折旧
2	因出售、报废清理、盘亏等原因减少固定资产而应转销已提折旧额	借：累计折旧 贷：相关科目

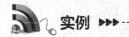 **实例**

某餐饮企业采用年限平均法对固定资产计提折旧，2018年1月份根据"固定资产折旧计算表"确定的各厨房及楼面管理部门应分配的折旧额为一厨房1 500 000元，二厨房2 400 000元，一楼厅面3 000 000元，二楼厅面600 000元，该餐饮企业应做如下会计处理。

借：生产费用——一厨房　　　　　　　　　　　　　　1 500 000
　　　　　　——二厨房　　　　　　　　　　　　　　2 400 000
　　销售费用——一楼厅面　　　　　　　　　　　　　3 000 000
　　　　　　——二楼厅面　　　　　　　　　　　　　　600 000
　　贷：累计折旧　　　　　　　　　　　　　　　　　7 500 000

四、固定资产的清理

固定资产的清理是指固定资产的报废和出售，以及因各种不可抗力的自然灾害而遭到损坏和损失的固定资产所进行的清理工作。

"固定资产清理"是资产类账户，用来核算企业因出售、报废和毁损等原因转入清理的固定资产净值，以及在清理过程中所发生的清理费用和清理收入，其借方登记固定资产转入清理的净值和清理过程中发生的费用，贷方登记收回出售固定资产的价款、残料价值和变价收入，其贷方余额表示清理后的净收益；借方余额表示清理后的净损失，清理完毕后应将其贷方或借方余额转入"营业外收入"或"营业外支出"账户。

固定资产清理的账务处理见表5-12。

表5-12　固定资产清理的账务处理

序号	业务	账务处理
1	出售、报废和毁损的固定资产转入清理时	借：固定资产清理（转入清理的固定资产账面价值） 　　累计折旧（已计提的折旧） 　　固定资产减值准备（已计提的减值准备） 　贷：固定资产（固定资产的账面原价）
2	发生清理费用时	借：固定资产清理 　贷：银行存款
3	计算缴纳营业税时	借：固定资产清理 　贷：应交税费——应交营业税
4	收回出售固定资产的价款、残料价值和变价收入等时	借：银行存款 　　原材料等 　贷：固定资产清理
5	应由保险公司或过失人赔偿时	借：其他应收款 　贷：固定资产清理

续表

序号	业务	账务处理
6	固定资产清理后的净收益	借：固定资产清理 　　贷：管理费用（属于筹建期间） 　　　　营业外收入——处理固定资产净收益（属于生产经营期间）
7	固定资产清理后的净损失	借：管理费用（属于筹建期间） 　　营业外支出——非常损失（属于生产经营期间由于自然灾害等非正常原因造成的损失） 　　营业外支出——处理固定资产净损失（属于生产经营期间正常的处理损失） 　贷：固定资产清理

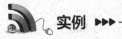　实例

某餐饮企业通过清理资产，出售一台旧的厨房设备，原值12 000元，售价6 500元，收到现金，该厨房设备已提折旧6 000元，应做如下账务处理。

（1）先注销固定资产和折旧，其会计分录如下。

借：固定资产清理——厨房设备　　　　　　　　　　　　　　6 000
　　累计折旧　　　　　　　　　　　　　　　　　　　　　　6 000
　　贷：固定资产　　　　　　　　　　　　　　　　　　　　12 000

（2）收回价款，其会计分录如下。

借：库存现金　　　　　　　　　　　　　　　　　　　　　　6 500
　　贷：固定资产清理——厨房设备　　　　　　　　　　　　6 500

（3）结转净收益，其会计分录如下。

借：固定资产清理——厨房设备　　　　　　　　　　　　　　500
　　贷：营业外收入——处理固定资产净收益　　　　　　　　500

实例

某餐饮企业仓库起火，设备遭烧毁，其中冷藏柜原值52 000元，已提折旧22 000元，保险公司赔偿15 000元通过银行已支付。清理残料收到现金1100元，以现金开支清理费1300元，经批准，净损失转入递延资产处理，分4年摊销，应做如下账务处理。

（1）先注销固定资产的会计分录如下。

借：固定资产清理——冷藏柜　　　　　　　　　　　　　　　30 000
　　累计折旧　　　　　　　　　　　　　　　　　　　　　　22 000
　　贷：固定资产——冷藏柜　　　　　　　　　　　　　　　52 000

（2）支付清理费用的会计分录如下。

借：固定资产清理——冷藏柜　　　　　　　　　　　　　　　1 300
　　贷：库存现金　　　　　　　　　　　　　　　　　　　　1 300
（3）得到保险公司赔偿的会计分录如下。
借：银行存款　　　　　　　　　　　　　　　　　　　　　15 000
　　贷：固定资产清理——冷藏柜　　　　　　　　　　　　15 000
（4）残料交库的会计分录如下。
借：库存现金　　　　　　　　　　　　　　　　　　　　　1 100
　　贷：固定资产清理——冷藏柜　　　　　　　　　　　　1 100
（5）结转净损失（30 000＋1 300－15 000－1 100），其会计分录如下。
借：递延所得税资产　　　　　　　　　　　　　　　　　　15 200
　　贷：固定资产清理——冷藏柜　　　　　　　　　　　　15 200
（6）结转当年摊销数（15 200/4），其会计分录如下。
借：其他业务成本　　　　　　　　　　　　　　　　　　　3 800
　　贷：递延所得税资产　　　　　　　　　　　　　　　　3 800

第四节　无形资产及其他核算

一、无形资产核算

无形资产账户借方登记无形资产的增加，贷方登记无形资产的减少。

（一）无形资产的入账价

（1）购入的无形资产入账价包括买价和有关费用支出。
（2）其他单位投入的无形资产以评估价入账。
（3）自行开发的无形资产以开发过程中的实际成本入账。

根据《会计准则》的新规定，研究阶段的支出应计入当期损益（管理费用），开发阶段的支出先归集，再资本化（无形资产），无法区分的计入当期损益（管理费用）。

（4）捐赠的无形资产以评估价或市价入账。

（二）无形资产摊销期限的确定

（1）法律和合同中分别规定有有效期限和受益年限的，按孰短原则处理。
（2）法律未规定，合同有规定的，按规定的受益年限处理。
（3）法律有规定，合同未规定的，按规定的有效年限处理。
（4）法律和合同均未规定的不予摊销。
（5）当月增加的当月摊销。

特别提示

无形资产摊销期限有以下新规定。

（1）摊销方法除可用直线法外，还可用年数总和法。

（2）一般无形资产摊销计入管理费用，出租的无形资产计入其他业务成本，产品生产专用的无形资产计入制造费用。

（3）摊销时不直接冲减无形资产，计入累计摊销。

（三）无形资产增加业务的账务处理

无形资产增加业务的账务处理见表5-13。

表5-13　无形资产增加业务的账务处理

业务		账务处理
无形资产增加	购入无形资产	借：无形资产（实际支出） 贷：银行存款（实际支出）
	投资者投入的无形资产	借：无形资产（按投资各方确认的价值） 贷：实收资本等
	开发期间发生资本化的费用	借：研发支出（实际支出） 贷：原材料等（实际支出） 成功后，申请专利 借：无形资产（实际支出） 贷：研发支出（实际支出） 不成功的 借：管理费用（实际支出） 贷：研发支出（实际支出）
	开发期间发生费用化的费用	借：管理费用（实际支出） 贷：原材料等（实际支出）
无形资产摊销		借：管理费用等（摊销额） 贷：累计摊销（摊销额）
无形资产转让	无形资产所有权转让	（1）取得收入 借：银行存款（实际金额） 　　贷：其他业务收入（实际金额） （2）结转成本 借：累计摊销（账面值） 　　其他业务成本 　　贷：无形资产（账面值） （3）计算税金 借：其他业务成本 　　贷：应交税费——应交营业税

续表

业务		账务处理
无形资产转让	无形资产使用权转让	（1）取得收入 借：银行存款（实际金额） 　　贷：其他业务收入（实际金额） （2）结转成本 借：其他业务成本（实际金额） 　　贷：银行存款等（实际金额）
出租无形资产取得的租金收入		借：银行存款等 　　贷：其他业务收入 结转出租无形资产的成本、税金
出租无形资产取得的租金收入		借：其他业务成本 　　贷：无形资产 　　　　应交税费——应交营业税

 实例 ▶▶▶

（1）某餐饮企业购入一道菜品配方的专利权，价值18 000元（无其他相关税费），预计使用年限为5年，其会计分录如下。

借：无形资产　　　　　　　　　　　　　　　　　　　　　　18 000
　　贷：银行存款　　　　　　　　　　　　　　　　　　　　　18 000

每月摊销：18 000÷5÷12＝300

借：管理费用　　　　　　　　　　　　　　　　　　　　　　　300
　　贷：无形资产　　　　　　　　　　　　　　　　　　　　　　300

（2）某餐厅接受捐赠的一项无形资产发票价格为20 000元，另以银行存款支付有关费用3 000元，其会计分录如下。

借：无形资产　　　　　　　　　　　　　　　　　　　　　　23 000
　　贷：待转资产价值　　　　　　　　　　　　　　　　　　　20 000
　　　　银行存款　　　　　　　　　　　　　　　　　　　　　3 000

二、其他资产业务核算

长期待摊费用是指摊销期在1年以上的资本性支出，包括大修理支出、开办费、经营性租入固定资产改良支出等。长期待摊费用核算的科目为"长期待摊费用"，其借方登记长期待摊费用的增加，贷方登记长期待摊费用的减少。

> **特别提示**
>
> 企业筹建期间发生的与固定资产有关的费用支出不应计入开办费,应计入固定资产成本。开办费从开始经营月份的当月起,一次计入开始生产经营当月的损益。
>
> 经营性租入固定资产改良支出应在租赁期内平均摊销。大修理支出应在下一次大修理之间平均摊销。

长期待摊费用业务的账务处理见表5-14。

表5-14 长期待摊费用业务的账务处理

序号	业务	会计分录
1	企业发生的长期待摊费用	借:长期待摊费用(实际支出) 贷:应付职工薪酬等(实际支出)
2	摊销长期待摊费用	借:销售费用 管理费用等(摊销额) 贷:长期待摊费用(摊销额)

第五节　收入的核算

一、餐饮企业营业收入的内容

餐饮企业(包括餐饮企业和餐馆)是从事加工烹饪、出售饮食品并提供设备和场所为客人服务的行业,其经营范围以烹饪、加工饮食品为主,兼有劳务服务、商品销售等多种功能。餐饮企业的营业收入见图5-10。

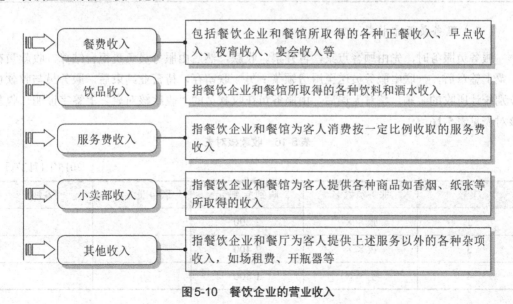

图5-10　餐饮企业的营业收入

二、餐饮企业的销售收款方式

餐饮企业供应的饮食种类多且数量零星,从销售方式看,有服务到桌销售,即顾客选好座位,服务员到餐桌前为客人点餐,而后将食品送到餐桌;也有自助式销售,即顾客自己选购食品,端到餐桌食用。

从收款方式看,有先消费后付款,也有先付款后消费。

(一)柜台统一售票

顾客在用餐前先到柜台购买专用的定额小票,或者购买固定品名的筹码,然后凭筹码或专用定额小票领取食品,也可由服务员根据小票的编号和顾客手中的副联票签对号后送至桌上。定额小票系一次性使用,而筹码可循环使用,因此,要加强回收和领用手续的完善。营业结束后,柜台收款员要填制售货日报表,经服务员核对签章后,连同营业款一齐交财务部门。餐厅定额小票见表5-15。

表5-15 餐厅定额小票

日期:2015年1月20日

品名	数量	金额
青瓜肉片	1份	11.80元
蛋花汤	1份	6.00元
饭	100克	0.80元
合计		18.60元
收款人:王××		
副联号		

(二)服务员开票收款

服务员服务时,先由顾客点菜,再开票、收款,然后由服务员负责柜台结算,收款员在小票上签章后,一联由服务员送至厨房领菜;另一联留存,待营业结束后,服务员与收款员分别统计所收的金额,核对无误后,由服务员在收款员的"收款核对表"上签字证明。收款核对表见表5-16。

表5-16 收款核对表

2015年1月27日

工号	服务员姓名	收到金额/元	服务员签字	备注
1	张××	2 200		
3	黄××	2 400		
4	王××	1 800		

续表

工号	服务员姓名	收到金额/元	服务员签字	备注
5	应××	1 400		
7	毛××	1 720		
8	曾××	1 480		
9	张××	1 800		
	合计	12 800		
实收金额（大写）壹万贰仟捌佰元整			长/短款	收款人：王××

（三）先就餐后结算

顾客入座点菜后，由服务员填写小票一式两联，顾客不立即付款。小票的第一联交厨房作为取菜凭证留存，顾客进餐后，服务员按小票算账，然后凭第二联向顾客收款。营业结束后，收款台、厨房、服务员分别结算销售额和发菜额，三方核对相符共同在汇总表上签字证明。

（四）一手交钱一手交货

顾客直接以货币到柜台购买食品。此法适用于经营品种简单且规格化的产品。这种方式手续简便，但必须进行数量登记，食品交服务员销售时，由产销双方登记数量，营业终了时，由服务员进行盘存核对。其计算公式如下：

$$销售数量＝上班结存＋本班生产或提货－班末结存$$

$$应收回的销售金额＝销售数量×单价$$

应收回的销售金额应与实收金额进行对比，确定盈亏，编制产销核对表，产品销售核对表见表5-17。

表5-17　产品销售核对表

日期：2015年1月15日

品名	应收钱款/元	实收钱款/元	盈（+）亏（-）/元	备注
寿桃	2 400.00	2 400.00	0	
松糕	4 000.00	4 004.00	+4	
合计	6 400.00	6 404.00	+4	

生产人员：赵××　　　　　　　　　　　销售人员：徐××

三、餐饮企业营业收入的核算

无论采用上述的哪些销售收款方式，餐饮企业均应在每日营业终了时，由收款员根据

"收款核对表""收款登记表"和"产销核对表"等凭证,汇总编制"营业收入日报表"与所收库存现金一并交财会部门。营业收入日报表的格式见表5-18。收款人也可自行填写库存现金解款单存至银行,凭银行解款单回单向财务部门报账。销售收入的库存现金不得用于列支其他开支,如有长短款,应在"营业收入日报表"中分别填列,不得以长补短。

表5-18 营业收入日报表

日期:2018年1月28日

项目	应收金额/元	实收金额/元	溢款(+)缺款(−)/元	备注
1.门市收入	6 360.00	6 360.00	0	
2.外卖收入	1 144.00	1 142.00	−2	
合计	7 504.00	7 502.00	−2	

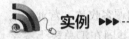
实例 ▶▶▶

某餐厅财务部依据营业部门报送的"营业收入日报表"列明应收金额7 504元,实收库存现金7 502元,库存现金已解存银行,短缺库存现金2元,原因待查。

(1)根据营业收入日报表,应编制如下会计分录。

借:库存现金　　　　　　　　　　　　　　　　　　　　　　　　7 502
　　待处理财产损溢——待处理流动资产损溢　　　　　　　　　　 2
　　贷:主营业务收入　　　　　　　　　　　　　　　　　　　　 7 504

(2)根据解款单回单联,应编制如下会计分录。

借:银行存款　　　　　　　　　　　　　　　　　　　　　　　　7 502
　　贷:库存现金　　　　　　　　　　　　　　　　　　　　　　 7 502

(3)今查明短缺2元,系工作中差错,经批准由收款员赔偿,应编制如下会计分录。

借:其他应收款——收款员赔偿　　　　　　　　　　　　　　　　 2
　　贷:待处理财产损溢——待处理流动资产损溢　　　　　　　　 2

四、宴会销售收入的核算

餐饮企业承办宴席时先要填制订单,注明时间、人数和桌数,并应附上菜单。订单一式两份,餐厅与顾客双方签字后各执一份。预订宴席一般要预先收取定金,以免顾客取消宴席时餐饮企业遭受不必要的损失,以维护企业的权益。宴席的销售价格以桌为计算单位,烟、酒、饮料等按实用数量另行收费。宴会预订单见表5-19。

表5-19 宴会预订单

宴会时间	_____年___月___日____时____分至____时____分结束		
宴会地点		主人姓名	
订餐人姓名		联系电话	
席数		宴会类别	
酒水形式		宴餐标准	
收费项目	1.LED每场一个楼层收费2 000元 2.彩虹门、路引必须由酒店提供，每次将收取费用200元 3.除指定婚庆公司外，将收取500元场地费	备注	1.不允许携带坚果带皮食物 2.不允许使用冷焰火及电光纸礼宾花 3.二楼宴会厅最低餐标为888元/桌 4.一楼宴会厅容纳35～38桌，二楼宴会厅容纳50～55桌 5.客户需提前七天与酒店确定最后桌数，并更改合同 6.自备打包袋
预付定金	大写		￥：
双方约定			
联系电话：			
订餐人签字：		经理签字：	
大堂接待签字：		财务收款（盖章、签字）	

签单日期：_____年___月___日

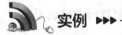 实例 ▶▶▶

某餐厅接受客户预订宴席两桌，每桌2 000元，共计4 000元。

（1）预收定金600元，收到转账支票，存入银行，应编制如下会计分录。

借：银行存款　　　　　　　　　　　　　　　　　　　　　600
　　贷：预收账款——宴席定金　　　　　　　　　　　　　　600

（2）宴席结束，两桌宴席价款4 000元，外加烟、酒、饮料800元，共计4 800元，扣除定金后，收到库存现金4 200元，应编制如下会计分录。

借：库存现金　　　　　　　　　　　　　　　　　　　　4 200
　　预收账款——宴席定金　　　　　　　　　　　　　　　600

```
        贷：主营业务收入——宴席收入              4 000
                      ——烟酒饮料收入           800
```

第六节　税金的核算

餐饮企业可以同时为顾客提供饮食、饮食场所和消费服务的业务。饭馆、餐厅及其他饮食服务场所为顾客在就餐的同时进行自娱自乐形式的歌舞活动所提供的服务按"娱乐业"税目征税。

餐饮企业主要缴纳增值税、城市维护建设税、教育费附加和企业所得税、个人所得税等。

一、增值税

2016年5月1日全国范围内实行营业税改征增值税，餐饮企业也在其内。营改增对于餐饮行业属于重大利好，很多餐饮行业税负可下降50%以上。但是餐饮行业营改增以后必须做好增值税的税务和会计处理，否则利好不一定能真正落到实处。本文仅以增值税一般纳税人的情况进行分析。

（一）做好进项发票管理

增值税的特点就是可以抵扣，因此进项发票对于一般纳税人的重要性就不言而喻了。餐饮行业进项发票种类可能有以下几种。

（1）增值税专用发票。

（2）农副产品销售发票（增值税普通发票）。

（3）农副产品收购发票。

（4）海关完税凭证。

餐饮企业在采购时，应尽可能选择可以取得进项发票的渠道。一般来讲，能够开具增值税专用发票和农副产品销售发票的，都是比较大型的或正规的，要么是工厂，要么是经销商，要么是农副产品生产销售合作社等。选择大型或正规的渠道，对于餐饮行业的食品安全也是有保障的。

餐饮行业也可能直接向农产品生产者（农户）收购。营改增后，餐饮行业可以向国税部门申请领取农副产品收购发票，在收购农副产品时由餐饮企业自行开具。对于农副产品收购发票各地管理都比较严格，对于农夫资格、产品范围等有较严格限制，餐饮行业企业初次领取使用时需要特别注意。

（二）改变一些业务模式

有些餐饮行业对于生鲜食品可能是从大型批发市场采购，由于各种原因可能无法取得农副产品销售发票或增值税专用发票，限制了进项抵扣。

为解决该问题，可以充分利用农副产品销售发票（普通发票）也可以抵扣的这一点，可以将企业的采购部门独立出去，成立个体工商户或合伙企业（以下简称采购企业）。该类企业不征收企业所得税，个人所得税可以核定征收。

由采购企业去批发市场采购然后销售给餐饮企业，采购企业开具农副产品销售发票，餐饮企业凭发票申请抵扣。采购企业需要控制销售额，保持为小规模纳税人。采购企业缴纳3%的增值税，餐饮企业则可以申请抵扣13%。

（三）转变营业税模式下的旧思维

营业税模式下，一些企业在采购付款中经常出现现金付款、第三方付款等情况，因为营业税没有"三流合一"的要求。虽然"三流合一"有争议，但是基层国税机关还是很看重"三流合一"的，为了减少不必要的麻烦最好做到"三流合一"。

（四）增值税进项核算的注意事项

餐饮行业可以抵扣的进项发票较多，最好按照不同税率或扣除率分项目进项核算。

（1）增值税专用发票和海关完税凭证的抵扣。餐饮行业可能取得增值税专用发票税率有17%、13%、11%、6%和5%。

（2）农副产品收购发票和销售发票的抵扣。农副产品收购发票和销售发票可以按照票面金额乘以13%作为进项抵扣。虽然都是13%，但是与专用发票的13%计算方式不一样。比如同样是买价金额（含税）10 000元的发票：

专用发票可以抵扣进项税额＝10 000×13%/（1+13%）＝1 150.44元

收购发票或销售发票可以抵扣的进项税额＝10 000×13%＝1 300元

（3）进项税额的转出。一般的餐饮行业对员工都是要包吃的。员工吃饭也是要消耗原材料的，员工吃饭无论属于个人消费还是集体福利，或者说是无偿提供的餐饮服务，该部分都是不能抵扣，因此应做进项转出。对于员工吃饭消耗的原材料要确定合理的原材料成本及进项税额。

（五）增值税销项核算的注意事项

由于餐饮服务和食品外卖适应的税率不一致，税法要求必须分开核算，否则按照高税率计算。由于税率差异较大，可能很多企业都想往低税率的餐饮服务上靠，但是企业也要注意税务风险。比如餐饮企业有外卖窗口或在网上进行外卖销售，应及时申报外卖。有些餐饮行业要划分现场消费或打包带走，确实不好划分，但是需要掌握一个度。

（六）增值税的账户设置

1. 一般纳税人会计科目

一般纳税人应在"应交税费"科目下设置"应交增值税""未交增值税"两个明细科目；辅导期管理的一般纳税人应在"应交税费"科目下增设"待抵扣进项税额"明细科目；原增值税一般纳税人兼有应税服务改征期初有进项留抵税款，应在"应交税费"科目下增设"增值税留抵税额"明细科目。在"应交增值税"明细账中，借方应设置"进项税额""已交税金""出口抵减内销应纳税额""减免税款""转出未交增值税"等专栏，贷方应设置"销项税额""出口退税""进项税额转出""转出多交增值税"等专栏。具体使用说明如图5-11所示。

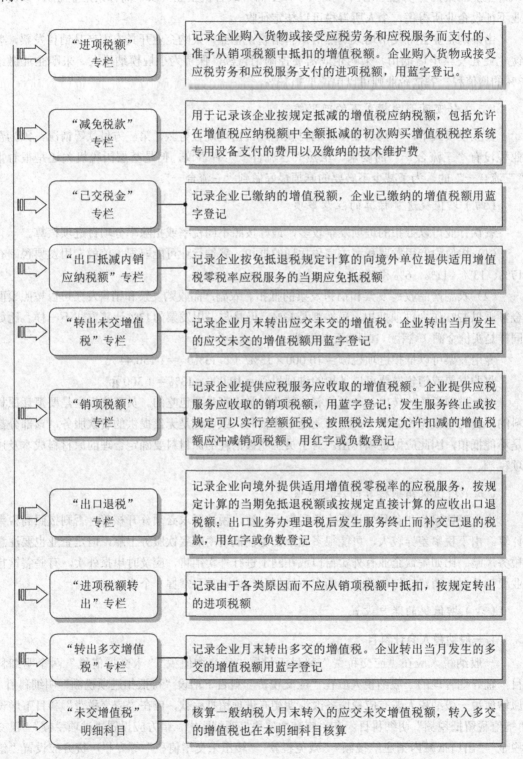

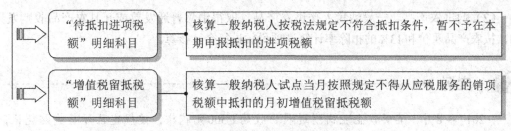

图5-11 增值税的账户使用说明

2. 小规模纳税人会计科目

小规模纳税人应在"应交税费"科目下设置"应交增值税"明细科目，不需要再设置上述专栏。

（七）会计处理方法

1. 一般纳税人国内购进货物、接受应税劳务和应税服务

一般纳税人国内采购的货物或接受的应税劳务和应税服务，取得的增值税扣税凭证，按税法规定符合抵扣条件可在本期申报抵扣的进项税额，借记"应交税费——应交增值税（进项税额）"科目，按应计入相关项目成本的金额，借记"材料采购""商品采购""原材料""制造费用""管理费用""营业费用""固定资产""主营业务成本""其他业务成本"等科目，按照应付或实际支付的金额，贷记"应付账款""应付票据""银行存款"等科目。购入货物发生的退货或接受服务中止，作相反的会计分录。

（1）取得专用发票。一般纳税人国内采购的货物或接受的应税劳务和应税服务，取得增值税专用发票（不含小规模纳税人代开的货运增值税专用发票），按发票注明增值税税额进行核算。

实例

2017年9月2日，某A物流企业（一般纳税人）与H餐饮企业（一般纳税人）签订合同，为其提供购进货物的运输服务，H公司于签订协议时全额支付现金6万元，且开具了专用发票。9月8日，由于前往目的地的道路被冲毁，双方同意中止履行合同。H公司将尚未认证专用发票退还给A企业，A企业返还运费。

（1）H公司9月2日取得专用发票的会计处理

借：在途物资　　　　　　　　　　　　　　　　　　　　54 054.05
　　应交税费——应交增值税（进项税额）　　　　　　　 5 945.95
　贷：现金　　　　　　　　　　　　　　　　　　　　　60 000.00

（2）H公司9月8日发生服务中止的会计处理

借：银行存款　　　　　　　　　　　　　　　　　　　　60 000.00
借：在途物资　　　　　　　　　　　　　　　　　　　 −54 054.05
　　应交税费——应交增值税（进项税额）　　　　　　　−5 945.95

（2）购进农产品。一般纳税人购进农产品，取得销售普通发票或开具农产品收购发票的，按农产品买价和13%的扣除率计算进项税额进行会计核算。

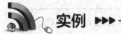 **实例** ▶▶▶

2017年8月，某餐饮企业向附近农户收购1 500元花椒，按规定已开具收购凭证，价款已支付。

借：低值易耗品　　　　　　　　　　　　　　　　　　　1 305
　　应交税费——应交增值税（进项税额）　　　　　　　 195
　　贷：现金　　　　　　　　　　　　　　　　　　　　 1 500

2. 一般纳税人国内购进货物、接受应税劳务和应税服务

一般纳税人进口货物或接受境外单位或者个人提供的应税服务，按照海关提供的海关进口增值税专用缴款书上注明的增值税额或中华人民共和国税收通用缴款书上注明的增值税额进行会计核算。

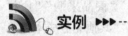 **实例** ▶▶▶

2017年8月，某餐饮企业从澳大利亚Re公司进口厨房设备一套，价款15万元已于7月支付，缴纳进口环节的增值税2.55万元，取得海关进口增值税专用缴款书。

相关会计处理如下。

借：工程物资　　　　　　　　　　　　　　　　　　　150 000
　　贷：预付账款　　　　　　　　　　　　　　　　　150 000
借：应交税费——应交增值税（进项税额）　　　　　　 25 500
　　贷：银行存款　　　　　　　　　　　　　　　　　 25 500

3. 混业经营原一般纳税人"挂账留抵"处理

兼有增值税应税服务的原增值税一般纳税人，应在营业税改征增值税开始试点的当月月初将不得从应税服务的销项税额中抵扣的上期留抵税额，转入"增值税留抵税额"明细科目，借记"应交税费——增值税留抵税额"科目，贷记"应交税费——应交增值税（进项税额转出）"科目。

待以后期间允许抵扣时，按允许抵扣的金额，借记"应交税费——应交增值税（进项税额）"科目，贷记"应交税费——增值税留抵税额"科目。

4. 一般纳税人提供应税服务

一般纳税人提供应税服务，按照确认的收入和按规定收取的增值税额，借记"应收账款""应收票据""银行存款"等科目，按照按规定收取的增值税额，贷记"应交税费——应交增值税（销项税额）"科目，按确认的收入，贷记"主营业务收入""其他业务收入"等科目。发生的服务中止或折让，作相反的会计分录。

二、城市维护建设税

城市维护建设税又简称城建税，是国家对缴纳增值税、消费税的单位和个人就其实际缴纳的税额为计税依据而征收的一种税，属于特定目的税，是国家为加强城市的维护建设、扩大和稳定城市维护建设资金的来源而采取的一项税收措施。

（一）城建税税率

按纳税人所在地的不同，城建税设置了三档地区差别比例税率，适用税率如下。

（1）纳税人所在地为市区的，税率为7%。

（2）纳税人所在地为县城、镇的，税率为5%。

（3）纳税人所在地不在市区、县城或镇的，税率为1%。

（二）应纳税额的计算

城建税应纳税额的大小由已缴纳增值税、消费税的数额来决定，其计算公式如下：

$$应纳税额 =（实际缴纳的增值税 + 消费税）\times 适用税率$$

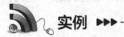

某餐厅地处市区，2016年2月份缴纳增值税和消费税80 000元，其应缴纳的城建税计算如下。

应纳城建税 = 实际缴纳的增值税和消费税总额 × 适用税率
　　　　　 = 80 000 × 7% = 5 600（元）

该餐饮企业应编制如下会计分录。

借：营业税金及附加　　　　　　　　　　　　　　　　5 600
　　贷：应交税费——应交城建税　　　　　　　　　　　　5 600

三、教育费附加和地方教育附加

教育费附加和地方教育附加是对缴纳增值税、消费税的单位和个人就其实际缴纳的税额为计税依据征收的一种附加费，征收的目的是为加快地方教育事业、扩大地方教育经费资金而征收的一项专用基金。现行教育费附加和地方教育附加征收比率分别为3%和2%。

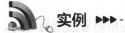

前例中某餐厅应交的教育费附加和地方教育附加为：

应交教育费附加 = 实际缴纳的增值税、消费税额 × 适用税率
　　　　　　　 = 80 000 × 3% = 2 400（元）

应交地方教育附加 = 80 000 × 2% = 1 600（元）

该餐饮企业应编制如下会计分录。

借：营业税金及附加	4 000
贷：应交税费——应交教育费附加	2 400
——应交地方教育附加	1 600

四、印花税

印花税是对经济活动和经济交往中书立、使用、领受具有法律效力的凭证的单位和个人征收的一种税。印花税是一种具有行为性质的凭证税，凡发生书立、使用、领受应税凭证的行为必须依照印花税法的有关规定履行纳税义务。

印花税规定的征税范围广泛，凡税法列举的合同或具有合同性质的凭证、产权转移书、营业账簿及权利、许可证照等都必须依法纳税，而且应当在订立、使用、领受应税凭证、发生纳税义务的同时，先根据凭证所载计税金额和应适用的税目税率自行计算其应纳税额，再由纳税人自行购买印花税票，并一次足额粘贴在应税凭证上，最后由纳税人按规定对已粘贴的印花税票自行划销。

企业缴纳的印花税不通过"应交税费"账户核算，于购买印花税票时，直接做如下会计分录入账。

借：管理费用
　　贷：库存现金/银行存款

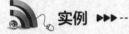 实例 ▶▶▶

由于业务需要，某餐厅到当地税务机关用现金购买印花税票300元，根据有关凭证应编制如下会计分录。

借：管理费用	300
贷：库存现金	300

五、企业所得税

企业所得税是对我国境内的企业和其他取得收入的组织的生产经营所得和其他所得所征收的一种税收，是国家参与企业利润分配的重要手段。

（一）征税对象

企业所得税以应纳税所得额为课税对象。应纳税所得额是按照企业所得税法规的规定，为企业在一个纳税年度内的应税收入总额扣除各项成本、费用、税金和损失后的余额，而不是依据会计制度规定计算出来的利润总额。

（二）实行按年计征、分期预缴的办法

企业所得税以企业一个纳税年度的应纳税所得额为计税依据，平时分月或分季预缴，年度终了后进行汇算清缴，多退少补。

（三）现行企业所得税

从2008年1月1日起至今，现行税制中的企业所得税基本税率为25%，非居民企业适用税率20%，符合条件的小型微利企业适用税率20%，国家需要重点扶持的高新技术企业减按15%的税率征收。

（四）计算公式

应纳税所得额是企业所得税的计税依据，按照企业所得税法的规定，应纳税所得额为企业每一个纳税年度的收入总额，减除不征税收入、免税收入、各项扣除，以及允许弥补的以前年度亏损后的余额，基本公式为：

应纳税所得额＝收入总额－不征税收入－免税收入－各项准予扣除项目金额－允许弥补的以前年度亏损

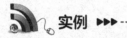

某餐厅2017年经营业务如下。
（1）取得营业收入2 000万元。
（2）营业成本1 000万元。
（3）发生销售费用500万元（其中广告费350万元），管理费用200万元（其中业务招待费15万元），财务费用10万元。
（4）营业税金155万元。
（5）营业外收入60万元，营业外支出40万元（含通过公益性社会团体向贫困山区捐款20万元，支付税收滞纳金6万元）。
（6）计入成本、费用中的实发工资总额150万元，缴纳职工工会经费3万元；支出职工福利费和职工教育经费29万元。
要求根据以上资料计算该企业2017年度实际应纳的企业所得税。
利润总额＝2 000＋60－1 000－500－200－10－155－40＝155（万元）
广告费和业务宣传费调增所得额＝350－2 000×15%＝350－300＝50（万元）
业务招待费调增所得额＝15－15×60%＝15－9＝6（万元）
捐赠支出应调增所得额＝20－40×12%＝15.2（万元）
"三费"应调增所得额＝3＋29－150×18.5%＝4.25（万元）
应纳税所得额＝155＋50＋6＋15.2＋6＋4.25＝236.45（万元）
2017年应交企业所得税＝236.45×25%＝59.1125（万元）

（五）利润总额与应纳税所得额之间的差异

从上例可看出，利润总额与应纳税所得额之间有较多差异。企业所得税是以企业全年的所得额作为纳税依据，会计核算上是以会计年度的利润总额作为企业全年的所得额，这样往往会与税法规定的一个时期的应纳税所得额有所不同，它们之间因包括的内容和时间不同而产生差异，因此，餐饮企业在缴纳所得税时，要以利润总额为基础，按照税法的有关规定和要求，调整计算出应纳税所得额，据以计算和缴纳所得税，所以，需要采用一定的方法，对企业利润总额和应纳税所得额之间的差异进行必要的调整和转销。

利润总额与应纳税所得额之间产生的差异，就其原因和性质的不同，可分为永久性差异和暂时性差异两种。

1. 永久性差异

永久性差异是指某一会计期间由于会计制度和税法在计算收益、费用和损失上的口径不同，所产生的利润总额与应纳税所得额之间的差异。这种由于计算口径不同而产生的差异，不仅局限于本会计期间，以后各会计期间也可能产生，而且这种差异发生以后，不能够在以后期间转回。永久性差异的主要内容有以下几点。

（1）投资方与被投资方双方税率一致时，投资方按权益法确认的投资收益（先税后分配利润）。

（2）国库券利息收入。

（3）超标准开支的业务招待费、广告宣传费等。

（4）超标准开支的职工福利费、职工教育经费、工会经费。

（5）实际支付的利息超出同期银行贷款利率计算的利息的差额。

（6）因违反税法规定支付的滞纳金、罚款。

（7）非公益救济性捐赠。

（8）视同销售情况处理的商品售价与成本的差额，例如将产品用于在建工程，用于发放福利的情况。

（9）弥补以前年度的亏损等。

2. 暂时性差异

暂时性差异是指由于会计制度与税法在确认收益、费用和损失时的时间不同而产生的利润总额与应纳税所得额的差异。这种由于计算的时间不同而产生的差异，在某一时间产生后，可在以后的会计期间逐渐转回，因此，暂时性差异会随时间向前推移而消失，主要是由于会计处理采用了与税法不同的会计政策或处理方法导致资产、负债账户的账面价值与计税基础不同，产生时间性差异。

常见的暂时性差异有以下两种。

（1）由于折旧政策的不同，多计或少计的折旧导致固定资产账面价值与计税基础不同。

（2）计提的各项资产减值准备导致资产的账面价值小于计税基础。

（六）会计处理方法

1. 资产负债表债务法

单独反映暂时性差异对所得税费用的影响，记入递延所得税资产或负债，会计分录如下。

借：所得税费用
　　递延所得税资产

  贷：应交税费——应交所得税
    递延所得税负债

使用此种方法比较复杂，一般酒店餐饮服务企业不会采用。

2.应付税款法

  应付税款法是指企业不单独确认暂时性差异对所得税的影响金额，按照当期计算的应交所得税确认为所得税费用的方法。在这种方法下，当期所得税费用等于当期应交的所得税。应付税款法的特点是本期所得税费用按照本期应纳税所得额与适用的所得税率计算出的应交所得税，即本期从净利润中扣除的所得税费用等于本期应交的所得税。暂时性差异产生的影响所得税的金额均在本期确认所得税费用，或在本期抵减所得税费用。暂时性差异产生的影响所得税的金额在会计报表中不反映为一项负债或一项资产。

实例

  某餐厅全年利润总额为256万元，所得税税率为25%。该企业"三费"超标准8万元，有非公益性的赞助支出2万元，从被投资公司分得股利15万元（被投资企业的所得税税率为25%）。另税法规定某一固定资产采用平均年限法折旧，年折旧额为30万元，但该餐厅采用双倍余额递减法，年折旧额为40万元（该项固定资产为第一年计提折旧），计算本年度应交所得税额如下：

  永久性差异 = 80 000 + 20 000 – 150 000 = –50 000（元）
  暂时性差异 = 400 000 – 300 000 = 100 000（元）
  本期应交所得税额 =（2 560 000 – 50 000 + 100 000）×25%
         = 652 500（元）

（1）根据计算的结果计提本年度应纳所得税额，应编制如下会计分录：
借：所得税费用   652 500
  贷：应交税费——应交所得税   652 500

（2）如果已预交400 000元应补交252 500万元。
借：应交税费——应交所得税   252 500
  贷：银行存款   252 500

（3）如果已预交700 000元，应退还47 500元。
借：银行存款   47 500
  贷：应交税费——应交所得税   47 500

（4）将所得税额结转本年利润账户时，应编制如下会计分录。
借：本年利润   652 500
  贷：所得税费用   652 500

六、个人所得税

  个人所得税与企业所得税不同。企业所得税的征收对象是企业经营盈利，个人所得税是针对自然人（具体个人）而征收的税种，其出发点是为调节社会中收入过分悬殊。具体而言，个人所得税针对个人征收，对服务类企业而言，业主并不一定是征收对象，也许企业经营亏损，也许经营略有盈利，缴纳企业所得税后所剩无几，不够个人所得税征收标准。而企业中的经理、业务骨干每月所拿到的工资、奖金、津贴等相加已超过了征收个人所得税的标准，那么这时个人所得税征收的对象就不是业主而是企业中的其他人了。

（一）个人所得税税率

个人所得税税率采用累进税率，即收入越高征税越多。个人所得税征税对象中的工资、薪金所得是指具体自然人在受雇的企业取得工资、薪金、奖金、分红、津贴等合计后的总额，采用的税率是7级累进税率，即挣得越多，缴税越多。

（二）个人所得税的计算

在企业员工取得的工薪收入中，首先要扣除一个基本生活数，然后按收入的数额依次进行征税，为计算方便，税务局规定了一个快速计算公式。

$$应交个人所得税额＝应纳税所得额×适用税率－速算扣除数$$

$$应交个人所得税额＝[工资－个人交五险一金金额－个人所得税扣除额3500元]×税率－速算扣除数$$

（三）账务处理

借：应付职工薪酬
　　贷：应交税费——应交个人所得税

实际缴纳时的会计分录如下。

借：应交税费——应交个人所得税
　　贷：银行存款

企业计算个人所得税的参照依据是个人所得税速算表。个人所得税速算表（工薪所得适用）见表5-20。

表5-20　个人所得税速算表（工薪所得适用）

级数	全月应纳税所得额		税率/%	速算扣除数
	含税级距	不含税级距		
1	不超过1 500元的部分	不超过1 455元的部分	3	0
2	超过1 500元至4 500元的部分	超过1 455元至4 155元的部分	10	105
3	超过4 500元至9 000元的部分	超过4 155元至7 755元的部分	20	555
4	超过9 000元至35 000元的部分	超过7 755元至27 255元的部分	25	1 005
5	超过35 000元至55 000元的部分	超过27 255元至41 255元的部分	30	2 755
6	超过55 000元至80 000元的部分	超过41 255元至57 505元的部分	35	5 505
7	超过80 000元的部分	超过57 505元的部分	45	13 505

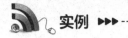 **实例**

某餐厅楼面主管月薪加津贴共8 500元,个人交五险一金1 044元,应纳个人所得税计算如下。

应交个人所得税额=(8 500-1 044-3 500)×10%-105=290.60(元)

计算时记录如下。

借:应付职工薪酬　　　　　　　　　　　　　　　　　290.60
　　贷:应交税费——应交个人所得税　　　　　　　　　290.60

实际缴纳时记录如下。

借:应交税费——应交个人所得税　　　　　　　　　　290.60
　　贷:银行存款　　　　　　　　　　　　　　　　　　290.60

(四)个体户经营所得税

"双定户"在缴纳了定额的税收后,"经营收入-销售费用-盘点损失"后的剩余部分就是经营所得税征收部分。

计算应缴个人所得税如下:

利润总额=经营收入-经营成本-费用-盘点损失

因个体户投资人为个人,所以个体户业主所得税征收等同于个人所得税征收。同样,对个体户的经营收入征收所得税,也按超额累进税率,即挣得多也就征得多,税率共有五档。在计算应缴税上,同样也采用速算法,但与工薪收入的所得税不同,个体户经营收入没有扣除部分。个人所得税速算表(经营所得适用)见表5-21。

表5-21　个人所得税速算表(经营所得适用)

级数	全月应纳税所得额		税率/%	速算扣除数
	含税级距	不含税级距		
1	不超过15 000元的	不超过14 250元的	5	0
2	超过15 000元至30 000元的部分	超过14 250元至27 750元的部分	10	750
3	超过30 000元至60 000元的部分	超过27 750元至51 750元的部分	20	3 750
4	超过60 000元至100 000元的部分	超过51 750元至79 750元的部分	30	9 750
5	超过100 000元的部分	超过79 750元的部分	35	14 750

 **实例**

某餐馆2017年8月的经营收入为112 116元,营业成本为72 161元,费用总额为12 634元,盘点损失为264元,应缴个人所得税计算如下。

利润总额＝经营收入－经营成本－费用－盘点损失
　　　　＝112 116－72 161－12 634－264
　　　　＝27 057（元）
应纳税额＝全年利润总额×适用税率－速算扣除数
　　　　＝27 057×10％－750
　　　　＝1 955.70（元）

七、双定户的纳税

在缴税管理上，个体工商户称为"双定户"，在税务部门的分类中个体工商户又称C类纳税人。"双定"是指定期、定额缴纳增值税和所得税。

（一）双定户的认定

新办税务登记的承包户和个体工商户开业后第一、第二、第三个纳税月份必须如实就其生产经营情况申报纳税（在办好税务登记证时，发证处会给个体工商户发放一个"双定户纳税申报卡"，用于第一、第二、第三个月向税务机关申报纳税），在第三个月申报纳税的同时，向办税大厅的文书发放受理窗口领取"固定工商户定期定额纳税申报表"，及时填好后再交回原窗口。税务局在10天内会派专人到相应的餐饮店调查，如其账册不全、不能准确提供纳税依据的，税务局就将其核定为"双定户"，即作为定期、定额征税的C类纳税人。同时，税务机关将根据其经营行业、经营规模、经营地点，结合填写的"固定工商户定期定额纳税申报表"内容，核定C类纳税人认定通知单上的纳税额，个体户以后就可以按这一核定的定额办理纳税。

（二）双定户的税额测定

1. 盈亏平衡法（费用测算法）

根据纳税人的经营费用发生情况，测算餐饮企业的保本营业额（假定纳税人经营利润为零的营业额）。本方法适用于商业、服务业、娱乐业等，其计算公式如下：

$$月营业额 = \frac{月费用总额}{毛利率 - 征收率}$$

上式中的月费用总额主要包括每月支付的水电费、工商管理费、市场管理费（或摊位费）、店房租金（自有店房按同等出租店房折算成租金）、运杂费、广告费、雇工工资、业主生活费、利息以及其他费用，如果是承包户、租赁户，还应包括上缴的利润和各种租金费用。

2. 毛利率测定法

税务局在确定征收税额时，并不需要做具体的测算，同一街区之内，同样的经营性质，同样的餐馆、旅店，其经营额和毛利率受市场制约趋向平均化，故税务局一视同仁，对所有摊位和餐馆、旅店核定同一标准。由于个体工商户采用的是"双定"征税方式，即由税务局核定销售额和征收额，并且核定的额度在一年内一般不作调整。如税务局认为你的餐馆的销售额为50 000元/月，征收税额为800元，则每到月末，无论你经营额是多少，赚钱与否，都按此额度征收。当然，如果你的餐馆长期达不到此经营标准，可向税务局提出重新核定。"双定户"的缴税额度一般一年调整一次。固定工商户定期定额纳税申报表见表5-22。

表5-22 固定工商户定期定额纳税申请表

经营使用的设备情况				
月营业额（元）			毛利率/%	
月使用原材料及各项费用支出的详细情况（单位：元）	原材料费		从业人员住户租金	
	燃料费		从业人员工资	
	电费		业主生活费	
	水费		各种证照费	
	电话费		交际费	
	运杂费		承包（租）经营费	
	装修费		挂靠经营费	
	设备（设施）费		上缴主管部门管理费	
	工商管理费			
月使用原材料及各项费用支出的详细情况（单位：元）	市场管理费			
	摊位费			
	厂场（门店）租金			
	仓储费		合计	
纳税人声明	以上申请内容，我确信它是真实的、可靠的、完整的。 纳税人签字：_____年__月__日			

（三）双定户的缴税

每个月份结束时，双定户即可到税务局交税。双定户缴税无须填报表格，只需到税务局现金交税窗口缴纳现金即可，现在很多城市已发展到用电话缴税（用指定的存款户或储蓄户来缴税），方便实用。

第七节 所有者权益核算

所有者权益是指所有者在企业资产中享有的经济利益，从数量上看，所有者权益资产负债，也就是企业的净资产。所有者权益的构成如图5-12所示。

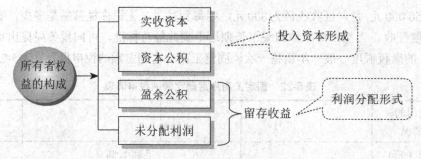

图5-12 所有者权益的构成

一、实收资本核算

实收资本是指企业投资者在企业注册资本的范围内实际投入的资本。

（一）账户设置

餐饮企业要建立"实收资本"总账，并分别设置各种明细账户。"实收资本"账户如图5-13所示。

实收资本——××投资者	
实收资本的减少数额	实收资本的增加数额
	期末实有数额

图5-13 "实收资本"账户

（二）账务处理

1. 实收资本增加的核算

如果实收资本是现金，则以实际收到或存入企业开户银行的金额，借记"银行存款"科目，按投资者应享有企业注册资本的份额计算的金额，贷记"实收资本"科目，按其差额，贷记"资本公积——资本溢价"科目。如以非现金资产投入的资本，应按投资各方确认的价值，借记有关资产科目，按投资者应享有企业注册资本的份额计算的金额，贷记"实收资本"科目，按其差额，贷记"资本公积——资本溢价"科目。实收资本增加的账务处理见表5-23。

表5-23 实收资本增加的账务处理

类别	业务	账务处理
企业收到投资者投入的资本	收到人民币投资时	借：银行存款等（实收数） 贷：实收资本/股本——××投资者（在注册资本中所享份额） 贷：资本公积——资本（股本）溢价（差额）
	收到外币投资时	借：银行存款等（外币×当日市场汇率） 借或贷：资本公积——外币资本折算差额（差额） 贷：实收资本——××投资者（外币×合同约定汇率或当日市场汇率）

续表

类别	业务	账务处理
企业收到投资者投入的资本	接受非现金资产投资	借：原材料 　　应交税费——应交增值税（进项税额） 贷：实收资本 　　资本公积——资本溢价
	接受固定资产投资	借：固定资产 贷：实收资本——××投资者 　　资本公积——资本溢价
	接受无形资产投资	借：无形资产 贷：实收资本
企业用公积金或未分配利润增加资本		借：资本公积/盈余公积/利润分配——未分配利润等 贷：实收资本

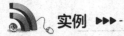 实例

某餐饮企业注册资本为100 000元。该企业收到投资者A投入的现金100 000元，并全部存入开户银行。投资者B投入厨房设备一套，设备双方确认的价值为200 000元，B在该企业注册资本的份额为150 000元。

根据上述业务，该餐饮企业应编制如下会计分录。

借：银行存款　　　　　　　　　　　　　　　　　　100 000
　　固定资产　　　　　　　　　　　　　　　　　　200 000
　　贷：实收资本——投资者A　　　　　　　　　　 100 000
　　　　　　　　——投资者B　　　　　　　　　　 150 000
　　　　资本公积——资本溢价　　　　　　　　　　　50 000

2. 减资

企业通常不得任意减少实收资本，但在某些特殊情况下，可按法定程序减少已登记注册的实收资本，如资本过剩、发生重大亏损等。企业按照法定程序报经批准减少注册资本的，借记"实收资本"科目，贷记"库存现金""银行存款"等科目。

实收资本减资的账务处理见表5-24。

表5-24　实收资本减资的账务处理

类别	业务	会计分录
1	因资本过剩而减少实收资本时	借：实收资本 贷：银行存款等
2	因发生重大亏损而用实收资本来弥补时	借：实收资本 贷：利润分配——未分配利润

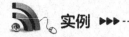
实例

某餐饮企业因减少经营规模，经批准减少注册资金500 000元，已经办妥相关手续，以银行存款退还所有者投资款500 000元，其会计分录如下。

借：实收资本　　　　　　　　　　　　　　　　　　　　　500 000
　　贷：银行存款　　　　　　　　　　　　　　　　　　　　500 000

二、资本公积的核算

资本公积是指企业在经营过程中由于接受捐赠、股本溢价以及法定财产重估增值等原因所形成的公积。资本公积是与企业收益无关而与资本相关的项目。

（一）账户的设置

企业应设立"资本公积"账户。"资本公积"账户如图5-14所示。

资本公积——资本溢价等

资本公积的运用或减少数额	资本公积的来源或增加数额
	期末实有数额

图5-14　"资本公积"账户

（二）账务处理

1. 资本溢价的核算

资本溢价是指投资者投入的资金超过其在注册资本中所占份额的部分，通过"资本公积——资本溢价"账户核算。

（1）补偿企业未确认的自创商誉。

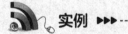
实例

某餐饮企业于某年创建，创建时有三个投资者均投入20万元。餐厅开业3年，这三个投资者没有分到利润，但第四年企业开始好转。这一年，又有一个投资者投入资金。如果四个投资者要均等分配税后利润时，则第四个投资者不仅要投入20万元作企业"实收资本"，还要考虑投资质量而增加5万元（投资者之间协议确定），这5万元作"资本公积"处理，属于四个投资者的共同权益。

（2）补偿原投资者资本增值中享有的权益。

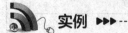
实例

依上实例，第四个投资者向企业投资时，该企业"实收资本"科目余额60万元，而

"资本公积""盈余公积"和"未分配利润"科目余额12万元。这12万元是原投资者投入资本的增值,属于原三个投资者的权益。这时,第四个投资者新注入资金时,不仅要拿出20万元作"实收资本"处理,还要再拿出4万元(12÷3)作"资本公积",这样才能获得和原投资者均等分享资本增值收益的权利。

由于上述两个原因,企业收到第四个投资者投入的29万元时应作如下会计分录。

借:银行存款　　　　　　　　　　　　　　　　　　　　　290 000
　　贷:实收资本　　　　　　　　　　　　　　　　　　　　200 000
　　　　资本公积——资本溢价(5万+4万)　　　　　　　　 90 000

2. 股票溢价

企业发行股票收到现金资产时,借记"银行存款"等科目,按每股股票面值和发行股份总额的乘积计算的金额,贷记"股本"科目,实际收到的金额与该股本之间的差额,贷记"资本公积——股本溢价"科目。

> **特别提示**
>
> 企业发行股票发生的手续费等交易费用,如果是溢价发行股票的,应从溢价中抵扣,冲减资本公积(股本溢价),无溢价发行股票或溢价金额不足以抵扣的,应将不足抵扣的部分冲减盈余公积和未分配利润。

实例

某餐饮连锁企业首次公开发行了普通股50 000 000股,每股面值1元,发行价格为4元。A公司以银行存款支付发行手续费、咨询费等费用共计6 000 000元。假设发行收入已全部收到,发行费用已全部支付,不考虑其他因素,该餐饮企业的会计处理如下。

(1)收到发行收入时,其会计分录如下。

借:银行存款　　　　　　　　　　　　　　　　　　　 200 000 000
　　贷:股本　　　　　　　　　　　　　　　　　　　　 50 000 000
　　　　资本公积——股本溢价　　　　　　　　　　　　 150 000 000

应增加的资本公积 = 50 000 000 × (4−1) = 150 000 000(元)

(2)支付发行费用时,其会计分录如下。

借:资本公积——股本溢价　　　　　　　　　　　　　　 6 000 000
　　贷:银行存款　　　　　　　　　　　　　　　　　　　 6 000 000

3. 接受捐赠

企业接受捐赠的非现金资产按确定的价值借记有关科目,贷记"资本公积——接受捐赠非现金资产准备"科目;企业接受的现金捐赠转入资本公积的金额,借记"银行存款"科目，贷记"资本公积——接受现金捐赠"科目。年度终了，企业根据年终清算的结果，按接受捐赠的现金原计算的应交所得税与实际应交所得税的差额，借记"应交税费——应交所得税"科目，贷记"资本公积——接受现金捐赠"科目。接受捐赠的账务处理见表5-25。

表5-25 接受捐赠的账务处理

序号	业务	会计分录
1	接受现金捐赠时	借：银行存款 　　贷：待转资产价值——接受捐赠货币性资产价值
2	接受捐赠非现金资产——原材料、固定资产等时	借：原材料 　　　应交税费——应交增值税（进项税额） 　　　固定资产等 　　贷：待转资产价值——接受捐赠非货币性资产价值
3	期末全部或分期结转待转资产价值时	借：待转资产价值——接受捐赠货币性资产价值 　　　待转资产价值——接受捐赠非货币性资产价值 　　贷：应交税费——应交所得税 　　　资本公积——其他资本公积 　　　资本公积——接受捐赠非现金资产准备

4. 股权投资准备

采用权益法核算长期股权投资时，股权投资准备的账务处理见表5-26。

表5-26 股权投资准备的账务处理

序号	业务	会计分录
1	当被投资企业接受捐赠、增资扩股等原因增加资本公积时	借：长期股权投资（按投资方应享有的份额） 　　贷：资本公积——股权投资准备
2	当投资方处置所持股权时	借：资本公积——股权投资准备 　　贷：资本公积——其他资本公积

5. 外币资本折算差额

外币资本折算差额的核算可通过以下实例来了解。

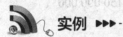 实例 ▶▶▶

一家中外合资创办的餐饮企业，其注册资本160万元人民币或25万美元，合同规定，中方出资50%，外方出资50%，该项目有可能出现以下情况。

（1）按合同约定美元汇率1：6.4记账。中方出资80万元人民币，美方出资12.8125万美元（收到美元时汇率为1：8.2）。该合资企业收到出资额时应编制如下会计分录。

借：银行存款——人民币户　　　　　　　　　　　　　　800 000
　　银行存款——美元户（$10万×8.2）　　　　　　　　820 000

贷：实收资本——国家资本　　　　　　　　　　　　　　　800 000
　　　　　实收资本——外商资本（$10万×8）　　　　　　　　800 000
　　　　　资本公积——外币资本折算差额　　　　　　　　　　 20 000

（2）若合同没有约定汇率，而按出资日美元汇率1：6.4记账，中方出资80万元人民币，美方出资12.5万美元（80÷6.4），其会计分录如下。

　　借：银行存款——人民币户　　　　　　　　　　　　　　800 000
　　　　银行存款——美元户（$12.5万×6.4）　　　　　　　800 000
　　　贷：实收资本——国家资本　　　　　　　　　　　　　　800 000
　　　　　实收资本——外商资本（$12.5万×6.4）　　　　　　800 000

6. 豁免债务

企业在债务重组过程中，债务方对于豁免债务（包括非现金资产抵债所减让的债务）的会计分录如下。

　　借：应付账款（其他应付款、短期借款、长期借款等）
　　　贷：资本公积——其他资本公积

7. 资本公积转增资本

经股东大会决议，用资本公积转增资本时，应冲减资本公积。发生此项业务时应编制如下会计分录。

　　借：资本公积（按转增的金额）
　　　贷：实收资本（按转增的金额）

实例 ▶▶▶

某连锁餐饮企业经批准将500 000元的资本公积转增实收资本，相关手续已经办妥，其会计分录如下。

　　借：资本公积　　　　　　　　　　　　　　　　　　　　500 000
　　　贷：实收资本　　　　　　　　　　　　　　　　　　　　500 000

8. 资本公积减少

资本公积减少主要用于转赠资本，此项业务应编制如下会计分录：

　　借：资本公积
　　　贷：实收资本——××
　　　　　实收资本——××等

三、盈余公积核算

盈余公积是指公司按照规定从净利润中提取的各种公积，包括法定盈余公积和任意盈余公积。在进行盈余公积核算时，应设置"盈余公积"的总账和"法定盈余公积""任意盈公积"等明细账。盈余公积的账务处理见表5-27。

表5-27 盈余公积的账务处理

序号	业务	会计分录
提取盈余公积	按10的比例提取法定盈余公积	借：利润分配——提取法定盈余公积 贷：盈余公积——法定盈余公积
	按自定比例提取任意盈余公积	借：利润分配——提取任意盈余公积 贷：盈余公积——任意盈余公积
使用盈余公积	用法定或任意盈余公积转增资本	借：盈余公积——法定盈余公积 　　　盈余公积——任意盈余公积 贷：实收资本——投资者
	用法定或任意盈余公积分配股利或利润	借：盈余公积——法定盈余公积 　　　盈余公积——任意盈余公积 贷：应付利润——投资者

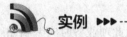 实例 ▶▶▶

某餐饮企业2017年实现税后利润3 000 000元，即"本年利润"的年末贷方余额为3 000 000元，本年提取法定盈余公积300 000元、法定公益金150 000元、任意盈余公积100 000元，应编制如下会计分录。

（1）结转本年利润时，其会计分录如下。

借：本年利润　　　　　　　　　　　　　　　　　　　3 000 000
　　贷：利润分配——未分配利润　　　　　　　　　　　3 000 000

（2）提取盈余公积时，其会计分录如下。

借：利润分配——提取盈余公积　　　　　　　　　　　550 000
　　贷：盈余公积——一般盈余公积　　　　　　　　　　400 000
　　　　　　　——公益金　　　　　　　　　　　　　　150 000

（3）结转利润分配各明细科目时，其会计分录如下。

借：利润分配——未分配利润　　　　　　　　　　　　550 000
　　贷：利润分配——提取盈余公积　　　　　　　　　　550 000

四、未分配利润核算

未分配利润是指实现的净利润经分配后留存在企业、历年结存的利润。"未分配利润"账户如图5-15所示。

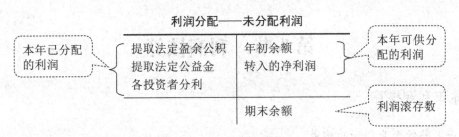

图 5-15 "未分配利润"账户

1. 未分配利润的账务处理

未分配利润的账务处理只能在年末进行，具体处理方法见表 5-28。

表 5-28 未分配利润的账务处理

序号	业务	会计分录
1	年末结转本年实现的净利润	借：本年利润 　贷：利润分配——未分配利润
2	结转本年已分配的利润	借：利润分配——未分配利润 　贷：利润分配——提取法定盈余公积 　　利润分配——提取任意盈余公积 　　利润分配——应付利润

2. 企业发生亏损的账务处理

企业发生亏损的账务处理见表 5-29。

表 5-29 企业发生亏损的账务处理

序号	业务	会计分录
1	若以前年度发生亏损，本年盈利	（1）先用本年税前利润弥补（连续5年），可在账内自动弥补，不需单做账务处理 （2）5年后再用税后利润弥补，可在账内自动弥补，不需单做账务处理 （3）再用盈余公积/资本公积/实收资本等弥补 借：盈余公积（资本公积、实收资本等） 　贷：利润分配——其他转入 借：利润分配——其他转入 　贷：利润分配——未分配利润
2	若本年度发生亏损，以前年度盈利	（1）先用以前年度的未分配利润弥补，可在账内自动弥补，不需单做账务处理 （2）再用以前年度的盈余公积/资本公积/实收资本等弥补 借：盈余公积/资本公积/实收资本等 　贷：利润分配——其他转入 借：利润分配——其他转入 　贷：利润分配——未分配利润 （3）再用以后年度的税前利润或税后利润弥补

第八节 利润核算

一、本年利润核算

(一) 餐饮企业利润的构成

餐饮企业的利润总额由营业利润、投资收益和营业外收支净额三个部分构成。

1. 营业利润

营业利润是指企业从经营业务活动中取得的利润。主营业务利润加上其他业务利润减去期间费用构成了营业利润。

营业利润的计算公式如下：

营业利润＝营业收入－营业成本－营业税金及附加－销售费用－管理费用－财务费用－资产减值损失＋公允价值变动收益（－公允价值变动损失）＋投资收益

2. 投资收益

投资收益是指企业对外投资（包括短期投资和长期投资）所取得的收入，是一种非营业性质的收入。企业转让、出售股票、债券取得的收益计入投资收益。酒店餐饮企业此类投资行为不多，此处不做过多讨论。

3. 营业外收支净额

营业外收支净额是指企业发生的与经营业务无直接关系的其他各项收入与支出的差额，即营业外收入减去营业外支出的净额。

（1）营业外收入是指企业发生的与生产经营无直接关系的各项收入。营业外收入项目如图5-16所示。

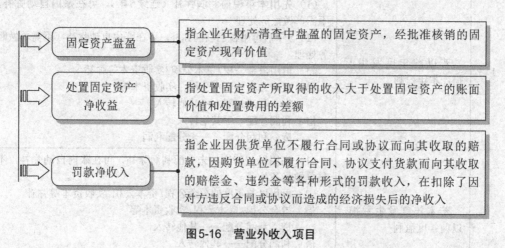

图5-16 营业外收入项目

（2）营业外支出是指企业发生的与企业生产经营无直接关系的各项支出。营业外支出项目见图5-17。

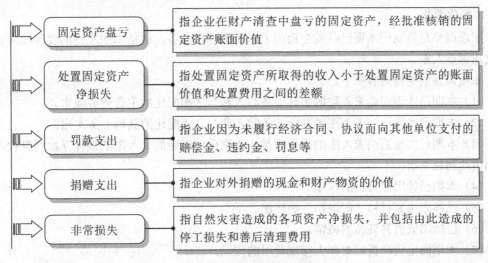

图5-17　营业外支出项目

综上所述，企业的利润总额和净利润的计算公式如下：

$$利润总额＝营业利润＋营业外收入－营业外支出$$
$$净利润＝利润总额－所得税费用$$

（二）餐饮服务企业利润的核算

为正确反映餐饮企业实现的利润总额，在进行利润核算前，必须做好账目核对、财产清查和账项调整的工作。

1.账目核对

账目核对是将各种有关的账簿记录进行核对，通过核对做到账账相符，如有不符，应立即查明原因，予以更正。账目核对的具体内容有以下几项。

（1）总分类账中各资产类及费用类账户的余额之和应与各负债类、所有者权益类及收入类账户的余额之和核对相符。

（2）各总分类账户的期末余额应与其所统驭的各明细分类账户的余额之和核对相符。

（3）存货的各明细分类账户应与各相关的实物保管账核对相符。

（4）银行存款日记账应与银行对账单核对相符。

（5）应收、应付账款和其他应收、应付款明细分类账户的记录应与往来单位或个人的凭证单据核对相符。

2.财产清查

财产清查是指根据账簿记录清查盘点各项财产物资和现金，通过清查盘点做到账实相符。财产清查的具体内容包括原材料、低值易耗品、库存商品、固定资产和现金等。

> **特别提示**
>
> 若发现账实不符，应及时查明原因，区别情况进行核算，以保证核算资料的真实性和准确性。

3. 账项调整

账项调整是将属于本期已经发生而尚未入账的经济业务,包括本期应得的收入和应负担的支出调整入账。

账项调整的主要内容如下。

(1) 本期已实现而尚未入账的主营业务收入和与之相配比的主营业务成本。

(2) 本期已实现而尚未入账的其他业务收入和与之相配比的其他业务支出。

(3) 本期已实现而尚未入账的投资收益,本期已实现而尚未入账的银行存款利息收入和短期借款利息支出。

(4) 本期已领用原材料的转账。

(5) 已领未用原材料"假退料"的转账。

(6) 已领用低值易耗品的摊销。

(7) 本期固定资产折旧费和大修理费用的预提。

(8) 本期无形资产和长期待摊费用的摊销。

(9) 本期应负担待摊费用的摊销。

(10) 本期职工福利费、工会经费和职工教育经费的计提。

(11) 已批准核销的待处理财产损溢的转账。

(12) 本期应负担的营业税、城市维护建设税和教育费附加的计提,以及坏账准备、存货跌价准备、长期投资减值准备、固定资产减值准备和无形资产减值准备的计提或调整等。

> **特别提示**
>
> 账项调整必须在账账、账实相符的基础上进行。

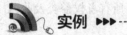
实例 ▶▶▶

月末,某餐饮企业有关损益类账户结账前余额如下:

营业收入	280 000	营业成本	120 000
投资收益	2 200	营业税金及附加	5 200
营业外收入	1 800	管理费用	12 600
		财务费用	3 600
		销售费用	6 300
		所得税费用	45 342

则:营业利润 = 280 000 − 120 000 − 5 200 − 12 600 − 3 600 − 6 300 + 2 200
= 134 500(元)

利润总额 = 134 500 + 1 800 = 136 300(元)

净利润 = 136 300 − 45 342 = 90 958(元)

（三）利润结转的账务处理

"本年利润"是一个汇总类账户，其贷方登记餐饮企业当期所实现的各项收入，包括营业收入、投资收益、营业外收入等；借方登记企业当期所发生的各项费用与支出，包括营业成本、营业税金及附加、销售费用、管理费用、财务费用、投资收益（净损失）、营业外支出、所得税费用等。借贷方发生额相抵后，若为贷方余额则表示餐饮企业本期经营活动实现的净利润，若为借方余额则表示餐饮企业本期发生的亏损。"本年利润"账户如图5-18所示。

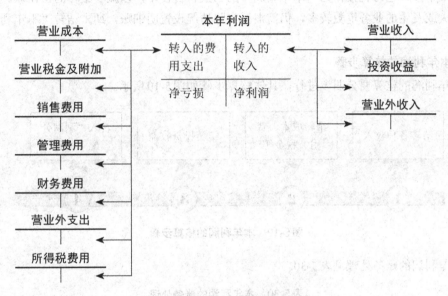

图5-18 "本年利润"账户

1. 本年利润的核算要求

（1）餐饮企业在期（月）末结转利润时，应将各损益类账户的金额转入"本年利润"账户，结平各损益类账户。结转后，本账户的贷方余额为当期实现的净利润，借方余额为当期发生的净亏损。

结转所得税费用借记"所得税费用"账户，贷记"应交税费——应交所得税"账户。

（2）年度终了，应将本年收入和支出相抵后结出的净利润转入"利润分配"账户，借记本账户，贷记"利润分配——未分配利润"账户；如为净亏损，应做相反的会计分录，结转后本科目应无余额。

"本年利润"账户的余额表示年度内累计实现的净利润或净亏损，该账户平时不结转，年终一次性转至"利润分配——未分配利润"账户，借记"本年利润"科目，贷记"利润分配——未分配利润"账户。如为亏损，则做相反分录。年终利润分配各明细账只有未分配利润有余额，需将其他明细账转平，借记"利润分配——未分配利润"账户，贷记"利润分配——提取盈余公积、向投资者分配利润等"账户。至此，所有结转分录可以画上一个圆满句号。

2. "本年利润"账户的设置

为使"本年利润"账户能准确、及时提供当期利润额又不增加编制分录的工作量,餐饮企业在实际工作中"本年利润"账页采用多栏式,把"主营业务收入""主营业务成本""营业税金及附加"等账户,由一级科目转变为"本年利润"下的二级科目使用,减少了结转时的工作量。但"收入""成本"下设的产品明细账仍需按数量和金额登记。按"附表"账页中期末结出发生额,在编制损益表时不用查看多本账簿,只通过"本年利润"就能满足编制利润表的需要。"销售费用""管理费用""财务费用"等项费用,每月的发生额不大或业务笔数不多,也可直接作为"本年利润"的二级科目使用,以减少结转的工作量。如上述费用较大或发生的业务笔数较多,仍需根据实际情况设置明细账,期末结转"本年利润"账户中。

3. 本年利润的核算步骤

本年利润的核算要分四步进行,具体核算步骤如图5-19所示。

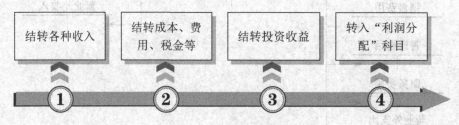

图5-19 本年利润的核算步骤

本年利润的账务处理见表5-30。

表5-30 本年利润的账务处理

序号	业务	具体说明	会计分录
1	结转各种收入	期末结转利润时,应将"主营业务收入""营业外收入"等账户的余额转入"本年利润"账户	借:主营业务收入 　　营业外收入 贷:本年利润
2	结转成本、费用、税金等	将"主营业务成本""管理费用""财务费用""营业税金及附加""营业外支出"等账户的期末余额转入"本年利润"账户	借:本年利润 贷:主营业务成本 　　营业税金及附加 　　销售费用 　　管理费用 　　财务费用 　　营业外支出
3	结转投资收益(损失)	结转投资收益 将投资收益科目的净收益转入"本年利润"账户	借:投资收益 贷:本年利润
		结转投资损失 将投资收益账户的净损失转入"本年利润"账户	借:本年利润 贷:投资收益

续表

序号	业务	具体说明	会计分录
4	转入"利润分配"	年度终了,将本年的收入和支出相抵后结出的本年实现的净利润全部转入"利润分配"账户,结转后的"本年利润"账户没有余额	借:本年利润 　　贷:利润分配——未分配利润

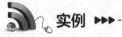

2017年12月31日,某餐厅将损益类中有关收入类科目的余额转入"本年利润"账户,其中主营业务收入1 750 000元,营业外收入50 000元,投资收益150 000元,编制会计分录如下。

借:主营业务收入　　　　　　　　　　　　　　　　　　　1 750 000
　　营业外收入　　　　　　　　　　　　　　　　　　　　　　50 000
　　投资收益　　　　　　　　　　　　　　　　　　　　　　　150 000
　　贷:本年利润　　　　　　　　　　　　　　　　　　　　1 950 000

收入类账户结转如下图所示。

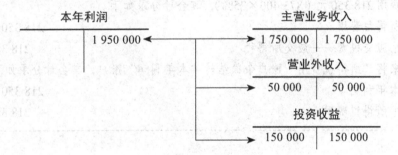

收入类账户结转

2017年12月31日,该餐饮企业将有关损益类成本费用账户的余额转入"本年利润"账户,其中,主营业务成本906 000元,营业税金及附加19 300元,销售费用30 000元,管理费用89 300元,财务费用7 000元,营业外支出25 000元,编制会计分录如下。

借:本年利润　　　　　　　　　　　　　　　　　　　　　1 076 600
　　贷:主营业务成本　　　　　　　　　　　　　　　　　　906 000
　　　　营业税金及附加　　　　　　　　　　　　　　　　　 19 300
　　　　销售费用　　　　　　　　　　　　　　　　　　　　 30 000
　　　　管理费用　　　　　　　　　　　　　　　　　　　　 89 300
　　　　财务费用　　　　　　　　　　　　　　　　　　　　　7 000
　　　　营业外支出　　　　　　　　　　　　　　　　　　　 25 000

成本费用账户结转如下图所示。

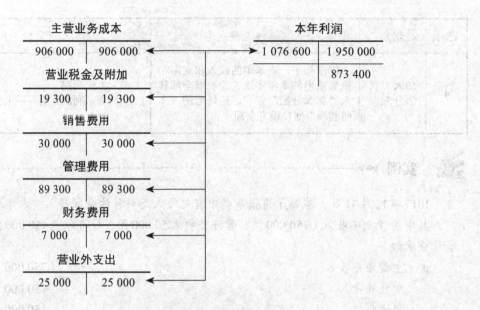

成本费用账户结转

企业实现利润总额873 400元（1 950 000 - 1 076 600），按25%的税率计算和结转应交所得税费用218 350元（873 400×25%），其会计分录如下。

  借：所得税费用   218 350
    贷：应交税费——应交所得税   218 350

接下来将"所得税费用"账户余额结转"本年利润"账户，其会计分录如下。

  借：本年利润   218 350
    贷：所得税费用   218 350

二、利润分配核算

（一）利润分配的顺序

利润分配要根据相关法规规定的顺序进行。

（1）被没收的财务损失、支付各项税收的滞纳金和罚款。

（2）弥补在税前利润补亏后仍存在的亏损。

（3）提取法定盈余公积，即按税后利润扣除前两项后的10%提取法定盈余公积，盈余公积已达注册资金的50%时可不再提取；

（4）向投资者分配利润。

（二）利润分配的核算

利润分配的账务处理见表5-31。

表5-31 利润分配的账务处理

序号	业务	会计分录
1	在计算分配给股东的股息或利息时	借：利润分配——应付优先股股息 　　利润分配——应付普通股股息 贷：应付股利
2	根据股东大会的决议，批准调整增加的利润分配时	借：利润分配——未分配利润 贷：盈余公积
3	根据股东大会的决议，批准调整减少的利润分配时	借：盈余公积 贷：利润分配——未分配利润
4	分配股利或转增资本	借：利润分配——转增资本的股利 贷：实收资本 　　资本公积——股本溢价

年度终了，除"未分配利润"明细账外，利润分配账户中的其他明细账户应该都没有余额。

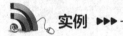 实例 ▶▶▶

接上例，将"本年利润"账户余额655 050元（873 400–218 350）转入"利润分配"账户所属的"未分配利润"明细分类账户的贷方，其会计分录如下。

借：本年利润　　　　　　　　　　　　　　　　　　　　　655 050
　　贷：利润分配——未分配利润　　　　　　　　　　　　　　655 050

按税后净利润655 050元的10%提取盈余公积，其会计分录如下。

借：利润分配——提取盈余公积　　　　　　　　　　　　　　65 505
　　贷：盈余公积　　　　　　　　　　　　　　　　　　　　　65 505

期末企业计算应向投资者分配利润200 000元，其会计分录如下。

借：利润分配——应付利润　　　　　　　　　　　　　　　200 000
　　贷：应付利润　　　　　　　　　　　　　　　　　　　　200 000

年终决算时，将"利润分配"账户所属的各明细分类账户的借方分配合计数265 505元（其中：提取盈余公积65 505元，应付利润200 000元）结转到"利润分配"账户所属的"未分配利润"明细分类账户的借方，其会计分录如下。

借：利润分配——未分配利润　　　　　　　　　　　　　　265 505
　　贷：利润分配——提取盈余公积　　　　　　　　　　　　　65 505
　　　　利润分配——应付利润　　　　　　　　　　　　　　200 000

第六章
餐饮企业会计报表编制

导读

会计报表是餐饮企业根据日常会计核算资料归集、加工、汇总而形成的结果，是会计核算的最终产品。会计报表总括地反映企业财务状况、经营成果和现金流量情况，以便使用者据此进行管理和决策。

第一节 资产负债表

资产负债表是反映企业一定期间内（月末、季末、年末）全部财务状况的报表，包括资产、负债和所有者权益情况。餐饮企业在编制时必须遵循"资产＝负债＋所有者权益"这一会计恒等式，在此，以《企业会计准则》的要求来加以说明。

一、资产负债表的格式

资产负债表格式一般有两种，即报告式资产负债表和账户式资产负债表。

（一）报告式资产负债表

报告式资产负债表是将资产、负债和所有者权益各项上下垂直排列起来，具体格式见表6-1。

表6-1 报告式资产负债表

编制企业：　　　　　　　　　　年　　月　　日　　　　　　　　单位：

项目		年初余额	期末余额
资产			
资产总计			
负债			
所有者权益			
负债和所有者权益总计			

（二）账户式资产负债表

账户式资产负债表是企业常用的格式，与账户结构类似，为左右式结构，左边列示资产，右边列示负债和所有者权益，具体样式见表6-2。

表6-2 账户式资产负债表

编制企业：　　　　　　　　　年　月　日　　　　　　单位：

资产	行次	期末余额	年初余额	负债和所有者权益	行次	期末余额	年初余额
流动资产				流动负债			
非流动资产				非流动负债			
				所有者权益			
资产总计				负债和所有者权益总计			

二、资产负债表的内容填制

餐饮企业在编制资产负债表时，应当依照各种账户的余额直接填制。

（一）年初余额

在"年初余额"栏内，直接根据年末的资产负债表的对应项目进行填写。如果本年度的资产负债表与上年度表中规定的各项目名称和内容不一致，必须先将上年度的资产负债表中的相关内容按本年度的规定进行调整，再填入本表的"年初余额"栏内。

（二）期末余额

"期末余额"栏内要根据各账户的余额直接或间接分析、计算后填制。

（1）根据总分类账户余额直接填列，如应收票据、短期借款等。

（2）根据总分类账户余额分析计算填列，如货币资金、存货、未分配利润等。

（3）根据明细分类账余额分析计算填列，如应收账款、应付账款等。

（4）根据总账和明细账余额分析计算填列，如长期借款等。

（5）根据科目余额减去其备抵项目后的净额填列，如交易性金融资产净额、应收账款净额、存货净额、长期投资净额、固定资产净额等。

资产负债表主要项目的填制见表6-3。

表6-3 资产负债表主要项目的填制

序号	项目	反映内容	填制要求
1	货币资金	反映企业库存现金、银行结算户存款、外埠存款、银行汇票存款、银行本票存款和在途资金等货币资金的合计数	应根据"现金""银行存款""其他货币资金"科目的期末余额合计填列
2	短期投资	反映企业购入的各种能随时变现、持有时间不超过1年的有价证券以及不超过1年的其他投资	应根据"短期投资"科目的期末余额填列

续表

序号	项目	反映内容	填制要求
3	应收账款	反映企业经营业务发生的各种应收款项，本科目应根据"应收账款"科目所属各明细科目的期末借方余额合计填列	"应收账款"科目如为贷方余额，应在"应付账款"项目内填列
4	坏账准备	反映企业提取尚未转销的坏账准备	应根据"坏账准备"科目的期末余额填列，其中借方余额应以"—"号填列
5	其他应收款	反映企业除应收账款以外的其他应收及暂付款项	应根据"其他应收款"科目的期末余额填列
6	存货	反映企业期末结存在库的各项存货的实际成本，包括原材料、燃料、低值易耗品、物料用品、库存商品等	应根据"原材料""燃料""低值易耗品""物料用品""库存商品"等科目的期末余额填列
7	待摊费用	反映企业已经支出但应由以后各期分期摊销的费用。企业的开办费、租入固定资产改良及修理支出以及摊销期限在1年以上的其他待摊费用，应在本表"递延资产"项目反映，不包括在本项目数字之内	应根据"待摊费用"科目的期末余额填列。"预提费用"科目期末如有借方余额，也在本项目内反映，增设"外汇价差"科目的企业，该科目如有借方余额，也在本项目内反映
8	待处理流动资产净损失	反映企业在清查财产中发现的尚待批准转销或作其他处理的流动资产盘亏、毁损扣除盘盈后的净损失	应根据"待处理财产损溢"科目所属"待处理流动资产损溢"明细科目的期末余额填列
9	企业待处理的固定资产净损失	—	应在本表"待处理固定资产净损失"项目另行反映
10	其他流动资产	反映企业除以上流动资产项目以外的其他流动资产的实际成本	应根据有关科目的期末余额填列
11	长期投资	反映企业向其他单位投出的不准备在1年内变现的资金，将于1年内到期的债券应在流动资产类下"1年内到期的长期债券投资"项目单独反映	应根据"长期投资"科目的期末余额扣除1年内到期的长期债券投资后的数额填列
12	"固定资产原价"项目和"累计折旧"项目	反映企业的各种固定资产原价及累计折旧。融资租入的固定资产在产权尚未确定之前，其原价及已提折旧也包括在内	应根据"固定资产"科目和"累计折旧"科目的期末余额填列
13	固定资产清理	反映企业因出售、毁损、报废等原因转入清理但尚未清理完毕的固定资产的净值，以及固定资产清理过程中所发生的清理费用和变价收入等各项金额的差额	应根据"固定资产清理"科目的期末借方余额填列，如为贷方余额，应以"—"号填列

续表

序号	项目	反映内容	填制要求
14	在建工程	反映企业期末各项未完工程的实际支出和尚未使用的工程物资的实际成本，包括交付安装的设备价值，未完建筑安装工程已经耗用的材料、工资和费用支出，预付出包工程的价款，已经建筑安装完毕但尚未交付使用的建筑安装工程成本	应根据"在建工程"科目的期末余额填列
15	无形资产	反映企业各项无形资产的原价扣除摊销后的净额	应根据"无形资产"科目的期末余额填列
16	递延资产	反映企业尚未摊销的开办费、租入固定资产改良支出以及摊销期限在1年以上的固定资产修理支出等其他待摊费用	应根据"递延资产"科目的期末余额填列
17	其他长期资产	反映除以上资产以外的其他长期资产	应根据有关科目的期末余额填列
18	短期借款	反映企业借入尚未归还的1年期以下的借款	应根据"短期借款"科目的期末余额填列
19	应付账款	反映企业经营中发生的各种应付款项	应根据"应付账款"科目所属各有关明细科目的期末贷方余额合计填列，本科目期末如有借方余额，应在"应收账款"项目填列
20	其他应付款	反映企业所有应付和暂收其他单位和个人的款项，如应付保险费、存入保证金等	应根据"其他应付款"科目的期末余额填列
21	应付工资	反映企业应付未付的职工工资	应根据"应付工资"科目期末贷方余额填列，"应付工资"科目期末如为借方余额，本项目应以"—"号填列
22	应付福利费	反映企业提取的福利费的期末余额	应根据"应付福利费"科目的期末贷方余额填列，如为借方余额，应以"—"号填列
23	未交税金	反映企业应交未交的各种税金（多交数以"—"号填列）	应根据"应交税金"科目的期末余额填列
24	未付利润	反映企业期末应付未付给投资者及其他单位和个人的利润（多付数以"—"号填列）	应根据"应付利润"科目的期末余额填列
25	其他未交款	反映企业应交未交的除税金以外的各种款项（多交数以"—"号填列）	应根据"其他应交款"科目的期末余额填列
26	预提费用	反映企业所有已经预提但尚未实际支出的各项费用	应根据"预提费用"科目的期末贷方余额填列，如"预提费用"科目有借方余额，应合并在"待摊费用"项目内反映，不包括在本项目内

续表

序号	项目	反映内容	填制要求
27	其他流动负债	反映除以上流动负债以外的其他流动负债	应根据有关科目的期末余额填列
28	长期借款	反映企业借入尚未归还的1年期以上的借款的本息	应根据"长期借款"科目的期末余额填列
29	应付债券	反映企业发行的尚未偿还的各种债券的本息	应根据"应付债券"科目的期末余额填列
30	长期应付款	反映企业期末除长期借款和应付债券以外的其他各种长期应付款,如在融资租赁方式下,企业应付未付的融资租入固定资产的租赁费等	应根据"长期应付款"科目的期末余额填列
31	其他长期负债	反映除以上长期负债项目以外的其他长期负债	应根据有关科目的期末余额填列。上述长期负债各项目中,将于1年内到期的长期负债应在本表"1年内到期的长期负债"项目内另行反映。上述各项目均应根据有关科目余额扣除将于1年内到期偿还数后的余额填列
32	实收资本	反映企业实际收到的资本总额	应根据"实收资本"科目的期末余额填列
33	资本公积	反映企业资本公积的期末余额	根据"资本公积"科目的期末余额填列
34	盈余公积	反映企业盈余公积的期末余额	根据"盈余公积"科目的期末余额填列
35	未分配利润	反映企业尚未分配的利润	应根据"本年利润"科目和"利润分配"科目的余额计算填列,未弥补的亏损,在本项目内以"—"号反映

实例 ▶▶▶

某餐饮企业2017年的科目余额汇总表见下表。假设该公司2017年度除计提固定资产减值准备导致固定资产账面价值与其计税基础存在可抵扣暂时性差异外,其他资产和负债项目的账面价值均等于其计税基础。假定该公司未来很可能获得足够的应纳税所得额用来抵扣可抵扣暂时性差异,适用的所得税税率为33%。

科目余额汇总表

2017年12月31日　　　　　　　　　　　　　　　　　单位：元

科目名称	借方余额	科目名称	贷方余额
库存现金	2 000	短期借款	50 000
银行存款	786 135	应付票据	100 000
其他货币资金	7 300	应付账款	953 800
交易性金融资产	0	其他应付款	50 000
应收票据	66 000	应付职工薪酬	180 000
应收账款	600 000	应交税费	226 731
坏账准备	-1 800	应付利息	0
预付账款	100 000	应付股利	32 215.85
其他应收款	5 000	一年内到期的非流动负债	0
材料采购	275 000	长期借款	1 160 000
原材料	45 000	股本	5 000 000
周转材料	38 050	盈余公积	124 770.40
库存商品	2 122 400	利润分配（未分配利润）	190 717.75
材料成本差异	4 250		
其他流动资产	90 000		
长期股权投资	250 000		
固定资产	2 401 000		
累计折旧	-170 000		
固定资产减值准备	-30 000		
工程物资	150 000		
在建工程	578 000		
无形资产	600 000		
累计摊销	-60 000		
递延所得税资产	9 900		
其他非流动性资产	200 000		
合计	8 068 235	合计	8 068 235

根据上述资料，编制该餐饮企业2017年12月31日的资产负债表见下表。

资产负债表

编制单位：××股份有限公司　　　　2017年12月31日　　　　　　　　单位：元

资产	期末余额	年初余额	负债和股东权益	期末余额	年初余额
流动资产			流动负债		
货币资金	795 435	1 406 300	短期借款	50 000	300 000
交易性金融资产	0	15 000	交易性金融资产	0	0
应收票据	66 000	246 000	应付票据	100 000	200 000
应收账款	598 200	299 100	应付账款	953 800	953 800
预付款项	100 000	100 000	预收款项	0	0
应收利息	0	0	应付职工薪酬	180 000	110 000
应收股利	0	0	应交税费	226 731	36 600
其他应收款	5 000	5000	应付利息	0	1 000
存货	2 484 700	2 580 000	应付股利	32 215.85	0
一年内到期的非流动资产	0	0	其他应付款	50 000	50 000
其他流动资产	90 000	100 000	一年内到期的非流动负债	0	1 000 000
流动资产合计	4 139 335	4 751 400	其他流动负债	0	0
非流动资产			流动负债合计	1 592 746.85	2 651 400
可供出售金融资产	0	0	非流动负债		
持有至到期投资	0	0	长期借款	1 160 000	600 000
长期应收款	0	0	应付债务	0	0
长期股权投资	250 000	250 000	长期应付款	0	0
投资性房地产	0	0	专项应付款	0	0
固定资产	2 201 000	1 100 000	预计负债	0	0
在建工程	578 000	1 500 000	递延所得税负债	0	0
工程物资	150 000	0	其他非流动负债	0	0
固定资产清理	0	0	非流动负债合计	1 160 000	600 000
生产性生物资产	0	0	负债合计	2 752 746.85	3 251 400
油气资产	0	0	股东权益		
无形资产	540 000	600 000	股本	5 000 000	5 000 000
开发支出	0	0	资本公积	0	0
商誉	0	0	减：库存股		
长期待摊费用	0	0	盈余公积	124 770.40	100 000
递延所得税资产	9 900	0	未分配利润	190 717.75	50 000
其他非流动资产	200 000	200 000	股东权益合计	5 315 488.15	5 150 000
非流动资产合计	3 928 900	3 650 000			
资产总计	8 068 235	8 401 400	负债和股东权益总计	8 068 235	8 401 400

第二节 利润表

利润表也称为损益表、收益表,是反映企业在一定会计期间经营成果的报表。

一、利润表的内容

(1)构成营业利润的各项要素,主要包括营业收入、营业成本、营业税金及附加、销售费用、管理费用、财务费用、资产减值损失、投资收益等。

(2)构成利润总额的各项要素,主要包括营业利润、营业外收入、营业外支出等。

(3)构成净利润的各项要素,主要包括利润总额和所得税费用。

二、利润表的格式

利润表的格式一般分为单步式利润表和多步式利润表。

(一)单步式利润表

单步式利润表是将本期发生的所有收入、费用、成本等集中在一起列示,然后将收入类合计减去成本、费用类合计,计算出本期利润。单步式利润表见表6-4。

表6-4 单步式利润表

编制企业:　　　　　　　　　　年　月　日　　　　　　　　　　单位:

项目	行次	本月数	本年累计数
一、收入			
收入合计			
二、费用			
费用合计			
三、利润总额			
四、净利润			

（二）多步式利润表

多步式利润表是企业常用的格式，是根据利润计算的步骤而设计的。多步式利润表见表6-5。

表6-5 多步式利润表

编制企业：　　　　　　　　　　年　月　日　　　　　　　　　单位：

项　目	本月数	本年累计数
一、主营业务收入		
二、主营业务利润		
三、营业利润		
四、利润总额		
五、净利润		

三、利润的计算

利润的计算通常按照营业利润、利润总额、净利润三步进行。利润计算步骤如图6-1所示。

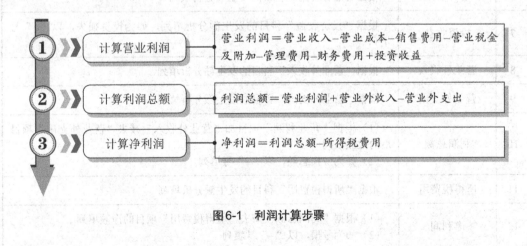

图6-1 利润计算步骤

四、编制利润表

利润表的内容主要由收入、费用和利润组成，其编制根据为"利润＝收入－费用"。

（一）本月数

本栏反映各项目的本月实际发生数。餐饮企业在编制年度报表时，应将其改为"上年数"，并填列上年全年累计实际发生数。

> **特别提示**
>
> 如果上年度利润表与本年度利润表的项目名称和内容不一致时，应对上年度利润表项目的名称和数据按本年度的规定进行调整，填入本表。

（二）本年累计数

本栏反映的是各项目自年初起至报告期末的累计实际发生数。

财务人员在填制利润表时，表中的各项要如实、准确地填列。利润表主要项目的填制见表6-6。

表6-6 利润表主要项目的填制

序号	项目	填制要点
1	营业收入	根据"营业收入"和"其他业务收入"科目的发生额分析填列
2	营业成本	根据"营业成本"和"其他业务成本"科目的发生额分析填列
3	营业税金及附加	根据"营业税金及附加"科目的发生额分析填列
4	销售费用	根据"销售费用"科目的发生额分析填列
5	管理费用	根据"管理费用"科目的发生额分析填列
6	财务费用	根据"财务费用"科目的发生额分析填列
7	投资收益	根据"投资收益"科目的发生额分析填列，如为投资损失，以"-"号填列
8	营业外收入	根据"营业外收入"科目的发生额分析填列
9	营业外支出	根据"营业外支出"科目的发生额分析填列
10	利润总额	（1）根据"营业利润"项目加"营业外收入"减去"营业外支出"项目后的数额填列 （2）如为亏损总额，以"-"号填列
11	所得税费用	根据"所得税费用"科目的发生额分析填列
12	净利润	（1）根据"利润总额"减去"所得税费用"项目的净额填列； （2）如为亏损，以"-"号填列

根据以上的填制要求，以下提供某企业的年终利润表示例。

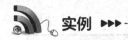 **实例**

某餐饮股份有限公司2017年年度损益类科目累计发生净额见下表。

2017年年度损益类科目累计发生净额

单位：元

科目名称	借方发生额	贷方发生额
营业收入		1 250 000
营业成本	750 000	
营业税金及附加	2 000	
销售费用	20 000	
管理费用	157 100	
财务费用	41 500	
资产减值损失	30 900	
投资收益		31 500
营业外收入		50 000
营业外支出	19 700	
所得税费用	112 596	

根据上述资料，该公司编制2017年年度利润表见下表。

利润表

编制单位：××股份有限公司　　　2017年　　　　　　　　单位：元

项目	本期金额	上期金额（略）
一、营业收入	1 250 000	
减：营业成本	750 000	
营业税金及附加	2 000	
销售费用	20 000	
管理费用	157 100	
财务费用	41 500	
资产减值损失	30 900	
加：公允价值变动收益（损失以"—"号填列）	0	
投资收益（损失以"—"填列）	31 500	
其中：对联营企业和合营企业的投资收益	0	
二、营业利润（亏损以"—"号填列）	280 000	
加：营业外收入	50 000	
减：营业外支出	19 700	
其中：非流动资产处置损失	（略）	
三、利润总额（亏损总额以"—"号填列）	310 300	
减：所得税费用	112 596	

续表

项目	本期金额	上期金额（略）
四、净利润（净亏损以"—"号填列）	197 704	
五、每股收益	（略）	
（一）基本每股收益		
（二）稀释每股收益		

第三节 现金流量表

现金流量表是以现金为基础编制的反映企业财务状况变动的报表，反映企业一定会计期间内有关现金和现金等价物的流入和流出的信息，表明企业获得现金和现金等价物（除特别说明外，以下所称的现金均包括现金等价物）的能力。

一、现金流量的分类

现金流量的类型见表6-7。

表6-7 现金流量的类型

种类	说明	列示项目
经营活动现金流量	旅游、饮食服务企业投资活动和筹资活动以外的所有交易和事项引起的现金流量	（1）营业收入、提供劳务收到的现金 （2）收到的税费返还 （3）收到其他与经营活动有关的现金 （4）购买商品、接受劳务支付的现金 （5）支付给员工以及为职工支付的现金 （6）支付的各项税费 （7）支付其他与经营活动有关的现金
投资活动现金流量	旅游、饮食服务企业长期资产的购建和不包括在现金等价物范围内的投资及其处置活动引起的现金流量	（1）收回投资收到的现金 （2）取得投资收益收到的现金 （3）处置固定资产、无形资产和其他长期资产收回的现金净额 （4）处置子公司及其他营业单位收到的现金净额 （5）收到其他与投资活动有关的现金 （6）购建固定资产、无形资产和其他长期资产支付的现金 （7）投资支付的现金 （8）取得子公司及其他营业单位支付的现金净额 （9）支付其他与投资活动有关的现金
筹资活动现金流量	导致企业资本及债务规模和构成发生变化的活动引起的现金流量	（1）吸收投资收到的现金 （2）取得借款收到的现金 （3）收到其他与筹资活动有关的现金 （4）偿还债务支付的现金 （5）分配股利、利润或偿付利息支付的现金 （6）支付其他与筹资活动有关的现金

旅游、饮食服务企业对于日常活动之外的、不经常发生的、金额较大的特殊项目，如自然灾害损失、保险赔款、捐赠等，应当在现金流量表中归并到相关类别中，并单独反映。如对于保险赔款，若确定属于流动资产损失，应列入经营活动产生的现金流量；如确定属于固定资产损失，应列入投资活动的现金流量；若不能确指，则列入经营活动产生的现金流量。捐赠收入和支出可列入经营活动的现金流量。

上述三大分类各自又分为现金流入量和现金流出量。若现金流入量大于现金流出量，两者的差额称为现金净流入量，否则，称为现金净流出量。

二、现金流量表的编制方法

现金流量表的编制方法有直接法和间接法两种，其中，现金流量表正表采用直接法编制，补充资料中"将净利润调节为经营活动的现金流量"采用间接法编制。

（一）直接法

直接法是通过现金收入和现金支出的主要类别列示经营活动现金流量的方法。餐饮企业在确定企业经营活动现金流量时，可直接对现金收入与支出进行对比，对比后的差额就是经营活动现金流量的净额。

特别提示

根据《企业会计准则》的规定，企业在列示经营活动产生的现金流量时，必须使用直接法。此外，必须在附注中使用间接法，披露将净利润调节为经营活动现金流量的信息。

 实例 ▶▶▶

某餐饮企业本期的经营活动如下。

（1）营业收入为30万元。收到现金25万元存入银行，5万元赊销。

（2）以现金支付职工工资5万元。

（3）以现金支付各种税费3万元。

（4）营业成本为15万元，其中12万元已经通过银行付清，暂欠3万元。

根据以上资料，根据直接法计算现金流量，步骤如下。

第一步，计算本期经营活动现金的流入量为25万元。

第二步，计算本期经营活动现金的支出量，包括支付职工工资、税费、营业成本，总共为20万元。

第三步，计算现金流量的净额，以流入量减去支出量，结果为5万元。

（二）间接法

间接法是以净利润为起点，调整有关项目，加上未支付现金的支出，再减去未收到现金的应收款来计算实际的现金流量净额。

继续以直接法下的案例来计算。根据间接法的计算方式步骤如下。

第一步,计算本期净利润,以收入减去各项费用、成本的支出,为7万元。

第二步,加上未付现的支出3万元,共为10万元。

第三步,减去未收到现金的应收款,即营业收入的5万元,最后本期现金流量的净额还是5万元。

> **特别提示**
>
> 直接法与间接法都是针对经营活动现金流量进行计算的方法,因此,对筹资活动现金流量和投资活动现金流量的内容没什么影响。

三、现金流量表的具体编制

(一)经营活动现金流量的填制

经营活动现金流量各项目的填制见表6-8。

表6-8 经营活动现金流量各项目的填制

序号	项目	填制
1	销售商品、提供劳务收到的现金	(1)根据"库存现金""银行存款""应收账款""营业收入"等科目的记录分析填列 (2)本期由于销售退回而支付的现金从本项目中扣除
2	收到的税费返还	根据实际收到的各种税费金额填列
3	收到的其他与经营活动有关的现金	根据"库存现金""银行存款""营业外收入"等科目的记录分析填列
4	购买商品、接受劳务支付的现金	(1)根据"库存现金""银行存款""应付账款""应付票据""营业成本"等科目的记录分析填列 (2)本期发生购货退回收到的现金应从本项目内减去
5	支付给职工以及为职工支付的现金	(1)根据"应付职工薪酬""库存现金""银行存款"等科目的记录分析填列 (2)支付给离退休人员的各种费用不包括在本项目内,应放在"支付其他与经营活动有关的现金"项目中 (3)支付给在建工程人员的工资要在"购建固定资产、无形资产和其他长期资产支付的现金"项目中反映
6	支付的各项税费	(1)根据"应交税费""库存现金""银行存款"等科目的记录分析填列 (2)不包括计入固定资产价值的税费、耕地占用税等
7	支付其他与经营活动有关的现金	(1)根据有关科目的实际金额分析填列 (2)如果项目金额较大,应单列项目反映

（二）投资活动现金流量的填制

投资活动现金流量各项目的填制见表6-9。

表6-9　投资活动现金流量各项目的填制

序号	项目	填制
1	收回投资收到的现金	（1）根据"交易性金融资产""长期股权投资""库存现金""银行存款"等科目的记录分析填列 （2）本项目不包括长期债权投资收回的利息，以及收回的非现金资产，如原材料、固定资产等
2	取得投资收益收到的现金	本项目可以根据"库存现金""银行存款""投资收益"等科目的记录分析填列，但不包括股票股利
3	处置固定资产、无形资产和其他长期资产收回的现金净额	（1）反映企业处置固定资产、无形资产和其他长期资产所取得的现金，减去为处置这些资产而支付的有关费用后的净额 （2）根据"固定资产清理""库存现金""银行存款"等科目的记录分析填列
4	收到的其他与投资活动有关的现金	根据有关科目的记录分析填列，其他现金流入如果价值较大，应单列项目反映
5	购建固定资产、无形资产和其他长期资产支付的现金	（1）根据"固定资产""在建工程""无形资产""库存现金""银行存款"等科目的记录分析填列 （2）不包括为购建固定资产而发生的借款利息和融资租入固定资产支付的租赁费（在筹资活动产生的现金流量中反映）
6	投资支付的现金	根据"长期股权投资""长期债权投资""短期投资""库存现金""银行存款"等科目的记录分析填列
7	支付其他与投资活动有关的现金	本项目可以根据有关科目的记录分析填列，其他现金流出如果价值较大，应单列项目反映

（三）筹资活动现金流量的填制

筹资活动现金流量各项目的填制见表6-10。

表6-10　筹资活动现金流量各项目的填制

序号	项目	填制
1	吸收投资收到的现金	根据"实收资本""库存现金""银行存款"等科目的记录分析填列
2	借款收到的现金	根据"短期借款""长期借款""库存现金""银行存款"等科目的记录分析填列
3	偿还债务支付的现金	根据"短期借款""长期借款""库存现金""银行存款"等科目的记录分析填列，但不包括偿还的借款利息、债券利息
4	分配股利、利润或偿付利息支付的现金	根据"应付利润""财务费用""长期借款""库存现金""银行存款"等科目的记录分析填列，但不包括通过股票股利或财产股利形式支付的利润
5	其他项目	根据有关科目的记录分析填列

（四）补充资料的说明

根据《企业会计准则》的规定，现金流量表必须要有附注资料对各种相关信息进行披露。

1. 将净利润调节为经营活动现金流量

企业应当在附注中披露将净利润调节为经营活动现金流量的信息，至少应当单独披露对净利润进行调节的资产减值准备、固定资产折旧、无形资产摊销、待摊费用、财务费用、存货、处置固定资产、无形资产和其他长期资产的损益、投资损益、递延所得税资产和递延所得税负债、经营性应收项目、经营性应付项目等。

2. 不涉及现金收支的重大投资和筹资活动

企业应当在附注中披露不涉及当期现金收支，但影响企业财务状况或在未来可能影响企业现金流量的重大投资和筹资活动。

3. 现金流量增加额

现金流量增加额是通过对库存现金、银行存款、其他货币资金账户以及现金等价物的期末余额与期初余额比较而得到的数额。

> **特别提示**
>
> 现金流量增加额的数据必须要与流量表中的"现金及现金等价物净增加额"完全一致。

按以上的填制要求，某餐饮企业的现金流量填制情况如下。

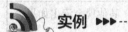 实例 ▶▶▶

某餐饮企业的现金流量表见下表。

某餐饮企业的现金流量表

编制企业：　　　　　××年××月××日　　　　　单位：元

项目	行次	金额
一、经营活动产生的现金流量	1	
营业收入、提供劳务收到的现金	2	100 000
收到税费返还	3	30 000
收到其他与经营活动有关的现金	4	50 000
现金流入小计	5	180 000
购买商品、接受劳务支付的现金	6	20 000
支付给职工以及为职工支付的现金	7	30 000
支付的各项税费	8	40 000

续表

项目	行次	金额
支付其他与经营活动有关的现金	9	10 000
现金流出小计	10	100 000
经营活动产生的现金流量净额	11	80 000
二、投资活动产生的现金流量	12	
收回投资收到的现金	13	50 000
取得投资收益收到的现金	14	30 000
处置固定资产、无形资产和其他长期资产收到的现金净额	15	60 000
收到其他与投资活动有关的现金	16	10 000
现金流入小计	17	150 000
购建固定资产、无形资产和其他资产支付的现金	18	80 000
投资支付的现金	19	60 000
支付其他与投资活动有关的现金	20	20 000
现金流出小计	21	160 000
投资活动产生的现金流量净额	22	-10 000
三、筹资活动所产生的现金流量	23	
吸收投资收到的现金	24	100 000
借款收到的现金	25	50 000
收到其他与筹资活动有关的现金	26	20 000
现金流入小计	27	170 000
偿还债务支付的现金	28	50 000
分配股利、利润或偿付利息支付的现金	29	80 000
支付其他与筹资活动有关的现金	30	30 000
现金流出小计	31	160 000
筹资活动产生的现金流量净额	32	10 000
四、汇率变动对现金的影响	33	
五、现金及现金等价物净增加额	34	80 000
补充资料	35	
1. 将净利润调节为经营活动现金流量	36	

续表

项目	行次	金额
净利润	37	70 000
加：资产减值准备	38	10 000
固定资产折旧 油气资产折耗 生产性生物资产折旧	39	25 000
无形资产摊销	40	15 000
长期待摊费用摊销	41	5 000
处置固定资产、无形资产和其他长期资产的损失（收益以"-"号填列）	42	-50 000
固定资产报废损失（收益以"-"号填列）	43	40 000
公允价值变动损失（收益以"-"号填列）	44	5 000
财务费用（收益以"-"号填列）	45	30 000
投资损失（收益以"-"号填列）	46	-40 000
递延所得税资产减少（增加以"-"号填列）	47	
递延所得税负债增加（减少以"-"号填列）	48	-10 000
存货的减少（增加以"-"号填列）	49	5 000
经营性应收项目的减少（增加以"-"号填列）	50	-10 000
经营性应付项目的增加（减少以"-"号填列）	51	-15 000
其他	52	
经营活动产生的现金流量净额	53	80 000
2．不涉及现金收支的重大投资和筹资活动	54	
债务转为资本	55	
一年内到期的可转换公司债券	56	
融资租入固定资产	57	
3．现金及现金等价物净变动情况	58	
现金期末余额	59	150 000
减：现金的期初余额	60	70 000
加：现金等价物期末余额	61	
减：现金等价物期初余额	62	
现金及现金等价物净增加额	63	80 000